D1676479

Lothar Stempfle und Ricarda Zartmann

In 12 Runden zum Erfolg

Lothar Stempfle und Ricarda Zartmann

In 12 Runden zum Erfolg

Wie Sie hart verhandeln, sich durchboxen und gewinnen

WILEY-VCH Verlag GmbH & Co. KGaA

1. Auflage 2015

Alle Bücher von Wiley-VCH werden sorgfältig erarbeitet. Dennoch übernehmen Autoren, Herausgeber und Verlag in keinem Fall, einschließlich des vorliegenden Werkes, für die Richtigkeit von Angaben, Hinweisen und Ratschlägen sowie für eventuelle Druckfehler irgendeine Haftung.

© 2015 Wiley-VCH Verlag & Co. KGaA, Boschstr. 12, 69469 Weinheim, Germany

Alle Rechte, insbesondere die der Übersetzung in andere Sprachen, vorbehalten. Kein Teil dieses Buches darf ohne schriftliche Genehmigung des Verlages in irgendeiner Form – durch Photokopie, Mikroverfilmung oder irgendein anderes Verfahren – reproduziert oder in eine von Maschinen, insbesondere von Datenverarbeitungsmaschinen, verwendbare Sprache übertragen oder übersetzt werden. Die Wiedergabe von Warenbezeichnungen, Handelsnamen oder sonstigen Kennzeichen in diesem Buch berechtigt nicht zu der Annahme, dass diese von jedermann frei benutzt werden dürfen. Vielmehr kann es sich auch dann um eingetragene Warenzeichen oder sonstige gesetzlich geschützte Kennzeichen handeln, wenn sie nicht eigens als solche markiert sind.

Bibliografische Information der Deutschen Nationalbibliothek

Die Deutsche Nationalbibliothek verzeichnet diese Publikation in der Deutschen Nationalbibliografie; detaillierte bibliografische Daten sind im Internet über <http://dnb.d-nb.de> abrufbar.

Printed in the Federal Republic of Germany
Umschlaggestaltung: init GmbH, Bielefeld
Coverbild: © Snjezana Zartmann
Gestaltung: pp030 – Produktionsbüro Heike Praetor, Berlin
Satz: inmedialo Digital- und Printmedien UG, Plankstadt
Druck und Bindung: CPI – Ebner & Spiegel, Ulm

Gedruckt auf säurefreiem Papier.

Print ISBN: 978-3-527-50826-6
ePub ISBN: 978-3-527-80010-0
mobi ISBN: 978-3-527-69997-1

Inhalt

Einführung: Verhandeln und Verkaufen ist wie Boxen – So erreichen Sie Ihre Ziele auch in schwierigen Verhandlungssituationen **9**

    Drei Gründe, warum Verhandlungen so oft scheitern   9

    Der etwas andere Weg: Verhandeln und Verkaufen ist wie Boxen   12

1 Harte Verhandlungen – und was Sie daran hindert, sie zu Ihren Gunsten zu entscheiden **23**

    Neue Verhandler braucht das Land   23

    Samthandschuhe im Verkauf: Mit Love und Peace in die Einbahnstraße   32

2 So bauen Sie die selbstbewusste »Ich will und darf die Verhandlung gewinnen!«-Einstellung auf **39**

    Der Mensch ist nicht nur edel, hilfreich und gut   39

    Rein in die Lern- und Wachstumszone: Strategien zum Aufbau der Einstellung »Ich kann und darf die Verhandlung gewinnen«   45

3 Ab ins Trainingslager: So bereiten Sie sich strategisch, taktisch und mental auf Ihren Verhandlungspartner vor   **57**

    Die Bedeutung einer exzellenten Vorbereitung akzeptieren   58

    Trainingseinheit 1: Den Verhandlungspartner aus dem Effeff kennen   59

    Trainingseinheit 2: Legen Sie Ihre Verhandlungsziele fest   68

    Trainingseinheit 3: Machen Sie sich Gedanken zu Ihren Dummys   72

    Trainingseinheit 4: Der Erfolg beginnt im Kopf   75

    Trainingseinheit 5: Affirmationen und Placebo-Effekt nutzen   77

    Trainingseinheit 6: Verdeutlichen Sie sich, dass der Gegner böse sein kann   82

4 Und nochmals ab ins Trainingslager: Bauen Sie Ihre Stärken aus und erkennen Sie die Schwächen der Gegenseite 85

Trainingseinheit 7: Konzentrieren Sie sich auf Ihr Stärkenmanagement und nutzen Sie die Schwächen der Gegenseite *86*

Trainingseinheit 8: Stärken Sie Ihre Stärken *93*

5 Ein letztes Mal im Trainingslager: Nutzen Sie Druck und Stress, um noch besser zu verhandeln 99

Trainingseinheit 9: Trainieren Sie den richtigen Umgang mit Stress *99*

Trainingseinheit 10: Entwickeln Sie Härte gegen sich selbst *108*

6 Verabschieden Sie sich von den größten Verhandlungsfehlern 115

Wer geschlagen wird, kann trotzdem siegen *113*

Die fünf größten Fehler in schwierigen Verhandlungen – und wie Sie sie umgehen *118*

7 Hart verhandeln: Sie werden nicht bezahlt, um »nette Gespräche« zu führen 135

Setzen Sie Ihre im Trainingslager erworbenen Fähigkeiten ein *136*

Strahlen Sie bei Begrüßung und Gesprächseröffnung Sicherheit aus *139*

In der Argumentationsphase fragen und Antwortwiderstände überwinden *146*

Sorgen Sie beim Gesprächsabschluss für Verbindlichkeit *162*

Nach der Verhandlung ist vor der Verhandlung *167*

Inhalt

8 Mit Provozierendem Problemlösungs-Verkauf und Provokanter Preis-Verteidigung das Verkaufsgespräch gewinnen ⬛⬛⬛⬛⬛⬛⬛⬛⬛⬛⬛⬛⬛⬛⬛⬛⬛⬛ **171**
Die Prinzipien des Provozierenden Problemlösungs-Verkaufs *172*
Mit Selbstbewusstsein und Überzeugungskraft in die Provokante Preis-Verteidigung einsteigen *185*

9 Der provokant-sympathische Vertrieb und die Verdrängung der Konkurrenz ⬛⬛⬛⬛⬛⬛⬛⬛⬛⬛⬛⬛ **197**
Konkurrenzverdrängung als Pflichtübung *197*
Die Cato-Strategie: »Im Übrigen bin ich der Meinung, dass Karthago zerstört werden muss« *200*

10 Unfaire Attacken des Verhandlungsgegners mit Strategie und Taktik kontern ⬛⬛⬛⬛⬛⬛⬛⬛⬛⬛⬛ **207**
Vom Verhandlungspartner zum Verhandlungsgegner *208*
25 Tipps: So setzen Sie sich gegen unfaire Verhandlungsgegner zur Wehr *212*

11 Wenn der Verhandlungsgegner zum Kopfstoß-Kontrahenten mutiert: vom Umgang mit besonders schwierigen Verhandlungssituationen ⬛⬛⬛⬛⬛⬛⬛⬛⬛⬛⬛ **239**
Vergiftete Atmosphäre: Wenn der Schlag des Verhandlungsgegners unter die Gürtellinie geht *240*
Die Verhandlungsgegner treten im Team auf *253*

12 Verhandeln und Verkaufen ist wie Boxen – optimieren Sie Ihre Leistungsfähigkeit und Ihre Erfolgsaussichten mit der 125-Prozent-Regel ⬛⬛⬛⬛⬛⬛⬛⬛⬛⬛⬛ **261**
In der letzten Runde zählt alles *261*
Das 125-Prozent-Regelbuch erfolgreicher Verhandler *263*

Nach dem letzten Gong – ab in den Boxring ⬛⬛⬛⬛⬛⬛⬛ **295**

Literaturverzeichnis ⬛⬛⬛⬛⬛⬛⬛⬛⬛⬛⬛⬛⬛ **297**

Die Autoren ⬛⬛⬛⬛⬛⬛⬛⬛⬛⬛⬛⬛⬛⬛⬛⬛ **299**

Stichwortverzeichnis ⬛⬛⬛⬛⬛⬛⬛⬛⬛⬛⬛⬛ **301**

Einführung:
Verhandeln und Verkaufen ist wie Boxen – So erreichen Sie Ihre Ziele auch in schwierigen Verhandlungssituationen

Das Leben ist ein Boxkampf! Jede Verhandlung ist eine harte Auseinandersetzung. In allen Verkaufsgesprächen müssen Verkäufer heutzutage an ihre Grenzen gehen – und oftmals darüber hinaus. Es geht so gut wie immer darum, sich in Lebens-, Verhandlungs- und Verkaufssituationen durchzuboxen, Standfestigkeit zu beweisen und auch mal Nehmerfähigkeiten an den Tag zu legen – stets mit dem Ziel, Erfolge für das Unternehmen einzufahren.

Drei Gründe, warum Verhandlungen so oft scheitern

Unsere Erfahrung ist, dass viele Menschen nicht mehr das notwendige Rüstzeug mitbringen, um sich in schwierigen Verhandlungs- und Verkaufssituationen durchzusetzen. Ob es sich nun um

- einen Vorstand handelt, der die Fusion seiner Firma verhandelt, oder
- den Geschäftsführer, der die Kooperationsverhandlung mit dem neuen Partnerunternehmen leitet, oder
- den Vertriebsleiter und Verkaufsmanager, der mit Kunden, aber auch mit Mitarbeitern verhandelt, oder
- den Key-Account-Manager, der mit Schlüsselkunden harte Verhandlungen bestreitet, von deren Erfolg die persönliche und auch die unternehmerische Existenz abhängen, oder schließlich
- den Verkäufer, der mit dem Einkäufer um den Preis ringt,

... allzu oft gehen diese Verhandler schwer angeschlagen aus dem Boxring. Zuweilen stehen sie sogar kurz vor dem K.o., auf jeden Fall aber erreichen sie ihre Ziele nicht. Woran nur mag das liegen? Unsere Antwort fällt mehrdimensional aus.

Grund Nummer 1: Sie stecken fest im Harmonie-Dilemma

Viele Verhandler stecken in der dickflüssigen Harmoniesoße fest: »Wir müssen eine gute Beziehung zu unserem Verhandlungspartner aufbauen!« Das irritierend harmoniesüchtige Modell der Win-win-Strategie, bei der angeblich alle Verhandlungspartner den Verhandlungspoker als strahlende Sieger beenden, ist nicht nur falsch und trügerisch, sondern sogar schädlich. Win-win hört sich gut an, Win-win fühlt sich gut an – doch die Frage ist, auf wessen Kosten der Gewinn erzielt wird.

Wenn der Vorstand in der Fusionsverhandlung von der Gegenseite zu hören bekommt, man wolle versuchen, doch bitte eine Win-win-Situation herzustellen, heißt es: »Achtung, Ohren auf, Gefahr droht!« Und dasselbe gilt, wenn der Verhandlungspartner im Verkaufsgespräch das Argument auf den Tisch legt, man wolle doch bitte schön fair zueinander sein. Das eigentliche Ziel des Verhandlungspartners ist der konfrontative Angriff – er möchte Sie einlullen, beruhigen, ruhig stellen.

Grund Nummer 2: Der Gegner kämpft mit unfairen Mitteln

Das Verhalten von Gesprächspartnern in Verhandlungen und von Kunden in Verkaufsgesprächen wird immer härter. Häufig übt der Verhandlungspartner Druck aus und kämpft mit harten Bandagen und unfairen Mitteln, um Verhandlungsvorteile zu erreichen. Das betrifft den Verkäufer, der den Großauftrag verhandelt, ebenso wie den Vertriebsleiter, den Geschäftsführer oder das Vorstandsmitglied, die auf gleicher Augenhöhe mit gleichberechtigten Partnern Kooperationsgeschäfte in Millionenhöhe verhandeln.

Das Problem ist: Die meisten Verhandler – und das gilt vor allem für die Verkäufer! – wollen oder können nicht erkennen und akzeptieren, dass es ihrem Gegenüber darum geht, ihn zu besiegen. Pointiert ausgedrückt: Sie sind schlecht vorbereitet, sie wissen nicht, was sie erwartet. Und darum reichen weder ihre Physis und Kondition noch ihre Psyche und mentale Stärke aus, gegen den Gegner zu bestehen, der ihnen unbarmherzig seine Bedingungen diktiert und strikt an seinem Sieg arbeitet – an Ihrem K. o.

Ihr Problem: Sie sind befangen im sozialromantischen Klischee, der andere führe nur das Beste im Schilde und wolle die Verhandlung für alle Beteiligten zu einem guten Ende führen. Zu einem guten Ende – ja, das will er, aber nur zu seinen eigenen Gunsten.

Und Hand aufs Herz: Ist dies nicht auch Ihr ursächliches Ziel? Nämlich die Verhandlung oder das Verkaufsgespräch zu einem Ende führen, das vordringlich in Ihrem Sinn ist und die Erreichung Ihrer Ziele umfasst?

Grund Nummer 3: Jeder bekommt, was er verhandelt

Die meisten Verhandler, die wir in unseren Trainings und Coachings kennenlernen, schöpfen ihre Potenziale nicht aus. Entweder wissen sie nicht, was in ihnen steckt. Das heißt: Sie verfügen über genügend Schlagkraft, setzen sie aber nicht ein oder wissen nicht, wie sie sie richtig einsetzen müssen.

Oder mentale Barrieren wie: »Ich darf dem Verhandlungspartner nicht wehtun und ihm nicht das Gefühl geben, ihn zu besiegen!« hindern sie daran, ihre Ziele konsequent zu verfolgen. Und wer sein Ziel im Boxring des harten Verhandelns und Verkaufens nicht kennt, hat schon verloren und kann das Handtuch werfen.

Jeder Verhandlungsführer, insbesondere jeder Verkäufer, sollte sich verdeutlichen, dass es in harten Verhandlungen meistens nur um das eine geht: den bestmöglichen Preis für Produkte, Systeme oder Dienstleistungen zu erzielen. Und wahrscheinlich kennen auch Sie jene ausweglos erscheinenden Situationen, in denen Ihnen der Gegner entgegenwirft: »Wir haben schon unseren Lieferanten!« und ganz klassisch: »Sie sind zu teuer!« Oder: »Das können wir uns nicht leisten!«

Wie reagieren Sie auf Entgegnungen wie: »Machen Sie uns ein besseres Angebot!« und »Das muss ich mir noch überlegen!«? Wie sieht jetzt Ihre Win-win-Strategie aus? Sie sollten wissen: Sie bekommen nicht das, was Sie verdienen, sondern das, was Sie verhandeln.

Der etwas andere Weg: Verhandeln und Verkaufen ist wie Boxen

Haben Sie sich in unseren Beispielen wiedererkannt? Hatten Sie das Gefühl: »Ja, genau so ist es, ich stoße in meinen Verhandlungen und Verkaufsgesprächen häufig an eine unsichtbare Mauer, an eine Glaswand, die mich daran hindert weiterzukommen.« Dann kennen Sie jetzt die wichtigsten Gründe, warum Sie so selten mit einem guten Gefühl aus Ihren Verhandlungen herausgehen.

Zum Aufbau des Buches

Wir empfehlen unseren Trainings- und Coachingteilnehmern darum immer:

- Finden Sie heraus, was Ihren Verhandlungs- und Verkaufserfolg blockiert. Dabei hilft Ihnen unser erstes Kapitel.
- Verabschieden Sie sich vom Kuschelkurs der Win-win-Strategie und des Beziehungsmanagements und integrieren Sie die Strategien und Techniken des harten Verhandelns und Verkaufens in Ihr kommunikatives Repertoire. Bauen Sie

also mithilfe des zweiten Kapitels insbesondere die »Ich will und darf gewinnen«-Einstellung auf.

- In den Kapiteln 3 bis 5 steht Ihre Verhandlungsvorbereitung im Fokus. Bereiten Sie sich im Trainingscamp in Kapitel 3 strategisch, taktisch und mental auf Ihren Verhandlungspartner vor, ziehen Sie ins Kalkül, dass er mit unfairen Mittel kämpft und nicht nur Partner, sondern auch Gegner sein kann; prüfen Sie, wie Sie auch mal in Deckung gehen und ausweichen.
- Denken Sie jedoch nicht nur über Ihren Gegner nach, sondern erkennen und stärken Sie Ihre Stärken; schauen Sie also auf sich selbst und überlegen Sie im vierten Kapitel, wie Sie Ihre individuellen Stärken für Ihren Verhandlungs- und Verkaufserfolg nutzen.
- Nutzen Sie Ihre Anspannung und Ihren Stress, um besser zu werden und Ihre Verhandlungs- und Verkaufsziele zu erreichen. Lesen Sie in Kapitel 5, wie Sie auch unter Druck gut verhandeln.
- Verabschieden Sie sich in Kapitel 6 von den großen Fehlern traditioneller Verhandlungen, etwa die, dass Verhandlungen immer rational ablaufen müssen. Aber auch nicht nur intuitiv. Entscheidend ist: Verhandeln und verkaufen Sie immer mit Leidenschaft, lassen Sie sich nicht in die Ecke drängen, erlernen Sie die Kunst, die Ringmitte zu beherrschen: Nicht nur in der Politik hat der- oder diejenige die Nase vorn, die die Mitte besetzt. Ihr fester Standort in der Ringmitte eröffnet Ihnen alle Möglichkeiten, in alle Richtungen zu agieren.
- Übrigens: Nutzen Sie die Pausen: Wie der Boxer die einminütige Pause zwischen den Runden zur Regeneration und Fokussierung nutzt, sollten auch Sie sich die Zeit zur Selbstreflexion nehmen. Übrigens: Das gilt auch für die Lektüre dieses Buches: Immer wieder finden Sie Passagen, in denen wir Sie bitten, sich Zeit für die Selbstreflexion zu nehmen und das Gelesene auf Ihre individuelle Situation zu übertragen.

- Die zielorientierte physische und psychisch-mentale Vorbereitung bringt Ihnen nur dann einen Nutzen, wenn Sie in der konkreten Verhandlungs- und Verkaufssituation auch tatsächlich in der Lage sind, Ihr Durchsetzungsvermögen und Ihre Schlagkraft auf die Ringmatte zu bringen, also im Gespräch zu aktualisieren – und zwar in jeder Verhandlungsphase. Wie das funktioniert, zeigen wir im siebten Kapitel.
- Das Verkaufsgespräch ist ein spezielles Verhandlungsgespräch. Wir sprechen immer von einer Verhandlung unter erschwerten Bedingungen. Trauen Sie sich, durchaus provokant und sogar aggressiv zu agieren. Der Provozierende Problemlösungs-Verkauf (PPV) und die Provokante Preis-Verteidigung dienen als Beispiel für eine Verhandlungsführung, in der es darum geht, den Gesprächspartner selbst in schwierigen Preisgesprächen mit harten Bandagen anzufassen (Kapitel 8).
- Auch im neunten Kapitel bleiben wir beim Verkaufsgespräch: Der PPV hat auch zum Ziel, dezidiert Konkurrenzfirmen auf die Seite zu drängen, also in funktionierende Lieferantenbeziehungen des Kunden einzudringen. Hier kommt die Überzeugung, dass Verhandeln und Verkaufen zuweilen wie Boxen sein darf und muss, am meisten zum Tragen.
- Rechnen Sie immer damit, dass Ihr Verhandlungspartner unfaire Angriffe startet und zum Verhandlungs*gegner* mutiert – darauf müssen Sie unbedingt vorbereitet sein, damit Sie die unfairen Verhandlungsmethoden des Gegenübers zielführend kontern können. In Kapitel 10 geht es um die Bewältigung besonders schwieriger Verhandlungssituationen, die durch unfaire Angriffe entstehen, auf die Sie taktisch antworten sollten.
- In Kapitel 11 konzentrieren wir uns auf besondere Verhandlungssituationen, auf die Sie produktive Antworten finden müssen, etwa dann, wenn die Gegenpartei mit geradezu

böswilligen Bandagen fightet, die nicht nur unfair, sondern erpresserisch angelegt sind, oder mit mehreren Verhandlungspartnern antritt.

Der etwas andere Weg, den wir unseren Trainings- und Coachingteilnehmern empfehlen, beruht auf der Tatsache, dass Verhandeln und Verkaufen oft wie Boxen sind. Darum lernen Sie im zwölften Kapitel, also in der letzten Boxrunde, 25 Möglichkeiten kennen, Ihren Verhandlungserfolg zu steigern – und damit 25 Erfolgsfaktoren dieses neuen Verhandlungs- und Verkaufsansatzes, der eine provokantere und auch aggressivere Vorgehensweise erfordert als das rein beziehungsorientierte Vorgehen.

Ein kleiner Exkurs in den Boxsport: Verhandeln – verkaufen – boxen

Spätestens seit Sylvester Stallones *Rocky*-Filmsaga ist das Boxen als Motivationshintergrund und Motivationshilfe salonfähig geworden. Es gibt Trainer, die die einschlägigen Rocky-Sequenzen einspielen, wenn sie ihrer Klientel bildhaft veranschaulichen wollen, was es heißt, mit unbedingtem Willen und unbeugsamer Durchsetzungskraft hochgesteckte Ziele zu erreichen, auch Verhandlungs- und Verkaufsziele.

Mittlerweile gibt es überdies Verkaufs- und Führungstrainings, die klassische Trainingsinhalte mit innovativen Trainingsinhalten verknüpfen, die dem Boxtraining entlehnt sind. Ganz mutige Vorstände, Führungskräfte, Vertriebsleiter und Verkäufer wagen den Sprung in den Boxring und entfalten so (verkäuferische und Führungs-)Potenziale, an deren Vorhandensein sie nicht geglaubt haben. Führungskräfte schulen ihren Führungsstil am Vorbild eines Boxstils, Verhandler und Verkäufer orientieren sich an den strategischen und operativen Varianten des Boxers, um ihre Verhandlungs- und Verkaufsergebnisse zu verbessern.

»BoxDichDurch« – so lautet das Motto eines unserer Trainingskonzepte für die Führung und den Vertrieb (www.boxdichdurch.de und vor allem www.boxdichdurch.de/box-dich-durch-im-vertrieb/). Der Verkäufer lernt im Boxring, wie der konsequente Durchhaltewillen den Weg zum Verkaufsabschluss ebnet, während der Vertriebsleiter seinen Führungsstil schult.

Entscheidend ist der Wechsel zwischen übungsorientierter Seminarphase mit Wissensvermittlung, wie Sie es aus all Ihren Weiterbildungen kennen, und Boxeinheiten. Dabei werden den Teilnehmern nach der jeweiligen Seminareinheit Einsichten und Reflexionen abgefordert, die sich auf deren Verhandlungs- und Vertriebsalltag und ihre Führungsarbeit beziehen. Die im Boxring gewonnenen Erkenntnisse werden auf den Beruf übertragen.

Das Boxtraining ist also ein Katalysator, um erwünschte Erkenntnisse und Verhaltensweisen tief emotional zu verankern. Die Teilnehmer verlassen ihre Komfortzone und Konsumentenhaltung und gelangen in ihre Wachstumszone.

Wie ein wilder Stier – das darf nicht sein

Das heißt nicht, dass Sie ab jetzt unfair agieren sollten und müssen. Auch im Boxkampf gibt es Regeln, auch im Boxring ist nicht alles erlaubt, was möglich ist. Allerdings:

Auf den Punkt gebracht

Erfolgreiches Verhandeln und Verkaufen beginnt mit der Betrachtung der Wirklichkeit und der Realitäten.

Und darum: Was tun Sie, wenn der Verhandlungspartner die Verhandlungssituation ändert und den Verhandlungsinhalt in seinem Sinne uminterpretiert? Wenn er die Faktenlage bezweifelt? Wenn er Ihre Zuständigkeit und Kompetenz bestreitet und versucht, Sie zu verunsichern? Wenn er Sie verwirren, manipulieren oder überrumpeln will, indem er eine weitere Forderung stellt, obwohl die Einigung schon fast erreicht ist: »Wenn Sie jetzt noch ... dann sind wir uns einig!«?

Dann ist es notwendig, taktisch vorzugehen, dem Gegner auszuweichen und ihn auszupendeln. Eine Grundregel dabei lautet: »Schau dir die andere Seite an, studiere den Gegner, erkenne Risse in seiner Argumentation, in denen du dich festkrallen kannst, um doch noch zu gewinnen.«

Die Einstellung des Gewinnen-Wollens – und Gewinnen-Dürfens – bedeutet nicht, dass Sie nun wie einst Robert de Niro als Jake LaMotta in Martin Scorseses Boxerdrama *Wie ein wilder Stier* auf den Verhandlungspartner eindreschen. Zuweilen gewinnt derjenige, der kaum oder am wenigsten getroffen wird. Das Ziel vieler Boxer besteht darin, nicht getroffen zu werden, und auf diese Weise den Sieg zu erkämpfen.

Was Sie von diesem Buch erwarten dürfen

Uns geht es in diesem Buch darum, dass Sie strategische Weitsicht, taktisches Geschick, Ausdauer, Durchsetzungsvermögen, körperliche und geistige Fitness sowie Leidensfähigkeit entwickeln. Denn diese Kompetenzen und Eigenschaften benötigt jeder Boxer – und jeder, der in seiner Verhandlung nicht untergehen, sondern gewinnen will.

Pointiert ausgedrückt: Wir wollen Ihnen helfen, dass Sie sich nach oben boxen und zu Topverhandlern entwickeln:

- Für Vorstände, Geschäftsführer und Führungskräfte heißt das: Entscheidend in schwierigen Situationen ist Ihre Einstellung gegenüber Ihren Verhandlungspartnern und auch Mitarbeitern. Sie sollten über eine positive Ausstrahlung verfügen, ein starkes Rückgrat haben und »etwas aushalten können«, gekonnt kommunizieren und auch im Umgang mit unfairen Gesprächspartnern die Ruhe bewahren. Gefragt sind Durchsetzungskraft und die Kompetenz, sich Respekt zu verschaffen.

- Für Verkäufer bedeutet dies: Topverkäufer unterscheiden sich von anderen, eher durchschnittlichen Verkäufern weniger durch eine ausgeklügelte Argumentation im Verkaufsgespräch oder andere »technische« Vorzüge. Entscheidend ist die Einstellung, konstruktiv mit jeder Situation umzugehen – auch wenn der Einkäufer die Angriffskeule herausholt. Als Spitzenverkäufer verfügen Sie über eine selbstbewusste, konstruktiv-positive Ausstrahlung und eine überzeugte Gelassenheit, die ohne Arroganz ganz natürlich bei Ihren Gesprächspartnern ankommt.
- Ganz gleich, welche Position Sie bekleiden: Als Verhandler dürfen Sie niemals aufgeben. Auch wenn Sie schon glauben, die Kooperationsverhandlung oder den Auftrag verloren zu haben und bereits am Boden liegen und angezählt scheinen: Sie müssen wieder aufstehen, die Zähne zusammenbeißen und Grenzen überschreiten, von denen Sie dachten, sie seien für Sie unüberwindbar.

Damit dies gelingt, beschreiben wir konkrete Handlungsalternativen zum traditionellen beziehungsorientierten Verhandeln und Verkaufen, das in solchen »Box-Situationen« an seine Grenzen stößt. Wer mit Durchschlagskraft in der Verhandlung und herausfordernden Verkaufsgesprächen bestehen möchte, benötigt zwei Dinge:

- die richtige Einstellung und
- intelligente Verhandlungstechniken und Gesprächspraktiken.

Gewinnen dürfen und gewinnen müssen – der feine Unterschied

Sie sollten darum die Einstellung aufbauen, dass es richtig und zielführend ist, die Weichspülhaltung des Win-win abzulegen und provokant und provozierend zu verhandeln, um zu »überleben« und zu gewinnen. Dies darf und muss nicht auf Kosten des Verhandlungsgegenübers geschehen, aber das Wohl des

Gegenübers allein kann auch nicht Ihr prioritäres Ziel sein. Sie wissen ja: Jeder bekommt das, was er verhandelt.

Damit es keine Missverständnisse gibt: Es ist nun auch nicht richtig, in die Verhandlung mit der Überzeugung hineinzugehen, dass immer nur ein Verhandlungspartner gewinnen könne und der andere als Verlierer den Platz der Konfrontation verlassen müsse. Die Welt des Verhandelns ist etwas komplexer, zumal das »Verkaufsgespräch unter erschwerten Bedingungen« zu den schwierigen Verhandlungssituationen gehört. Denn es kann beispielsweise sein, dass Sie einem Kunden beim Preis entgegenkommen, weil er einige Nutzen Ihres Produkts gar nicht nutzen kann und Sie darum willens sind, den Preis zu reduzieren. Oder der Kunde ist bereit, einen höheren Preis zu zahlen, weil er akzeptiert, dass Ihr Produkt ihm einen Nutzen bietet, den er beim Konkurrenzprodukt nicht findet. Wer ist in diesen Beispielen der Sieger, wer der Verlierer?

Worauf es uns entscheidend ankommt:

Auf den Punkt gebracht

Sie müssen nicht um jeden Preis gewinnen. Aber Sie dürfen gewinnen. Und wenn der Verhandlungspartner ein »harter Hund« ist, der mit harten Bandagen kämpft, müssen Sie die Softie-Beziehungsmanagement-Haltung ablegen und den Kampfpanzer anlegen.

Dabei sind wir uns im Klaren: Wer die politisch inkorrekte und gesellschaftlich verpönte Einstellung: »Ich besiege dich, ich will dich besiegen!« aufbauen und verwirklichen will, muss über den Schatten seiner Sozialisation springen. Die meisten Menschen sind konfliktvermeidend erzogen worden – für sie ist der Kompromiss die beste Lösung. Leider ist der Kompromiss aber oft nur die »faule« Lösung – der faule Kompromiss lässt meistens nur Verlierer auf beiden Seiten zurück.

Aber in harten Verhandlungen mit unfairen Verhandlungsgegnern geht es nicht anders: Es muss erlaubt sein, die Einstellung des »Ich will und darf gewinnen!« aufzubauen und die entsprechenden Gesprächstechniken und -methoden anzuwenden.

Vor dem ersten Gong

Bevor wir nun die erste Boxrunde einläuten, möchten wir insbesondere den Seminarteilnehmern danken, die bisher an unseren BoxDichDurch-Trainings teilgenommen haben, um ihre Verhandlungs-, Verkaufs- und Führungskompetenzen zu verbessern. Sie wissen: Das Ziel ist nicht, den Partner im Ring niederzuschlagen. Ziel ist es, dass die Teilnehmer ihre gedachten Grenzen spüren und erkennen, wie schnell sie zuweilen bereit sind, ihre Ziele aufzugeben, statt sie konsequent selbst dann weiter zu verfolgen, wenn es wehtut und schmerzt. Sie haben erkannt: Geistiges und mentales Wachstum ist erst nach dem Überschreiten der gedachten Grenze möglich. Und das ist nicht nur im Boxring so, sondern auch in Verhandlungen.

Es ist dieser Transfer vom Boxring in den Berufsalltag mit all seinen Verhandlungen, Verkaufs- und Mitarbeitergesprächen, der unsere BoxDichDurch-Trainings auszeichnet.

Vielleicht fragen Sie sich jetzt, ob es in den BoxDichDurch-Trainings auch Boxerinnen gibt. Natürlich! Wir bieten sogar BoxDichDurch-Trainings für Frauen an. Denn wer als Frau im beruflichen Umfeld hauptsächlich Männern gegenübertreten und Erfolge erzielen will, braucht Mut, Zuversicht und das Selbstvertrauen, auch in diesen Verhandlungen und Verkaufsgesprächen gewinnen zu können – und zu wollen. Die meisten Frauen kennen wohl das Gefühl, dass ihr männlicher Verhandlungspartner die überhebliche Einstellung ausstrahlt, über einen unschlagbaren Vorteil zu verfügen. Das Training aber fördert die weibliche Durchsetzungsstärke in schwierigen Gesprächssituationen durch herausforderndes und reflektiertes Selbsterleben.

Boxer und Boxerinnen, Verhandler und Verhandlerinnen – gestatten Sie uns vor dem ersten Gong folgende Anmerkung: Wir, Autorin und Autor, haben lange überlegt, wie wir Sie, unsere Leserinnen und Leser, ansprechen sollen. Damit unser Text besser lesbar ist – und die doppelgeschlechtliche Ansprache behindert den Lesefluss unserer Meinung nach –, haben wir uns für eine Anrede entschieden und versichern Ihnen, dass mit »Verkäufern« auch »Verkäuferinnen« und mit »Verhandlungspartnern« auch »Verhandlungspartnerinnen« gemeint sind.

Und vielleicht begegnen wir uns ja demnächst in einem unserer BoxDichDurch-Trainings, wenn wir Ihnen zeigen dürfen, wie Sie Erkenntnisse aus dem Boxtraining in Ihren Verhandlungs-, Verkaufs- und Führungsalltag übertragen können.

Falls Sie Kontakt mit uns aufnehmen wollen: Sie finden unsere vollständigen Kontaktdaten am Ende dieses Buches.

Ricarda Zartmann (rzartmann_stempfle-training.de)
Lothar Stempfle (lstempfle_stempfle-training.de)

Harte Verhandlungen – und was Sie daran hindert, sie zu Ihren Gunsten zu entscheiden

Ring frei: Was Sie in dieser ersten Boxrunde erfahren

- Wir zeigen Ihnen, warum Sie in Verhandlungen und Verkaufsgesprächen scheitern und zu Boden gehen.
- Sie erfahren, von welchen lieb gewonnenen Überzeugungen und Glaubenssätzen Sie sich schnellstmöglich verabschieden sollten, weil Sie Ihren Verhandlungserfolg gefährden.

Neue Verhandler braucht das Land

Einen der Schlüsselsätze dieses Buches kennen Sie bereits: »Erfolgreiches Verhandeln und Verkaufen beginnt mit der Betrachtung der Wirklichkeit und der Realitäten.« Beginnen wir doch einfach damit: Die Zeit, in der miteinander verhandelt wurde, scheint der Vergangenheit anzugehören – falls sie jemals existiert hat. Im Verkauf, dem klassischen Verhandlungsbereich schlechthin, hängen viele Vertriebsleiter und Verkäufer gedanklich der schönen guten alten Zeit nach, in der sie allein durch die Darstellung ihrer Produkte und die Auflistung der grandiosen Produktvorteile gute Verkäufe erzielen konnten. Umso schwerer fällt es ihnen, heutzutage in harten Verhandlungen bestehen zu können.

Die »heile Welt« im Verkauf – es gibt sie nicht mehr. Aus dem Mund vieler Verkäufer fast aller Branchen hören wir, dass immer häufiger über den Preis verkauft wird, der Wettbewerb mörderisch geworden ist und kaum ein Einkäufer Listenpreise akzeptiert. Einkäufer haben aufgerüstet, sie verhandeln mit mehr Druck und nutzen die Möglichkeiten moderner Medien, Informationen zu beschaffen, die sie gegen den Verhandlungspartner verwenden.

Und in dieser Situation treffen sie auf Verkäufer, denen in Seminaren, Verkaufsratgebern und Meetings eingebläut worden ist, doch bitte schön über den Aufbau vertrauensvoller Beziehungen zu verkaufen: Softselling statt Hardselling, Beziehungsmanagement ja, Abschlussorientierung nein – das scheint immer noch das Mantra vieler Verkäufer zu sein.

Unsere Befürchtung ist: Durch diese eindimensionale Konditionierung ist eine ganze Generation von Verhandlern und Verkäufern in die verantwortlichen Positionen hineingewachsen, die sich nicht mehr (zu)traut,

- ihre Interessen knallhart zu verteidigen und zu wahren,
- auch einmal den Verhandlungsgegner aggressiv-provokativ anzugehen, und
- die Konkurrenz aktiv zu verdrängen.

Auf den Punkt gebracht

Eine ganze Generation von Verhandlern und Verkäufern hat das harte Verhandeln verlernt.

Aber es gibt sie leider – die »dunkle Verhandlungs-Seite«, in der die knallharte Auseinandersetzung unvermeidlich ist, in der die Fetzen fliegen und in der Sie zur Kampfrhetorik greifen müssen, mithin zu Mitteln, die dazu dienen, sich durchzusetzen und zu gewinnen. Und oft entpuppt sich der Anspruch, fair zu agieren, als trügerische Illusion, nicht immer werden die Guten am Ende belohnt, zuweilen ist der Ehrliche und Faire am Ende der Dumme.

Bevor nun Ihre Mitarbeiter und Sie den Instrumentenkoffer mit der Aufschrift »Beziehungsmanagement« über Bord schmeißen – STOPP: Er wird nach wie vor gebraucht. Doch er alleine genügt halt nicht. Denn es gibt weder DAS Hardselling noch DAS Softselling. Es gibt nur jeden Tag neue und ganz verschiedene Kommunikations- und Verhandlungssituationen mit sehr unterschiedlichen Gesprächspartnern. Diese Situationen bewältigen Sie nur, wenn Sie über ein breit gefächertes Arsenal an kommunikativen Techniken, Methoden und Strategien verfügen und zu beidem fähig sind – zum Beziehungsmanagement und zum harten Verhandeln.

Auf den Punkt gebracht

Verabschieden Sie sich von jedem eindimensionalen Denken in »Alternativlos-Sätzen«: Es gibt immer mehrere Wege zum Ziel. Es ist fahrlässig, allein auf die Erfolgskarte »Beziehungsmanagement« zu setzen.

Der »Krieger« im Einkauf – und seine Folgen

Wann hat sich die Verhandlungsatmosphäre in die Richtung eines härteren Umgangstons entwickelt? Ein einschneidendes

Ereignis war, als José Ignacio López de Arriortúa auf der Bildfläche der Automobilbranche erschien. Er zwang die Zulieferer seiner jeweiligen Arbeitgeber zu bis zu diesem Zeitpunkt unglaublichen Zugeständnissen. Unter seiner Ägide veränderte sich das Einkäuferverhalten enorm. Beispielsweise setzte López bei Lieferanten seine Einkaufspreise schriftlich für die nächsten fünf Jahre fest – und zwar mit fallender Tendenz. Das heißt: Er schrieb den Zulieferern über fallende Preise quasi vor, für Produktivitätszuwächse auf Seiten von Opel, General Motors oder Volkswagen – je nachdem, wo er gerade tätig war – zu sorgen, indem er immer heftiger an der Kostenschraube drehte.

Wer in die Gedankenwelt dieses »Kriegers« und erfolgreichen, aber auch umstrittenen Managers eintauchen will, liest am besten das Interview, das Sie im Internet unter http://www.brand eins.de/archiv/2006/erfolg/der-krieger.html finden.

Ob die Vorgehensweise des Spaniers stets angemessen gewürdigt und kritisiert worden ist, wollen wir hier nicht entscheiden. Für unseren Zusammenhang entscheidend ist die kompromisslose Verhandlungsführung des Managers, der mit seinem Verhandlungsstil gewiss für eine Verschärfung im Umgangston zwischen Verkauf und Einkauf und eine aggressivere Akzentuierung der Verhandlungskultur allgemein gesorgt hat.

Das Ergebnis ist bekannt: Gewinne und Deckungsbeiträge wurden massiv angegriffen. Das fand statt Ende der 1980er- und zu Beginn der 1990er-Jahre. Was in der Automobilindustrie begann, hat sich inzwischen auf nahezu alle Wirtschaftsbereiche ausgeweitet.

Zwischen Verkauf und Einkauf herrscht seit diesem Zeitpunkt eine immer größere Rivalität. Das betuliche Miteinander gehört seit langem der Vergangenheit an. Und doch fällt es vielen schwer, diese Entwicklung zu akzeptieren. Am Beispiel der Lebensmittelbranche lässt sich verdeutlichen, was in den vergangenen Jahrzehnten passiert ist: Es haben sich Machtblöcke auf beiden Seiten herausgebildet. Handelskonzerne wie die Schwarz-Gruppe mit Kaufland und LIDL, Metro und EDEKA stehen ebenso mächtigen Konzernen wie etwa Unilever, Bestfood oder Procter& Gamble mit ihren Markenfamilien gegenüber.

Die Konzerne sind aufeinander angewiesen, auf beiden Seiten besteht eine große Machtfülle. Wenn die eine Seite mit Auslistung einer Produktgruppe, also der Beendigung der Zusammenarbeit, droht, zeigt die andere Seite auf, welche Regale in Kürze in anderen Produktgruppen nicht mehr bestückt werden, wenn die Auslistung umgesetzt würde.

So geraten beide Seiten unter Druck – der Verkauf und der Einkauf. Stellen Sie sich nur einmal vor, die Einkaufsabteilung *Ihres* Unternehmens würde ihren Job nicht machen. Welche Preise müssten Sie im Verkauf dann am Markt realisieren – und wäre das überhaupt möglich?

Zwei Welten treffen aufeinander

Beschäftigen wir uns etwas näher mit der Welt der Einkäufer. Unsere Erfahrung zeigt, dass viele Einkäufer schon sehr früh in der Einkaufsabteilung dafür ausgebildet werden, dass vor allem eines stimmen muss: die Zahlen. Und damit sind wir sehr schnell beim heiligen Gral des Einkaufs, beim Preis. Viele Einkäufer – und lassen Sie uns bitte betonen, dass sich unter den Einkäufern sehr viele feine Menschen befinden, es geht uns nicht darum, eine Berufsgruppe zu verdammen – kennen nur den Preiswettbewerb, aber nicht den Qualitätswettbewerb.

Diese Tendenz verstärkt sich durch die Tatsache, dass gerade in den großen Konzernen und Unternehmen viele Absolventen direkt nach dem Studium auf eine Einkäuferstelle gelangen. Nach der Theorie-Prägung auf der Universität kommt es zur Zahlen-Prägung in der Einkaufsabteilung. Und dann treffen die Zahlen-Daten-Fakten-Einkäufer mit ihrer Fixierung auf den

Preis, den Preis und den Preis auf Verkäufer, die vor allem mit dem Instrumentarium des Softsellings und des Beziehungsmanagements arbeiten.

Viel zu spät stellen die Verkäufer fest: Viele der Einkäufer wollen gar keine Beziehung! Zu ihrer Stellenbeschreibung und zu ihrem Qualifikationsprofil gehört es eben nicht, vertrauensvolle Beziehungen zum Verkäufer aufzubauen. Vielmehr wollen sie Produkte und Dienstleistungen zum günstigsten Preis und in bester Qualität einkaufen.

Hinzu kommt: In manchen Unternehmen wird den Einkäufern verdeutlicht, dass der Erfolg im Einkauf oft den nächsten Schritt auf der Karriereleiter einleitet. Wer sich im Einkauf seine Sporen verdient hat und dann befördert wird, nimmt die Zahlen-Daten-Fakten-Fixierung »mit nach oben«. Diese prägt dann schließlich auch seine harte und nahezu unerbittliche Verhandlungslinie bei Gesprächen auf der Abteilungsleiter- und Geschäftsführerebene oder gar als Vorstand.

Auf den Punkt gebracht

Wo auch immer der beziehungsorientierte Verhandler agiert: Er begegnet aggressiven und zahlenorientierten Verhandlungsgegnern, bei denen seine Maßnahmen, etwa Gemeinsamkeiten zu schaffen, auf taube Ohren stoßen.

Wenn Sie auf einen Einkäufer treffen, der immer wieder nur nach dem noch günstigeren Preis fragt, wird es Ihnen schwerfallen, mit den Methoden und Techniken des Beziehungsmanagements Ihre Ziele zu erreichen. Denn wer nur auf Zahlen geprägt und nahezu frei ist von technischem Verständnis, der kann seine Aufgabe, Angebote nur vor dem Hintergrund der vorgelegten Angebotspalette zu bewerten, trefflich erfüllen. Solchen Einkäufern fällt es schwer, strategisch zu denken und die guten Beziehungen, die sie zu den Verkäufern aufbauen könnten, als Grundlage für eine gedeihliche Geschäftspartnerschaft oder gar Geschäftsfreundschaft zu erkennen.

Eine Konsequenz für Sie könnte lauten: Wenn es Ihnen schwerfällt, die Mentalität und Persönlichkeit des Einkäufers zu verändern, müssen Sie bei sich selbst ansetzen und überlegen, inwiefern sich Ihre Mitarbeiter und Sie selbst sich verändern müssen, um sich alsdann von dem Allheilmittel des Beziehungsmanagements zu verabschieden.

Die Kultur der einseitigen Fixierung auf den Preis

Vielleicht kennen Sie das: Sie haben Ihrem Verhandlungspartner glasklar die qualitativen Vorteile belegen und beweisen können, die er schwarz auf weiß nach Hause trägt, wenn er Ihre Produkte und Dienstleistungen einkauft: Sie werden ihm auf langfristige Sicht zu strategischen Wettbewerbsvorteilen verhelfen. In den Augen seiner Kunden helfen ihm Ihre Produkte und Dienstleistungen, ein Alleinstellungsmerkmal aufzubauen. Der Kunde mag ja berechtigte Gründe haben, mit Ihnen eben nicht zusammenarbeiten zu wollen. Aber wieder und immer wieder kommt er auf den Preis zu sprechen. Dieser ist zwar wichtig, aber doch nicht allein entscheidend. Warum also bringt er penetrant den finanziellen Aspekt als alleinigen Verhandlungsaspekt ins Spiel?

In vielen Fällen hat dies damit zu tun, dass sich in jedem Unternehmen, in jeder Abteilung und damit auch in der Einkaufsabteilung eine bestimmte Kultur und häufig auch unausgesprochene Regeln ausbilden, an die sich jeder hält. Eine Kultur, der auch Ihr Gesprächspartner gerecht werden will und muss. Und wenn das Leitmotiv dieser Kultur unter dem Motto steht: »Unser Selbstverständnis basiert darauf, dem Gesprächspartner unsere Bedingungen zu diktieren, und das ist im Einkauf primär der Preis«, sind die langfristigen strategischen Wettbewerbsvorteile, die der Einkäufer durch die Zusammenarbeit mit ihnen erreichen kann, für die Katz. Denn für solch ein Verhandlungsergebnis erfährt Ihr Gesprächspartner keine Anerkennung in seinem Unternehmen.

Die Kollegen loben ihn nicht dafür, dass er für die Firma einen langfristigen Erfolg errungen hat. Der Punktsieg nach zwölf Boxrunden ist nichts wert. Es zählt der schnelle Knock-out des Gegners. Um ein Beispiel aus einer anderen Sportart zu bemühen: Der Dribbler, der seinen Gegenspieler beim Fußball möglichst oft tunnelt, ihm also den Ball zwischen den Beinen durchspielt und ihn schlecht aussehen lässt, erhält mehr Lob als derjenige, der mit dem klugen Pass das Tor vorbereitet. Das gelingt aber nur in einem Team, bei dem die Kultur des Lächerlichmachens des Gegners im Vordergrund steht.

Kennen Sie den folgenden Einkäuferwitz: Fragt der eine Einkäufer den anderen: »Was ist Einkäuferqualität?« Die Antwort: »Weiß ich nicht.« Sagt der erste: »Einkäuferqualität ist, wenn du den Verkäufer so schnell über den Tisch ziehst, dass dieser meint, die entstehende Reibungshitze wäre Nestwärme.«

Was sagt Ihre Erfahrung? Veranschaulicht dieser Witz die Einstellung vieler Einkäufer gegenüber den Verkäufern ihrer Lieferanten – gegenüber Ihnen oder Ihren Mitarbeitern?

Auf den Punkt gebracht

Wie sich Ihr Verhandlungspartner präsentiert, hängt nicht nur von diesem selbst ab, sondern auch von der (Unternehmens-)Kultur, von der dieser sozialisiert worden ist.

Bei der Frage, warum Ihre Verhandlungen scheitern, ist mithin die Kultur des Unternehmens, mit dessen Repräsentanten Sie verhandeln, entscheidend. Das ist ein ganz entscheidender Punkt bei Ihrer Vorbereitung auf die Verhandlungsrunden: Wenn Sie die Boxschule, die Ihr Verhandlungsgegner besucht hat, nicht kennen, wenn Sie die (Unternehmens-)Kultur nicht einschätzen können, in der Ihr Verhandlungspartner groß geworden ist, wird es Ihnen schwerfallen, die Auseinandersetzung zu bestehen.

Und darum wird uns die Vorbereitungsfrage insbesondere in den Kapiteln 3 bis 5 intensiv beschäftigen.

Die Macht des Einkaufs wächst beständig

Natürlich gibt es weitere Gründe, warum gerade Verhandler im Verkauf im Gespräch mit dem Einkauf immer öfter das Nachsehen haben. Dazu zählt die Austauschbarkeit vieler Produkte. Zwar tönt es von zahlreichen Internetseiten: »Wir bieten Qualität, Service, Kundenservice etc.« Doch leider ist derselbe Text auch bei der Konkurrenz zu finden. Aus Sicht des Einkäufers gleichen sich die Produkte der Hersteller immer mehr an. Ob Samsung oder Apple – den Unterschied macht letztendlich nicht das Produkt. Es ist etwas anderes, es ist die Story, die Vision, mit der das Produkt aufgewertet wird und die es dem Verkäufer ermöglicht, sich vom Preis als alleinigem Differenzierungsmerkmal zu befreien. Wer sich nicht anders differenziert, der verliert.

Auf den Punkt gebracht

Wer allein über den Preis hineinkommt, fliegt über den Preis auch wieder hinaus.

Wie es »richtig« geht, hat uns Steve Jobs gezeigt. Man konnte über den Apple-Chef verschiedener Meinung sein. Was aber niemand bestreiten wird: Er verstand es wohl wie kein anderer, mithilfe seiner Produkte so etwas wie ein Lebensgefühl und ein Mehr an Lebensqualität zu verkaufen. Steve Jobs war ein Menschenfänger im positiven Sinn und ein Verkäufer, der seine – qualitativ natürlich hochwertigen – Produkte als Vehikel eines Lebensgefühls verkaufte. Wir kaufen kein iPhone, sondern Freiheit, Mobilität, Einzigartigkeit, Anerkennung, ein schöneres Leben – zumindest in unserer subjektiven Wahrnehmung.

Die Apple-Produkte befriedigen Bedürfnisse, die wir noch gar nicht artikuliert haben. Sie transportieren Eigenschaften, die außerhalb ihrer selbst, also außerhalb der Produkte, angesiedelt sind. Sie sind Statussymbole, die den Besitzer aufwerten. Hinzu kommt: Steve Jobs präsentierte sein Produkt – oder besser: sein Apple-Lebensgefühl – sympathisch, charismatisch und selbstbewusst, aber auch kompetent.

Das ist eine der Strategien, mit denen der Verkauf der zunehmenden Einkaufsmacht begegnen kann. Apple ist und bleibt aber eine Ausnahme. In der Regel können Verhandler im Verkauf der Preisdiskussion kaum ausweichen – vor allem dann, wenn die Konkurrenten mit aggressiver Preispolitik am Markt auftreten. Diese Unternehmen setzen ihre niedrigen Preise zum Beispiel ein, um sich Aufträge zu kaufen und so ihre Kapazitäten in der Produktion auszulasten. Das kurzfristige Überleben steht für diese Unternehmen im Vordergrund. In Märkten mit Überkapazitäten platzt dann irgendwann die Niedrigpreisblase und es kommt zu einer Marktbereinigung. Zudem gibt es immer wieder Anbieter, die die Nerven verlieren und ihr Heil in niedrigen Preisen suchen. Schließlich suchen neue Marktteilnehmer den Zugang zu den neuen Märkten, indem sie niedrige Preise ansetzen.

All diese Entwicklungen stärken die Verhandlungsposition und erhöhen die Macht der Einkäufer in den Verhandlungen mit dem Verkauf.

Samthandschuhe im Verkauf: Mit Love und Peace in die Einbahnstraße

Der Geschäftsführer eines Zulieferers sagte in einer harten Verhandlung: »Wenn wir auf Ihren Vorschlag eingehen, dann fahren wir Verlust und können über kurz oder lang den Laden dichtmachen.« Die Antwort darauf: »Danke für den Hinweis, dann schauen wir uns am besten schon einmal nach einem neuen Lieferanten um.«

Ein klares und hartes Statement. Herzlos auf jeden Fall, und es zeigt nochmals, was uns viele Verkäufer immer wieder mitteilen: Beziehung spielt beim Einkauf nur dann eine Rolle, wenn der Einkäufer etwas haben will. Es ist mithin kontraproduktiv, den Beziehungsaufbau in den Mittelpunkt der Verhandlungsaktivitäten zu stellen.

Das heißt: Es muss anders gehen. Das bereits angesprochene Problem: Viele Verhandler im Verkauf kämpfen mit ihrer soften Konditionierung, und es ist schwer, dieses Programm auf der geistigen Festplatte zu löschen und die Primärkonditionierung zu bekämpfen.

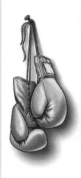

Ein kleiner Exkurs in den Boxsport: Jeder Verhandlungs- und Boxstil hat seine Vorteile

Während der eine Verhandler als eher zurückhaltender Beziehungsmanager an den Boxstil des filigran boxenden »Gentleman« Henry Maske erinnert, ähnelt der Verhandlungsstil des Kollegen der burschikosen und rustikalen Kampfweise eines Nikolai Walujew, der mit 2,17 m Körpergröße zuweilen etwas unbeholfen durch den Ring tapst.

In den 1980er- und 1990-Jahren war es Henry Maske, der mit seiner Defensiv-Strategie »Es gewinnt nicht derjenige, der die meisten Treffer landet, sondern derjenige, der die wenigsten Treffer abbekommt« grandiose Erfolge feierte. Es wäre unsinnig gewesen, Maske zum Haudrauf-Boxer umzufunktionieren. Und es wäre ebenso kontraproduktiv, wenn der Vertriebsleiter den Softseller mit Stärken im Beziehungsmanagement zum Hardseller mit Abschlussfokussierung umerziehen wollte.

Entscheidend ist: Jeder Verhandlungsstil kann zum Erfolg führen; meistens jedoch ist es von Vorteil, wenn der Verhandler beide Stile beherrscht – und auch noch die Zwischentöne.

Verkäufer wechseln in den seltensten Fällen nach einem Wirtschaftsstudium direkt in den Verkauf. Der Lebenslauf vieler Verkäufer beginnt in der Technik, im Maschinenbau oder anderen Tätigkeiten, in denen die Vorgehensweisen in harten Verhandlungen eher eine untergeordnete Rolle spielen. Im Gegenteil. Im Mittelpunkt stehen das Produktwissen, die Produktargumentation, der Beziehungsaufbau und die Beziehungspflege. Sie verinnerlichen Werte, Überzeugungen und Glaubenssätze, die es ihnen nahezu unmöglich machen, in harten Verhandlungen zu bestehen oder gar zu gewinnen.

Die Folge: Verhandler im Verkauf – und das reicht hoch bis zur Ebene des Vorstands und der Geschäftsführer – entwickeln oft eine Beißhemmung, tragen eher Samthandschuhe, selten oder nie die Boxhandschuhe. Und wer auf Love and Peace eingeschworen wurde, entwickelt in der harten Verhandlung selten denjenigen Kampfesmut und diejenige Kampffertigkeit, die es ihm erlauben, die konstruierten Scheinausreden des Verhandlungspartners beim Namen zu nennen. Allzu groß ist die Angst vor dem Verhandlungsabbruch. Aber ist die ehrliche Argumentation, die die Scheinargumente des Gesprächspartners aufdeckt, nicht besser, als in der Diskussions-Einbahnstraße »Preis« zu enden? Und zwar ohne die Möglichkeit zu wenden und einen anderen Weg einzuschlagen?

Schauen Sie sich dazu das folgende Beispiel an: Ein Einkäufer sagte uns einmal:»Was interessieren mich technische Details und langfristige Wettbewerbsvorteile? Was für mich zählt, und damit für meine Firma, ist allein der Preis und nichts als der Preis.« Und nicht selten bekommen Verkäufer technischer Produkte zu hören:»Wissen Sie, das mit Ihren Folgekosten ist ja gut und schön. Allerdings sollten Sie wissen, ich bin für den Einkauf der Geräte zuständig. Welche Folgekosten daraus entstehen, ist mir eigentlich gleichgültig.«

Was können Sie in einer solchen Situation antworten?

Eskalieren Sie das Verhandlungsgespräch

Unsere Empfehlung: Nutzen Sie eine Analogie aus der Alltagserfahrung – hier den Kühlschrankkauf – und damit eine Situation, die der Verhandlungspartner mit hoher Wahrscheinlichkeit selbst einmal kennengelernt hat:

- »Das ist interessant, was Sie sagen. Also, wenn ich Sie richtig verstehe, dann sagen Sie mir, dass Sie beim privaten Kauf eines Kühlschranks allein nach dem Einkaufspreis entscheiden, ja?«
- »Und wenn Sie dann bei genauerem Hinsehen erkennen würden, dass die Preiseinsparung bereits nach anderthalb Jahren aufgebraucht ist, weil der neue Kühlschrank ein reiner Stromfresser ist, dann würden Sie ebenso entscheiden?«
- Jetzt wird der Verhandlungspartner wohl mit »Nein« antworten.
- »Dann erklären Sie mir doch bitte, weshalb Sie bezogen auf unseren Verhandlungsgegenstand ganz anders entscheiden. Nur damit ich Ihre Argumentation verstehen kann.«
- Erfolgt jetzt eine Erklärung, die darauf hinausläuft, dass so eben die Regeln im Einkauf des Unternehmens sind, das der Verhandlungspartner vertritt, dann sollten Sie wie folgt argumentieren:
- »Nun, da Sie ja das Wohl Ihres Unternehmens im Blick haben und es im privaten wie im geschäftlichen Bereich sinnlos ist, Geld zum Fenster hinauszuwerfen, ist es dann für eine bessere Entscheidung nicht sinnvoll, diese Angelegenheit an einer höheren Stelle gemeinsam zu besprechen? Denn schließlich fließen früher oder später die daraus resultierenden Zahlen wieder in das Geschäftsergebnis ein, richtig? Was Sie jetzt also angesichts der Folgekosten zu viel ausgeben, fließt ja in das Geschäftsergebnis Ihrer Gesamtunternehmung ein, nicht wahr?«
- Viele Verhandlungspartner reagieren unserer Erfahrung nach an dieser Stelle nicht so, dass sie die Verhandlung ab-

brechen. Im Gegenteil: Der Appell, die Folgen der Entscheidung für die Gesamtunternehmung zu bedenken, lässt sie ins Grübeln kommen. Denn wer will schon verantwortlich dafür sein, das Gesamtergebnis seiner Firma negativ zu beeinflussen?

- Jetzt argumentieren Sie weiter: »Ist es also nicht besser, wir sprechen mit jemandem, der den Überblick über die Gesamtkosten hat?«
- Antwortet der Verhandlungspartner jetzt mit »Ja«, bedanken Sie sich für dieses eindeutige Statement und fragen: »Mit wem sprechen wir also sinnvollerweise zu diesem Thema? Denn Sie selbst sind offenbar auch der Meinung, dass der Schaden für Ihr Unternehmen abzuwenden ist.«
- Je nach Gesprächsverlauf und Reaktion können Sie jetzt noch einen Schritt weiter gehen: »Denn sowohl privat wie auch im geschäftlichen Bereich treffen Sie offenbar Entscheidungen, die finanziell nachteilige Folgen haben – für Sie selbst und für Ihr Unternehmen. Bitte korrigieren Sie mich, wenn ich mich irre, doch in beiden Fällen wirkt sich Ihre Entscheidung negativ auf die Finanzen aus. Vielleicht denkt die Geschäftsleitung, und insbesondere der Chef Ihrer Finanzabteilung, ganz anders zu dem Thema. Eventuell ist es sinnvoll, ihn über diese Vorgehensweisen in Kenntnis zu setzen. Was meinen Sie?«

Samthandschuhe aus – Boxhandschuhe an

Uff – wir hören jetzt schon, wie bei vielen Lesern die Ampel auf Rot springt. »Das kann man doch nicht machen! Mit so einem Vorgehen bin ich draußen! Das ist doch schon fast unverschämt!«

Interessant, denn hier wird einmal mehr unsere verkäuferische Prägung deutlich: Immer lieb sein, immer nett bleiben, und ja nicht auf Konfrontationskurs gehen. Sie werden immer das Ergebnis erhalten, welches Sie erhandeln. Wer Everybody's Darling sein möchte, wird zu Everybody's Depp. Es geht nicht darum, in jeder Phase der Verhandlung gemocht zu werden. Denn welches Risiko gehen Sie als Verhandler in unserem Beispiel oben überhaupt ein?

Wenn Sie im harmoniesüchtigem Wohlfühlmodus verharren, bleibt die Verhandlung unweigerlich in der Preisdiskussion stecken. Dabei können Sie nur verlieren, denn es gibt immer einen Konkurrenten, der noch billiger ist und den Sie unterbieten müssen.

Auf den Punkt gebracht

Dann ist doch vielleicht der Versuch zielführender, die Verhandlungssituation zu eskalieren, indem Sie die Situation auf die nächsthöhere Entscheidungsebene hieven und mit demjenigen weiterverhandeln, der nicht allein auf den Preis als Entscheidungskriterium fixiert ist.

Dies wird Ihnen aber nur möglich sein, wenn Sie sich von blockierenden Überzeugungen wie »Ich darf den Verhandlungspartner nicht besiegen und ihn auf keinen Fall provozieren« befreien und an deren Stelle Überzeugungen etablieren, die es Ihnen erlauben, sich auch in harten und konfliktreichen Verhandlungen durchzusetzen.

Das ist kein leichter Weg: Früher war es auch uns aufgrund unserer verkäuferischen Prägung ein tiefes Anliegen, nach jeder Verhandlung vom Verhandlungspartner noch gemocht zu werden. Heute lautet unsere Maxime: »Wir möchten nicht mehr gemocht werden, wir möchten respektiert werden – und Respekt bekommen wir nicht geschenkt, den müssen wir uns erhandeln!«

Doch wie gelingt es, sich von der verkäuferischen Prägung zu befreien und stattdessen die selbstbewusste und selbstsichere Haltung des »Ich will und darf die Verhandlung gewinnen!« aufzubauen?

Nutzen Sie die Pause nach der ersten Boxrunde zur Selbstreflexion

- Wie laufen harte Verhandlungen in Ihrem Verantwortungsbereich in der Regel ab?
- Welche Überzeugungen und Glaubenssätze blockieren Sie (oder Ihre Mitarbeiter) auf dem Weg zum gewünschten Verhandlungserfolg und Verhandlungsergebnis?
- Wie ist es um Ihre »Beißhemmung« (und die Ihrer Mitarbeiter) bestellt? Sind Sie in der Lage, dem Verhandlungspartner auch einmal aggressiv, polemisch und herausfordernd zu begegnen?
- Schlagfertigkeit, Argumentationssicherheit und Selbstsicherheit in Sprache und Auftreten (Körpersprache) helfen, den eigenen Standpunkt zielorientiert zu vertreten. Wie sieht es mit Ihrer Kommunikationskompetenz und der Ihrer Mitarbeiter aus?

Fazit zur ersten Boxrunde

- Die stetig zunehmende Macht des Einkaufs und die einseitige Konzentration der Verhandler im Vertrieb auf die Instrumentarien des Beziehungsmanagements haben dazu geführt, dass sich die Verhandler immer seltener durchsetzen können.
- Das Verhalten aller Verhandlungspartner auf beiden Seiten hängt von der individuellen Sozialisation und der Unternehmenskultur ab, in der die Beteiligten jeweils groß geworden sind.
- Wer Everybody's Darling sein möchte, wird zu Everybody's Depp. Lernen Sie, sich von hemmenden Überzeugungen zu lösen und die Haltung des »Ich will und darf die Verhandlung gewinnen« aufzubauen.

So bauen Sie die selbstbewusste »Ich will und darf die Verhandlung gewinnen!«-Einstellung auf

> **Ring frei: Was Sie in dieser zweiten Boxrunde erfahren**
> - Sie lernen Möglichkeiten kennen, sich von der verkäuferischen Prägung zu befreien und zur selbstsicheren Haltung des »Ich will und darf die Verhandlung gewinnen!« zu gelangen.
> - Sie lesen, wie Sie sich vom Kuschelkurs der Win-win-Strategie verabschieden.
> - Wir beschreiben Strategien, mit denen es Ihnen gelingt, die selbstsichere Haltung des »Ich will und darf die Verhandlung gewinnen!« aufzubauen.

Der Mensch ist nicht nur edel, hilfreich und gut

Der Mensch strebt nach Harmonie und will Ebenmaß, Harmonie und Ausgeglichenheit und er möchte diese auch dann herstellen, wenn sie gar nicht möglich ist. Wir erwarten Harmonie, sind oft geradezu süchtig danach und streben danach, das offensichtlich Fehlerhafte zu ergänzen. »Da fehlt die andere Hälfte« – dies ist ein Ausdruck des Menschen für die Sehnsucht, etwas »rund zu machen«, es in Kreis- oder Ringform zu bringen. Denn gerade der ringförmige Kreis ist für uns ein Symbol der harmonischen Vollkommenheit, bei der es ohne Ecken und Kanten zugeht, an denen man sich stoßen und verletzen könnte.

Nicht umsonst stellt der Ehering ein Symbol dafür dar, dass hier zwei Menschen zusammenfinden, die auf eine ideale Art und Weise zusammenpassen, vielleicht auch, weil sie einst in inniger Harmonie zusammenlebten und dann getrennt wurden.

Doch jetzt der unbarmherzige Schnitt – der krasse Wechsel: In der harten Verhandlung, in der jeder seine Interessen verfolgt und auch unter dem Druck steht, diese Interessen durchsetzen zu müssen, steht die Verabschiedung vom Ideal des harmonisch verlaufenden Verhandlungsgesprächs an.

Auf den Punkt gebracht

Denn das harmonische Win-win-Vorgehen bei der Verhandlung ist nur dann möglich, wenn sich die beiden Verhandlungspartner wohlwollen und von einem ähnlichen Werte- und Zielsystem leiten lassen.

Im Grunde ist es wie bei einem sich liebenden Paar, das gemeinsam ausgehen möchte. Er will ins Kino, sie mag essen gehen. Die einfache Lösung liegt auf der Hand: Die Partner gehen essen und danach ins Kino. Die Frage ist: An wie viele Verhandlungssituationen können Sie sich erinnern, in denen die Verhandlungspartner sich wie Romeo und Julia verhalten haben?

Romeo und Julia am Verhandlungstisch im Verhandlungsclinch – das kommt eher selten vor. Ausnahmen mögen die Regel bestätigen, doch im Grundsatz gilt: Die Vorstellung, es gäbe eine Win-win-Situation, geht komplett an der Verhandlungsrealität vorbei. Der Mensch ist nicht nur edel, hilfreich und gut – diese Vorstellung entpuppt sich zumindest im Verhandlungsgeschäft als eine Illusion.

Albtraum Harvard-Konzept

Unsere Erfahrung ist: In komplizierten Verhandlungen gibt es so gut wie immer einen Konflikt, der darauf beruht, dass beide Seiten die feste und unumstößliche Gewissheit haben, absolut im Recht zu sein. Daraus leiten sie auch das Recht ab, Forderungen zu stellen, die für die Gegenseite unakzeptabel sind. Oft reagiert die Gegenseite dann mit eigenen Forderungen, die wiederum auf deren Gewissheit beruhen, im Besitz der allein selig machenden Wahrheit zu sein.

Das Ergebnis: Die diametral entgegengesetzten Positionen verhärten sich immer mehr – die Parteien sitzen in der Sackgasse der Verhandlung fest, weil sie sich aus dem Käfig ihrer Gewissheiten nicht befreien können.

Der Traum des Harvard-Konzeptes, dass sich beide Seiten wohlwollend gegenüberstehen oder zumindest ins Kalkül ziehen, die andere Seite könnte vielleicht auch ein wenig im Recht sein, ist ausgeträumt und entwickelt sich zum Albtraum. Kompromiss und Kooperation ade!

Die Voraussetzung, dass beide Seiten immer fair spielen – sie ist realitätsfremd. Die Gegenseite will gewinnen – gegen den Verkäufer, gegen den Verhandlungspartner. Die Gegenseite muss auch oft gewinnen, weil sie unter einem gewaltigen Erwartungsdruck steht und darauf angewiesen ist, ein bestimmtes Verhandlungsergebnis zu erzielen.

Und nun Hand aufs Herz: Gilt das nicht auch für Sie? Müssen nicht auch Sie ein gutes Verhandlungsergebnis erzielen? Und das funktioniert zumindest in harten Verhandlungssituationen und Verkaufsgesprächen am besten, indem Sie die Überzeugung aufbauen: Verhandeln und Verkaufen gleicht weniger dem Kinobesuch mit dem Geliebten oder der Geliebten, sondern mehr einem Boxkampf.

Auf den Punkt gebracht

Es ist nicht unredlich, sondern erforderlich, dass Sie Ihre Verhandlungen und Verkaufsgespräche ab sofort mit dem Vorsatz beginnen, gewinnen zu wollen! Sie müssen und dürfen einen unbedingten Siegeswillen aufbauen.

Der Kompromiss: Nur ein abgeschnittenes Ohr

Aber stimmt es denn überhaupt, dass bei Anwendung der Win-win-Philosophie immer die Gefahr droht, einen Verlierer zu produzieren? Oder gar Verlierer auf beiden Seiten?

Schauen wir uns zur Verdeutlichung die folgende Situation an, zu der uns Matthias Schranner angeregt hat, der ehemals als Polizist gearbeitet hat: Eine Person möchte Geld bei einer Bank abheben und entscheidet sich für eine eher ungewöhnliche Maßnahme: Sie betritt die Bank, legt ein Schießeisen auf den Tresen und fordert die Übergabe des gesamten Bargeldes. Der Alarm wird ausgelöst, natürlich. Die Polizei umstellt das Gebäude. Gleichzeitig »schult« der Bankräuber auf Geiselnehmer um und formuliert seine Forderungen: 6 Millionen Euro, freier Abzug, Fluchtfahrzeug Audi A8, im Gegenzug kommen die Geiseln unversehrt frei.

Kann es jetzt noch eine Win-win-Situation geben? Das Problem: Der freie Abzug im Tausch gegen das Leben der Geiseln kann kaum in Frage kommen – denn dies würde Schule machen und unweigerlich Nachfolgetäter auf den Plan rufen.

Darum: Die Polizei wird in Stellung gehen und in harte Verhandlungen einsteigen. Die Strategie der Polizei ist darauf ausgelegt, zu gewinnen. Das ist auch sinnvoll, denn auf der anderen Seite möchte der Geiselnehmer dies auch, auf Kosten der Geiseln, der Gesellschaft.

Lassen Sie uns überlegen: Gibt es die Möglichkeit eines Kompromisses? Sie wissen es wahrscheinlich aus eigener Erfahrung: Ein Kompromiss scheint auch in harten Verhandlungen auf: Jede Verhandlungspartei weicht von ihrer Maximalforderung ab. Doch was hieße das für den Geiselnehmer? Er bekommt 3 Millionen Euro, einen Audi A5 und freies Geleit bis an die Stadtgrenze. Im Gegenzug tötet er niemanden, er schneidet jeder der Geiseln nur das Ohr ab.

Nun mögen Sie einwenden, eine Verhandlung würde nun doch noch unter anderen Voraussetzungen stattfinden. Aber wir meinen, die Folgen jener kompromissbereiten Win-win-Haltung sind schon vergleichbar.

Und die Schlussfolgerung, die unserer Erfahrung nach daraus gezogen werden muss, lautet:

Auf den Punkt gebracht

Es gibt bestimmte Situationen, in denen Sie sich vom harmoniesüchtigen Kuschelkurs der Win-win-Strategie verabschieden und die Kompromissbereitschaft durch die Attitüde des »Ich will und darf die Verhandlung gewinnen« ersetzen müssen.

Raus aus der Bequemlichkeitszone

Jeder, der sich mit Verhaltens- und Einstellungsveränderungen beschäftigt, weiß, wie schwer solche Veränderungsprozesse sind. Wir alle haben es uns in der Hängematte unserer Gewohnheiten, Überzeugungen und Vorurteile bequem gemacht. Denn in dieser Hängematte, in dieser Bequemlichkeitszone fühlen wir uns sicher und gut aufgehoben. Hier kennen wir uns aus, hier sind wir Chef im Ring, hier sagen wir den anderen, wo es auf welche Art und Weise langgeht.

Das Problem ist nur: Gewohnheiten, Überzeugungen und Vorurteile müssen nicht stimmen, machen blind für andere Optionen und wirken häufig wie sich selbst erfüllende Prophezeiungen. Der Sozialpsychologe Jens Förster beschreibt in seinem Buch *Kleine Einführung in das Schubladendenken* faszinierend-deprimierende Beispiele für die fatalen Folgen eines Schubladendenkens, bei dem sich Vorurteile zu blockierenden Bewertungen verfestigen.

Ein Beispiel: Das Vorurteil, Blondinen seien dümmer und weniger intelligent als Frauen mit anderen Haarfarben, führt sogar bei eben diesen Blondinen dazu, dass sie langsamer arbeiten, sofern sie vor einem Test Blondinenwitze erzählt bekommen. Immerhin: Sie arbeiten dann nicht nur langsamer, sondern auch sorgfältiger – wie alles andere auch hat das Vorurteil zwei Seiten, eine positive und eine negative. Weswegen Försters Buch im Untertitel vom Nutzen und zugleich vom Nachteil des Vorurteils spricht. Ein weiterer Beleg dafür: Die andershaarfarbigen Damen arbeiten nun, in Anlehnung an das Vorurteil, sie seien ja sowieso schlauer und intelligenter als die Blondinen, zwar viel schneller – aber auch mit weniger Sorgfalt und darum fehlerbehafteter.

Auf den Punkt gebracht

Für unseren Kontext heißt das: Verlassen Sie die verkäuferische Bequemlichkeitszone, in der die Überzeugung und das Vorurteil dominieren, nur die Win-win-Harmoniestrategie führe zum Erfolg.

Sicherlich: Wahrscheinlich sind Ihre Mitarbeiter und Sie mit der Einstellung groß geworden und sozialisiert worden, eine Verhandlung könne lediglich durch das Verhalten »Ich habe dich lieb, lieber Verhandlungspartner« zum angestrebten Verhandlungsergebnis führen. Und vielleicht ist diese Einstellung auch das eine oder andere Mal tatsächlich durch ein entsprechendes Ergebnis bestätigt worden, denn gewiss gibt es Verhandlungssituationen, in denen die Win-win-Strategie zum Erfolg geführt hat. Daraus ist dann die unumstößliche Erwartung erwachsen, dass es immer wieder und wieder jene auf Harmonie bedachte Strategie sein muss, die die gewünschten Verhandlungsergebnisse nach sich zieht.

Ihre Mitarbeiter und Sie haben dann vielleicht die entsprechenden Verhaltensweisen ausgebildet und verinnerlicht, nach dem Motto: »Wenn ich so handle, wie ich bisher gehandelt habe, nämlich nach dem Win-win-Prinzip, werde ich das Ergebnis erhalten, das ich bisher auch immer oder oft bekommen habe.« Das Win-win-Prinzip hat sich also immer mehr verfestigt, Ihre Mitarbeiter und Sie sind schließlich gar nicht mehr in der Lage, andere Optionen zu denken.

Das kann natürlich nur so lange gut gehen und funktionieren, wie sich Ihr Verhandlungspartner ebenfalls an die Spielregeln des Win-win hält.

Rein in die Lern- und Wachstumszone:
Strategien zum Aufbau der Einstellung »Ich kann und darf die Verhandlung gewinnen«

Unter Weiterbildungstrainern gibt es das ungeschriebene Gesetz, das Modalverb »müssen« strikt zu vermeiden. Es sei nicht korrekt, die Weiterbildungswilligen, die Menschen, die sich weiter entwickeln wollen, mit der Aufforderung zu malträtieren, etwas tun zu »müssen«. Auch hier spielt jener harmoniesüchtige Gedanke hinein, man dürfe niemanden konsequent auffordern, sich zu verändern, obwohl die Notwendigkeit dazu offensichtlich ist. Vielleicht haben Sie es schon bemerkt, dass wir uns nicht davor scheuen, das eindeutige »müssen« zu verwenden – und jetzt verabschieden wir uns endgültig von diesem ungeschriebenen Gesetz und fordern Sie auf:

Auf den Punkt gebracht

*Wenn Sie Ihre Verhandlungsergebnisse verbessern und insbesondere endlich auch einmal harte Verhandlungen gewinnen wollen, **müssen** Sie die Bequemlichkeitszone Ihrer lieb gewonnenen Überzeugungen und Vorurteile verlassen und in die Lern- und Wachstumszone eintreten. Es ist notwendig, neue Wege zu beschreiten und neue Lösungen zu suchen und umzusetzen. Konkret: Sie **müssen** – langsam, aber sicher – die Einstellung des »Ich kann und darf die Verhandlung gewinnen« als Alternative zu Ihrem üblichen Vorgehen aufbauen.*

Die folgenden Strategien helfen Ihnen dabei.

Strategie 1: Sie sind der Chef im Ring

Diese Selbstüberzeugung ist der Schlüssel zum Erfolg. Wer mit der Zielsetzung in die Verhandlung und in das Verkaufsgespräch geht, gewinnen zu wollen, muss von sich selbst überzeugt sein und über ein enormes Selbstbewusstsein verfügen.

Sie wissen ja: Verhandeln und Verkaufen ist wie Boxen: Wer nicht mit der unbedingten Überzeugung in den Ring steigt, der Bessere zu sein, hat schon verloren. Und auch für Sie als Verhandler und Verkäufer ist das Wissen wichtig, der Experte, der Spezialist, eben der Chef im Ring zu sein, der dem Anderen zeigen kann und zeigen will, wo es langgeht. Im Verkaufsgespräch zum Beispiel müssen Sie also sicher sein, dass Sie tatsächlich über die für den Kunden beste Lösung verfügen – das führt zu Strategie 2.

Strategie 2: Bauen Sie die Überzeugung auf, dem Verhandlungspartner etwas Einzigartiges bieten zu können

Das ist eines der Kernelemente der harten Verhandlungsführung: Sie wollen den Anderen besiegen und die Verhandlung für sich entscheiden – aber zugleich sind Sie sich hundertprozentig sicher, dass Sie dem Gesprächspartner etwas Einzigartiges zu bieten haben. Besonders deutlich wird dies im Verkaufsgespräch. Ihre Recherchen zeigen, dass Sie über eine Problemlösung verfügen, die dem Kunden einen einzigartigen Nutzen bietet, den ihm kein anderer Dienstleister bieten kann. Aus dieser Überzeugung dürfen Sie die Berechtigung ableiten, ihm mit aller Konsequenz zu verdeutlichen, wie richtig es für ihn ist, mit Ihnen zusammenzuarbeiten.

Strategie 3: Erlauben Sie sich einen gesunden Schuss Aggressivität

Wer nur so gut sein will, wie der Markt, die Branche und die Konjunktur es zulassen, wird mit dem Markt wachsen und kleine Erfolge feiern dürfen. Jedoch: Auf eigene Verdienste sind diese Erfolge in den seltensten Fällen zurückzuführen. Denn es ist der Markt, der den Vertrieb nach oben zieht, ihm Verkaufserfolge ermöglicht und gestattet. Diese Erfolge würden selbst dann erreicht, wenn kein High Performer, sondern ein Durchschnittsverkäufer das Kundengespräch oder die Verhandlung führen würde.

Diese unbequeme Wahrheit hört nicht jeder gern, ebenso wenig wie die These, dass ein engagierter, auf Wachstum gerichteter Vertrieb keine Scheu haben darf, mit einer gehörigen Prise Aggressivität und Biss, aber auch mit Sympathie, Charisma und natürlich Kompetenz vorzugehen – zu der »Ich kann und will die Verhandlung gewinnen«-Einstellung gehört beides.

Im Akquisitionsgespräch etwa wird der Kunde durchaus aggressiv angegangen. Ihr Verkäufer zum Beispiel darf und soll den Kunden provozieren, ihm verdeutlichen, dass er – also Ihr Unternehmen – die für den Kunden bessere Lösung hat als sein bisheriger Lieferant. Wir nennen dies den »Provozierenden Problemlösungs-Verkauf« (PPV) und gehen darauf im achten Kapitel ausführlich ein. Ziel des PPV ist es, in funktionierende

Lieferantenbeziehungen einzubrechen. Legitimiert wird dieses provokant-aggressive Vorgehen durch das – berechtigte – Wissen, über die beste oder zumindest die bessere Lösung als der Konkurrent zu verfügen.

Strategie 4: Erhöhen Sie Ihre Selbstwirksamkeitserwartung

Wer in der Verhandlung gewinnen will, muss von sich selbst überzeugt sein und an sich glauben. Wie wollen Sie jemand anderen überzeugen und sich gegen ihn durchsetzen, wenn Sie selbst nicht von Ihrer Sache und sich überzeugt sind und nicht an sich glauben! Erwarten Sie jetzt aber nicht das Hohelied des positiven Denkens von uns.

Ist das Glas halb leer oder halb voll?

Wir sind zwar auch der Meinung – und das deckt sich mit unserer Erfahrung –, dass Optimisten in der Regel mehr und besser verkaufen und bessere Verhandlungsergebnisse erzielen als Pessimisten. Denn blicken wir optimistisch in die Zukunft, können wir Ressourcen aktivieren, die uns helfen, auch schwierige Situationen zu meistern. Optimismus beeinflusst unser Denken, Fühlen und Handeln auf eine positive Weise und versetzt uns in einen Zustand, der für konstruktive Problemlösungen förderlich ist.

Andererseits: Wenn Herr Optimist sich die allzu rosarote Wahrnehmungsbrille aufsetzt und einer illusionären Sichtweise huldigt, droht die Verschleierung der Realität. Darum kann es zuweilen zielführend sein, wenn der »Zaubertrank der Zuversicht«, wie Manfred Dworschak im *SPIEGEL* titelte, durchwirkt ist von einigen pessimistischen Zutaten, nämlich dann, wenn der Pessimismus als mäßigender Gegenspieler des optimistischen Leichtsinns in Erscheinung tritt und Schlimmeres verhindert, indem er den Optimismus ein wenig an die Kandare nimmt und in seinem Tatendrang zügelt.

Meistens wird von Herrn Optimist behauptet, er sei immer und überall in der Lage, Probleme als Herausforderung zu sehen und zu lösen und seine ganze Kraft und Energie darauf zu verwenden, Lösungen zu finden. Herr Pessimist hingegen wird abgestempelt als Schwarzseher, der nichts Besseres zu tun habe, als seine Mitmenschen und seine Umgebung zu demotivieren und herabzuziehen.

Aber: Eine prinzipiell negative Einstellung muss nicht unbedingt automatisch destruktive Kräfte freisetzen. Die Überlegung, das Glas Wasser sei halb leer, provoziert die Überlegung, wie man es denn rechtzeitig auffüllen kann. Und es ist auch kein Naturgesetz, dass das positive Denken Handlungsenergie freisetzt. Es kann zu Tatenlosigkeit und Handlungsunfähigkeit führen: »Das Glas ist doch halb voll, warum soll ich mich jetzt schon kümmern?«

Probleme, Widerstände und Schwierigkeiten überwinden

Wir wollen uns darum ein wenig von der einseitigen Lobhudelei des Optimismus befreien und den Begriff der »Selbstwirksamkeitserwartung« einführen: Manche Menschen leiden unter einer zu niedrigen Selbstwirksamkeitserwartung. Die Folge: Sie tendieren dazu, ihre Erfolge stets dem Zufall zuzuschreiben. Zufriedene Kunden, positive Verhandlungsergebnisse, gute Abschlüsse, Harmonie im Umgang mit den Kollegen im Team und den Mitarbeitern oder der Führungskraft – das alles wird nicht in einen Zusammenhang mit der eigenen Leistung gebracht.

Wenn Menschen mit niedriger Selbstwirksamkeitserwartung etwas gelingt, ist das nicht ihr Verdienst, sondern wird als Glück diskreditiert. Misserfolge hingegen interpretieren sie als eigenes Versagen, weil die persönlichen Fähigkeiten – so ihre feste Überzeugung – nicht ausgereicht haben. Geht etwas schief, ist das nicht Zufall, sondern Versagen.

Solchen Menschen fällt es schwer, in die Lern- und Wachstumszone zu gelangen, weil sie ihr Scheitern bereits vorprogrammiert haben. Das Fatale: Weil sie fest daran glauben, geschieht es auch. Und darum wird es ihnen auch nicht gelingen, sich von der lieb gewonnenen harmoniestrotzenden Win-win-Strategie zu verabschieden und auch einmal den harten Verhandlungsstil zu wagen.

Auf den Punkt gebracht

Um es in der Boxersprache zu sagen: Wenn ein Mensch mit niedriger Selbstwirksamkeitserwartung in den Boxring steigt, wird der Gegner dies sofort merken – er sollte dann überlegen, ob er nicht besser das Handtuch wirft.

Die entscheidende Frage in diesem Zusammenhang lautet also: Wie gelingt es, sich zu einem Menschen mit hoher oder zumindest höherer Selbstwirksamkeitserwartung zu entwickeln? Denn diese Menschen stellen sich Problemen, Widerständen und Schwierigkeiten mit dem Wissen entgegen, sie überwinden zu können. Das Vertrauen in die eigenen Fähigkeiten sorgt dafür, dass sie ihr Ziele mit Ausdauer verfolgen und nicht so schnell aufgeben, selbst wenn es zu Rückschlägen kommt.

Die Konsequenz: Mit jedem Erfolg wächst das Vertrauen in die eigene Kraft, Niederlagen werden als Erfahrung verbucht, die sie weiter wachsen lassen. Sie betreten die Lern- und Wachstumszone gerne und gehen Verhaltens- und Einstellungsveränderungen mit dem Mut an, Herausforderungen aufgrund der eigenen Leistungen bestehen zu können.

Die ersten Schritte auf dem Weg zu einer höheren Selbstwirksamkeitserwartung

- Schritt 1: Analysieren Sie Ihre Fähigkeiten. Dabei hilft es, auch Gespräche mit Menschen aus dem privaten Bereich zu führen: »Welche Stärken habe ich deiner Meinung nach?« Menschen aus dem privaten Umfeld lernen Sie oft von einer Seite kennen, die Sie im Job nicht zeigen (dürfen), und diese Seite ist oft die wahre und authentische(re).

- Schritt 2: Erstellen Sie eine Stärkenanalyse, aus der hervorgeht, welchen substanziellen Anteil Sie an Ihren Erfolgen hatten und haben. Nach und nach werden Sie Ihre Stärken und Fähigkeiten bewusst und gezielt einsetzen und sich schließlich davon überzeugen, dass es kein Zufall ist, wenn Sie eine Aufgabe bravourös gemeistert haben.
- Schritt 3: Setzen Sie sich realistische Ziele. Menschen mit hoher Selbstwirksamkeitserwartung setzen sich zuweilen zu hohe Ziele. Legen Sie die Messlatte nicht zu hoch. Ansonsten droht nur eine Enttäuschung. Realistische Ziele, die erreichbar sind, helfen Ihnen, verlorenes Selbstbewusstsein Schritt für Schritt aufzubauen. Selbst die berühmtesten Sportler sprechen davon, es habe ihrem Selbstbewusstsein gutgetan, wenn sie, etwa im Fußball, einen »kleinen Gegner« besiegt haben. Das gilt insbesondere nach einer herben Niederlage.
- Schritt 4: Belohnen Sie sich selbst. Erfolge werden verstärkt, wenn Sie sie sich bewusst machen und dafür belohnen. Denn so wird es augenscheinlich und greifbar, dass der Erfolg ganz unmittelbar mit Ihnen und Ihren Fähigkeiten zu tun hat.
- Schritt 5: Suchen Sie sich ein Vorbild. »Wenn der das schafft, kann ich das auch.« Sich ein Vorbild suchen, hilft vielen Menschen, ihr Selbstvertrauen zu stärken, sich zu motivieren und stolz auf Leistungen zu sein.

Strategie 5: Haben Sie den Mut, die Kontrolle zu verlieren

Wer neue Wege geht und sich aufs unbekannte Terrain begibt, kann die Kontrolle verlieren. Wenn Sie die Win-win-Strategie gegen ein aggressiveres Vorgehen in der Verhandlung austauschen, ist es möglich, dass Sie zu Beginn auf die Nase fallen, der Gesprächspartner oder der Kunde zum Beispiel wutentbrannt das Gespräch und die Verhandlung abbricht und aus dem Verhandlungsraum stürzt.

Entscheidend ist jetzt, wie Sie mit dieser Situation umgehen: Reflektieren Sie danach, wie Sie die Reaktion des Gesprächspartners oder Kunden hätten verhindern können. Wiederum gilt: Dies gelingt Menschen mit hoher Selbstwirksamkeitserwartung besser als solchen, die nicht daran glauben, Entwicklungen mithilfe ihrer Kompetenzen und Qualifikationen beeinflussen zu können.

Strategie 6: Entwickeln Sie den Mut, aus Fehlern zu lernen und Kapital zu schlagen

Wer das Neue wagt, althergebrachte Gewohnheitsbahnen verlässt und sich im Ungewissen tummelt, dem werden unweigerlich Fehler unterlaufen. Das ist gar nicht anders möglich. Wer es – wie im ersten Kapitel gezeigt – zum ersten Mal wagt, ein wichtiges Gespräch zu eskalieren und zum Beispiel dem wichtigen Kunden widerspricht oder ihn sogar darauf hinweist, er verhalte sich widersprüchlich, der wird mit hoher Wahrscheinlichkeit nicht alles richtigmachen können.

Diese Fehler aber dürfen nicht als solche definiert, sondern müssen als Lernchancen begriffen werden. Fehler machen uns stark, sie eröffnen neue Perspektiven und lassen ungenutzte Kraftquellen sprudeln. Sie führen dazu, Krisen besser zu überstehen, und lassen uns menschlicher erscheinen. Wer Fehler macht, sammelt zuweilen sogar Sympathiepunkte ein.

Allerdings: Das bedeutet nun nicht, dass ein Fehler unbedingt wiederholt werden soll – im Gegenteil. Aber Fehler haben auch ihre unbestreitbar positiven Aspekte.

Indem Sie andere Verhaltensweisen einsetzen und auch andere kommunikative Werkzeuge nutzen, eben die der Einstellung des »Ich kann und darf die Verhandlung gewinnen«, sammeln Sie neue Erfahrungen, und zwar nicht nur positive. Diese Erfahrungen jedoch führen auch dazu, dass Sie Ihre Vorgehensweise immer mehr verfeinern und letztendlich aus Ihren Fehlern lernen. Wir versprechen Ihnen: So setzt sich ein kontinuierlicher Verbesserungsprozess in Gang.

Ein kleiner Exkurs in den Boxsport: Niederlage als Startschuss für den Nimbus der Unbesiegbarkeit

Der Sport bietet eine ungeheure Fülle an Beispielen, die zeigen, wie Sportler im Moment der größten Niederlage über sich selbst hinausgewachsen sind, einen Lernprozess in Gang gesetzt und aus Negativereignissen positive Energien gewonnen haben.

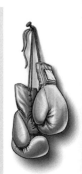

Ein Beispiel ist Wladimir Klitschko, der am 10. April 2004 in Las Vegas seinen Faustkampf gegen Lamon Brewster verliert. Die Niederlage gilt als Geburtsstunde des späteren Weltmeisters Klitschko, der danach über zehn Jahre lang unbesiegt bleibt. In dem Fight gegen Brewster erlebt Klitschko einen seltsamen und unerklärlichen Konditionseinbruch, danach machen Manipulationsvorwürfe die Runde, die sich allerdings nie bestätigen. Blut- und Urinproben verschwinden, sogar das FBI schaltet sich ein, Klitschko-Trainer Fritz Sdunek muss sich einem Lügendetektortest unterziehen.

Fest steht: Ab der vierten Runde bietet Klitschko ein Bild des Jammers, stehend k. o., im wahrsten Sinn des Wortes, der Ringrichter begleitet den wie betäubt wirkenden Boxhünen in dessen Ringecke, so gut wie jeder Beobachter ist in diesem Moment vom Ende der hoffnungsvollen Karriere überzeugt. Doch es kommt anders.

Björn Jensen schreibt am 10. April 2014, also genau zehn Jahre nach der verheerenden Niederlage bei www.welt.de: »Die Erfahrung jedoch, dass viele Kritiker verbal auf ihn einprügelten und ihm sogar sein eigener Bruder zum Karriereende riet, wird er niemals vergessen. ›Noch heute ist es Teil meiner Motivation, es diesen Kritikern heimzuzahlen. Die Niederlage hat meinen Charakter geschliffen, dafür bin ich Lamon Brewster unendlich dankbar‹, sagt er. Wladimir Klitschko hat in den Wochen und Monaten nach der bittersten Niederlage seiner Karriere gelernt, jeden Gegner ernst zu nehmen. Und er hat gespürt, dass das Boxen das war, was er wirklich wollte.« – Das ist die Geburtsstunde des Siegers aus dem Geist der größten Niederlage.

Strategie 7: Lernen Sie zu leiden

Wenn Sie mit Durchschlagskraft und unbedingtem Siegeswillen in der Verhandlung und herausfordernden Verkaufsgesprächen agieren, müssen Sie damit rechnen, dass der Verhandlungspartner sich wehrt und zurückschlägt. Soll heißen: Sie müssen bereit und fähig sein, mit harten Bandagen zu verhandeln, hart zu fighten – und im schlimmsten Fall mit Schmerzen umzugehen. In Ihr Stammbuch gehört das geschrieben, was in so manchem Boxclub zu lesen ist: »Höre auf zu jammern, lerne leiden!« Und das zeigt auch das Klitschko-Beispiel.

Bevor wir uns im nächsten Kapitel um Ihre Vorbereitung auf den Boxfight kümmern, wollen wir Ihnen bereits jetzt einige grundsätzliche Verhandlungstipps mit auf den Weg geben:

- Sie brauchen den Vorsatz, in der Verhandlung und im Verkaufsgespräch gewinnen zu wollen.
- Darum dürfen Sie in der Verhandlung und im Verkaufsgespräch auch Druck aufbauen und ausüben.
- Ihr Verhandlungspartner steht nicht über Ihnen – er ist im Verkaufsgespräch nicht DER König, zu dem Sie aufschauen müssen –, sondern er ist gleichberechtigter Partner, mit dem Sie auf Augenhöhe boxen – und verhandeln.
- Achten Sie auf Ihre Sprache. Sie darf nie hart und drohend sein. Im Gegensatz zu vielen unserer Trainerkollegen empfehlen wir den Einsatz des Konjunktivs – dieser eröffnet Ihrem Gesprächspartner die Option auf eine eigene Entscheidung, die Sie zwar herbeiführen wollen, aber nie herbeizwingen dürfen.

Nutzen Sie die Pause nach der zweiten Boxrunde zur Selbstreflexion

- Wie bewerten Sie grundsätzlich die »Ich will und darf die Verhandlung gewinnen!«-Einstellung?
- Wie beschreiben Sie Ihre Bequemlichkeitszone, wie Ihre Lern- und Wachstumszone?
- Wie ist es um Ihre Selbstwirksamkeitserwartung bestellt? Wie gehen Sie mit Niederlagen um, auch in Ihren Verhandlungs- und Verkaufsgesprächen?

Fazit zur zweiten Boxrunde

- Wer harte Verhandlungen gewinnen will, muss sich vom harmoniesüchtigen Kuschelkurs der Win-win-Strategie verabschieden und unbedingten Siegeswillen aufbauen.
- Notwendig ist der Aufbau der »Ich will und darf die Verhandlung gewinnen«-Einstellung.
- Vorstände, Führungskräfte und Verkäufer, die sich einen härteren und siegorientierten Verhandlungsstil aneignen wollen, setzen die Strategien um, die sie »zum Chef im Ring« machen.
- Der Kunde ist nicht König, sondern gleichberechtigter Partner.

Ab ins Trainingslager: So bereiten Sie sich strategisch, taktisch und mental auf Ihren Verhandlungspartner vor

Ring frei: Was Sie in dieser dritten Boxrunde erfahren

- Sie lesen, warum es so wichtig ist, sich alle verfügbaren Informationen über Ihren Verhandlungspartner zu verschaffen.
- Sie lernen ungewöhnliche Trainingseinheiten kennen, die Ihnen helfen, unschätzbar wertvolle Informationen über Ihre Verhandlungspartner zu gewinnen.
- Wir beschreiben, wie Sie Kontakte zur Gegenseite und die sogenannten Dummys nutzen, um Ihre Verhandlungsposition zu verbessern.
- Auch der Verhandlungserfolg entscheidet sich im Kopf und »zwischen den Ohren« – wir zeigen Ihnen, wie wichtig es ist, mentale Stärke aufzubauen.

Die Bedeutung einer exzellenten Vorbereitung akzeptieren

Stellen Sie sich einen Rummel, eine Kirmes vor. Früher gab es dort Boxbuden, und der Einheizer auf der Bühne hat die Kirmesbesucher animiert, gegen die Boxer der Boxbude anzutreten. Profi gegen Laie, könnte man sagen. Würden Sie mitmachen? Würden Sie sich gegenüber den Jungs der Boxbude eine Chance ausrechnen, nur weil Sie ein wenig trainiert sind, vielleicht einmal einen Kampfsport getrieben haben?

Wir möchten Sie nicht auffordern, es zu testen. Allerdings ähneln die Verhandlungsgespräche, die wir als Coaches begleiten, oft der Boxbuden-Situation. Leider deckt sich oft auch das Ergebnis mit dem Boxbudenbild – der unvorbereitete Laie hat gegen den ausgebufften Profi keine Chance. Das gilt zumindest so lange, wie der Verhandler nicht einsehen will, dass eine gute Vorbereitung und die Entwicklung einer durchgängigen Verhandlungsstrategie unabdingbare Voraussetzungen für den Verhandlungs- und Verkaufserfolg sind.

Darum geht es im Folgenden um Ihre exzellente Vorbereitung auf Ihren Aufenthalt in der Boxbude – bzw. im Verhandlungsring:

- Sie sollten die Ausgangssituation Ihres Verhandlungspartners aus dem Effeff kennen. Für Verhandlungen im Verkauf zum Beispiel ist es enorm wichtig, zu wissen, mit welchem Lieferanten der Verhandlungspartner bisher zusammenarbeitet. Das ist Gegenstand dieses dritten Kapitels.
- Außerdem sollten Sie sich Ihre eigenen Stärken und auch Schwächen verdeutlichen – darum kümmern wir uns in unserem vierten Kapitel.

Trainingseinheit 1: Den Verhandlungspartner aus dem Effeff kennen

Natürlich geht es auch im Trainingslager für harte Verhandlungen und Verkaufsgespräche um klassische Vorbereitungsaspekte wie die Festlegung klarer Ziele und das Sammeln jeder verfügbaren Information zum Gesprächspartner. Diese Aspekte behandeln aber bereits andere Autoren in ihren Büchern, weswegen wir uns auf einige wesentliche und vor allem ungewöhnlich-innovative Punkte beschränken.

Verdeutlichen Sie sich die Bedeutung der exzellenten Vorbereitung

Jeder Verhandler und jeder Verkäufer weiß, wie wichtig und unerlässlich es ist, sich auf den Verhandlungspartner, der im Zweifelsfall durchaus ein Gegner sein kann, der beim verbalen Schlagabtausch den Sieg davontragen will, optimal vorzubereiten. Aufgrund der modernen Kommunikationsmedien und des Internets existieren heutzutage fast unendlich viele Möglichkeiten, diese Vorbereitungsphase exzellent zu gestalten. Umso erstaunlicher ist es, wie selten dies tatsächlich geschieht.

Die Begründungen, die wir von unseren Trainingsteilnehmern zu hören bekommen, sind sehr unterschiedlicher Natur – ein Argument jedoch bekommen wir immer wieder zu hören: »Ich verlasse mich da auf mein Bauchgefühl und meine Erfahrung, meine Intuition leitet mich dann schon durch die Verhandlung.«

Gewiss gibt es Verhandlungsführer und Verkäufer, denen einige rudimentäre Infos zum Gesprächspartner genügen und die trotzdem in der Lage sind, im Gespräch mithilfe ihres immensen Erfahrungsschatzes auch auf außergewöhnliche Situationen angemessen zu reagieren. Aus unserer Sicht jedoch gehören solche Verhandlungsgenies eher einer verschwindend geringen Minderheit an. Und das gilt insbesondere für schwierige Verhandlungen, in denen zum Beispiel die Information, dass der Verhandlungspartner über mehr als eine Option zum eigenen Angebot verfügt, die ganze Verhandlungssituation beeinflussen kann. Denn das erklärt das fast schon unverschämte Vorgehen des Verhandlungspartners bei der Preisdiskussion. Darum gilt:

Auf den Punkt gebracht

Bereiten Sie sich strategisch, taktisch und mental auf Ihren Verhandlungspartner vor, ziehen Sie ins Kalkül, dass er mit unfairen Mitteln kämpft und nicht nur Partner, sondern auch Gegner sein kann; prüfen Sie, ob Sie auch mal in Deckung gehen und ausweichen müssen.

Wenn der Normalausleger auf den Rechtsausleger trifft

In unserem Trainingsprogramm »BoxDichDurch« überlegen sich selbst absolute Verkaufs- und Verhandlungsprofis, für die ihre Intuition und ihre Erfahrung das Nonplusultra bedeuten, ob es nicht doch besser wäre, sich gründlich auf den Gegner vorzubereiten. Nämlich spätestens dann, wenn sie im Boxring stehen und der vermeintliche Linksausleger ein Rechtsausleger ist und sie nach Strich und Faden vermöbelt werden, weil sie sich auf diesen »ganz anders« denkenden Gegner einfach nicht einstellen können. »Hätte ich mich doch besser vorbereitet«, heißt es dann.

Übrigens: Rechtsausleger sind Boxer, die Ihnen im Boxring quasi »verkehrt« herum gegenüberstehen. Das heißt: In der Grundstellung schiebt der Rechtsausleger das rechte Bein und damit die ganze rechte Körperseite nach vorn. Die rechte ist die Führhand, die linke die Schlaghand. Das kommt selten vor – ebenso wie die Tatsache, dass der Verhandlungspartner vor allem dann zur Hochform aufläuft, wenn es darum geht, den Verhandlungspartner unfair zu attackieren, zu beleidigen und zu irritieren. In beiden Fällen gilt: »Hätte ich das doch besser vorher gewusst!«

Worauf wir hinauswollen: Der Verkäufer zum Beispiel, der daran gewöhnt ist, den Kunden mit den Methoden des Beziehungsmanagements zu bearbeiten, steht wie der unwissende Ochs vorm Berg, wenn er dann einmal nicht mit dem üblichen Linksausleger zu tun hat, also dem »Normalausleger« – oder eben dem »Normalkunden«.

Der Verkäufer, der als Normalausleger daran gewöhnt ist, sich rechtsherum um den Gegner zu bewegen, muss nun komplett umdenken und den Gegner im Uhrzeigersinn umkreisen, um dessen linker Schlaghand auszuweichen.

Bei der Auseinandersetzung zwischen Normalausleger und Rechtsausleger kreuzen sich ständig die störenden Führhände auf der einen Seite, während sich die Schlaghände auf der anderen Seite frei bewegen können. Das Problem für den Normalausleger: Intelligente Rechtsausleger entwickeln aus dieser Konstellation oft eine gefährliche Kontertaktik.

Natürlich weiß ein Boxer, der sich auf einen Kampf vorbereitet, ob ihm ein Normalausleger oder ein Rechtsausleger im Ring entgegentritt. Er richtet seine Strategie und Taktik entsprechend aus. Würde er dies nicht tun, hätte dies fatale Konsequenzen für ihn – und seine Gesundheit.

Die coolen Seminarteilnehmer, die bei uns im Training zuweilen auf schmerzhafte Weise einsehen, dass das unzureichende Wissen um die Boxqualitäten des Gegners durch Bauchgefühl und Intuition nicht ausgeglichen werden kann, übertragen diese Erkenntnis dann doch noch auf ihre Verhandlungspraxis: »Seitdem ich im Boxring die schmerzhaften und nachteiligen Folgen der unzureichenden Vorbereitung körperlich zu spüren bekommen habe, lege ich bei meinen Verhandlungs- und Verkaufsgesprächen enormen Wert auf eine exzellente Vorbereitung!«

Auf den Punkt gebracht

Im Boxring wird dem Verhandler oder Verkäufer im Wortsinn schlagartig klar, wie wichtig die Vorbereitung auf den Kampf bzw. das Verhandlungs- und Kundengespräch ist – und wie gefährlich es ist, das Gegenüber falsch einzuschätzen oder vielleicht sogar zu unterschätzen. Auch die Bedeutung einer langfristigen Strategie, die dazu geeignet ist, zwölf Runden zu überstehen, und einer taktischen Vorgehensweise in besonders schwierigen Box- und Gesprächssituationen wird so deutlich.

Sammeln Sie Informationen auf ungewöhnlichen Wegen

Ein altes chinesisches Sprichwort besagt: »Wer andere kennt, ist klug. Wer sich selbst kennt, ist weise. Wer andere besiegt, hat Muskelkräfte. Wer sich selbst besiegt, ist stark.« (Lao Tse) Wenn Sie Ihren Gesprächspartner nicht kennen und sich nur auf Ihre eigenen Stärken verlassen, stehen die Chancen für einen Sieg nicht gut. Wenn Sie hingegen den Gegner einschätzen können, dessen Kampftaktik verstanden haben und darauf Ihre eigene Technik und Taktik abstimmen und sich darüber hinaus nicht nur physisch, sondern auch mental auf Augenhöhe mit dem Gegner befinden, steht Ihnen der Weg zum Sieg offen.

Wie und wo Sie sich die Informationen über Ihren Verhandlungspartner beschaffen sollen, brauchen wir Ihnen als der Profi, der Sie sind, nicht vorzuexerzieren. Vielleicht aber helfen Ihnen die folgenden ungewöhnlichen Trainingscamp-Maßnahmen, das Detailwissen über Ihre Verhandlungspartner zu erweitern.

Haben Sie zum Beispiel schon einmal daran gedacht, im Kundenunternehmen einen Netzwerkpartner aufzubauen? Ein Netzwerkpartner ist ein Mitarbeiter, von dem Sie wissen, dass er zum Beispiel andere Ziele im Unternehmen verfolgt als Ihre Verhandlungspartner. Es gibt in so gut wie jeder Firma Mitarbeiter, die andere Strategien und Problemlösungen favorisieren als die derzeitige Führungsriege – und vielleicht stimmen diese Strategien und Problemlösungen mit den Ihren überein. Und Sie wissen ja: Vitamin B schadet vor allem demjenigen, der keines hat und über keine hilfreichen Beziehungen verfügt.

Auf den Punkt gebracht

Prüfen Sie, ob Sie in dem Unternehmen Gleichgesinnte ausfindig machen können, die Sie dann auf Ihre Seite ziehen: Gibt es in dem Unternehmen jemanden, der ein Interesse hat, sich mit Ihnen auszutauschen und zu vernetzen? Nutzen Sie auch die Kontakte, die Sie ohnehin bereits zur Gegenseite unterhalten.

Sicherlich ist der Aufbau partnerschaftlich-freundschaftlicher Beziehungen zu einem Netzwerkpartner im Kundenunternehmen nicht immer möglich und opportun. Auch birgt er gewisse Gefahren – der »Spionage«-Verdacht ist ein Beispiel. Darum: Diskutieren Sie mit dem Verbündeten oder Netzwerkpartner, welche Konsequenzen es haben könnte, wenn dessen Management von dieser Aktivität erfährt. Der Verbündete muss aus freien Stücken dazu bereit sein, sich mit Ihnen zu vernetzen und auszutauschen.

Beachten Sie dabei: Je weiter Ihre Verhandlung in der Zukunft liegt, desto eher wird der Netzwerkpartner mit Ihnen plaudern, welche aktuellen Trends und Entwicklungen anliegen. Von ihm erfahren Sie überdies, wie es mit den Produkten Ihrer Konkurrenz in dem Unternehmen läuft. Vielleicht erfahren Sie interne Dinge, die Ihnen bei der Verhandlung weiterhelfen. Je näher die eigentliche Verhandlung heranrückt, desto schmaler wird der Zeitkorridor, in dem der Netzwerkpartner als Ihre Vertrauensperson die für Sie interessanten Informationen zuliefern kann, und desto wortkarger wird Ihr Gesprächspartner werden. Also beginnen Sie früh, sich über diesen ungewöhnlichen, aber effektiven Zugang Detailkenntnisse zu besorgen.

Und: Lesen Sie nicht nur Zeitschriften und Magazine für Verkäufer, besuchen Sie nicht nur Verkäuferportale im Internet – lesen Sie vielmehr Magazine, die von Einkäufern und Ihren Kunden abonniert werden, recherchieren Sie auf Internetseiten, auf denen Sie nützliche Informationen über Ihre Verhandlungspartner finden. Dort lesen und erfahren Sie, wie diese wirklich ticken.

Auf den Punkt gebracht

Warum besuchen Ihre Verkäufer und Sie nicht einmal diejenigen Messen, Veranstaltungen, Kongresse und vor allem Seminare, die von Ihren Verhandlungspartnern gebucht und besucht werden? Dort erfahren Sie, was Ihr »Gegner« über Sie lernt, wie er über Sie denkt und wie er Sie mit einiger Wahrscheinlichkeit einschätzen wird.

Analysieren Sie die Beziehungen zu der Gegenseite

Jetzt ist es an der Zeit, Ihr Wissen zu den Netzwerkpartnern und den weiteren Beziehungen zur Gegenseite zusammenzufassen und zu überlegen, wie Sie diese Beziehungen strategisch und taktisch nutzen können. Dabei sollten Sie auch die Kontakte Ihrer Kollegen und Mitarbeiter heranziehen, die in das Unternehmen Ihres Verhandlungspartners hineinreichen. Wenn es zum Beispiel in Ihrer Logistik, in Ihrem Rechnungswesen oder im Kundenservice Personen gibt, die Kontakte zu dem Unternehmen haben, mit dessen Vertretern Sie gerade verhandeln, dann sollten Sie diese Kontakte prüfen und bei den Kollegen und Mitarbeitern nachfragen, inwiefern sie Sie dabei unterstützen können, Ihre Verhandlungen erfolgreich zu gestalten.

Beachten Sie das Nutten-Prinzip

Gerade die Zusammenarbeit mit den Netzwerkpartnern unterstützt Sie dabei, Informationen über Ihren Verhandlungspartner zu erhalten, die Ihnen in der Verhandlung einen großen

Vorteil eröffnen. So erfahren Sie etwa von dem absoluten Kittelbrennfaktor, also dem Engpassfaktor, der das Geschäft des Verhandlungspartners am meisten bedroht. Es gehört schon eine große Portion Glück dazu, davon über die offiziellen Kanäle zu erfahren. Natürlich erlaubt die Analyse der Geschäftsberichte und der Presseberichte über das Unternehmen Ihres Verhandlungspartners ebenfalls eine Einschätzung. Aber der Austausch mit der Vertrauensperson dort führt in der Regel zu detaillierteren Kenntnissen. Und wenn Sie jenen Engpassfaktor kennen, verfügen Sie natürlich über einen wirkmächtigen Hebel und können einen Moment der Macht ausnutzen, den wir mit dem Begriff »Nutten-Prinzip« umschreiben wollen.

Das »Nutten-Prinzip« greift auch in einem anderen Zusammenhang – vielleicht ist Ihnen schon einmal ein ähnlicher Fall wie der folgende begegnet: Ihr Kunde im Handel will eine Aktion fahren und »Wienerwürste« zu einem Sonderpreis anbieten. In der laufenden Aktion stellt er fest, dass er den Bedarf gar nicht decken kann. Sie als Lieferant können dies jedoch leisten, Ihr Unternehmen wird beauftragt. Im Gespräch sagt Ihr Geschäftsführer zu dem Einkäufer: »Das machen wir doch gern. Wir helfen Ihnen aus!«

Aus Sicht des knallharten Verhandlers ist dies die falsche Reaktion. Denn es bietet sich Ihnen jetzt ein »goldener Moment« an, in dem es durchaus legitim ist, sich Vorteile zu verschaffen. Zumindest ist es erlaubt, die Gunst der Stunde zu ergreifen, wie auch ein Boxer den Moment der Schwäche des Gegners nutzt, um zumindest Akzente zu setzen. Immerhin helfen Sie dem Unternehmen aus der Patsche und verhindern, dass es sich vor seinen Kunden blamiert, weil es die angekündigte Aktion nicht fahren kann.

Auf den Punkt gebracht

Diese Vorteile müssen sich nicht immer auf den Preis beziehen. Ergreifen Sie die Gunst der Stunde und nutzen Sie die Zeit für ein vertiefendes Gespräch. Stellen Sie Fragen, die Sie zu einem anderen Zeitpunkt in eine bessere Verhandlungsposition bringen und die der Verhandlungspartner nun wahrscheinlich nur beantworten wird, weil er sich in einer Notsituation befindet, aus der Sie ihn befreien können.

Solche Fragen sind:

- »Wie kommt es zu dieser Anfrage, wo doch sonst Ihr hauseigener Produzent liefert?«
- »Weshalb fragen Sie jetzt ausgerechnet bei uns nach?«
- »Welche Auswirkungen hat es, wenn die fehlende Menge nicht aufgefüllt werden kann, welche Kosten zieht dies nach sich?«

Sie erhalten Informationen, mit denen Sie in der nächsten harten Verhandlung punkten können. Sie verweisen darauf, dass Sie dem Verhandlungspartner aus der Patsche geholfen haben, und können dies mit knallharten Zahlen, Daten und Fakten belegen: »Bei Ihnen drohte doch damals ein Verlust in Höhe von … Euro. Diese Situation hatten wir in den vergangenen zwölf Monaten dreimal. In der Summe haben wir Sie vor einem Verlust von … Euro bewahrt.«

Pointiert ausgedrückt: Sie verhandeln mit durchschlagender Munition statt mit lauwarmen Worten.

Fassen Sie Ihre Erkenntnisse zusammen

Am Schluss dieser Trainingseinheit sollten Sie alle verfügbaren und wichtigen Informationen zum Verhandlungsgegenstand, zu dem Unternehmen, dem Verhandlungspartner und dem Verhandlungsteam kennen; es ist ja durchaus üblich, dass die andere Seite – wie auch Sie selbst – im Team, mithin mit mehreren Personen auftritt. Falls dies so ist, sollten Sie über die Beziehungen der Teammitglieder untereinander und deren Verantwortlichkeiten dezidiert Bescheid wissen und sich darüber im Klaren sein,

- wer der Verhandlungsführer ist,
- wer über welche Entscheidungsbefugnisse verfügt und
- welche Schnittstellen existieren, etwa die zwischen dem Entscheidungsträger und dem Verhandlungsführer oder den Verhandlern, die eingeschränkte Entscheidungsbefugnisse haben.

Natürlich kommt es auf Ihre konkrete Verhandlung an, welche Informationen Sie zum Verhandlungsgegenstand, zum Unternehmen und zum Verhandlungspartner in welcher Detailfülle und Dichte benötigen. In einer harten Verhandlung wird es vor allem darauf ankommen, sich Informationen zu beschaffen, die Ihnen helfen, sich gegen unfaire Angriffe zu wehren und den Verhandlungspartner auch einmal unter Druck zu setzen. In einem harten Verkaufsgespräch sollten Sie ganz besonders intensiv über die Aspekte nachdenken und recherchieren, die in der Abbildung 1 resümiert sind.

Alternativen – Wettbewerb – Wirtschaftlichkeit

1. Alternativen für den Kunden
- Wie leicht/schwer kann das Produkt oder der Lieferant substituiert, also ersetzt werden?
- Wie kostspielig ist es für den Kunden, bei anderen Lieferanten zu kaufen?
- Welche Risiken geht der Kunde ein, wenn er den Lieferanten wechselt?
- Wie dringend ist der Bedarf?
- Wie intensiv werden alternative Angebote verglichen?

2. Wettbewerbssituation
- Welche Unterschiede beim Preis-Leistungs-Verhältnis gibt es zum Wettbewerb?
- Wie groß ist die Anzahl der Wettbewerber?
- Welchen Marktanteil hat der Anbieter?
- Welche einzigartigen Produktvorteile sind dem Kunden wichtig?
- Welche Schwächen hat die Konkurrenz?

3. Wirtschaftliche Aspekte auf Seiten des Kunden
- Welchen Anteil am Gesamtbudget machen die Ausgaben für das Produkt prozentual aus?
- Welche Bedeutung hat das Produkt in der gesamten Wertschöpfungskette? (Ist der Käufer zugleich Endnutzer? Falls nicht, wird er womöglich über den Preis am Endverbrauchermarkt konkurrieren?)
- Signalisiert ein höherer Preis in diesem Markt zugleich eine höhere Qualität?
- Gibt es eindeutige Aufforderungen an den Einkäufer des Kunden, Einsparpotenziale in Höhe von ... Euro zu realisieren?
- Wird das Einkommen der Einkäufer/Entscheider daran ausgerichtet?

Abbildung 1: Wichtige Informationen für das harte Verkaufsgespräch

Trainingseinheit 2: Legen Sie Ihre Verhandlungsziele fest

Bevor wir uns den Verhandlungszielen widmen, gestatten Sie uns bitte eine Anmerkung: Die Ausführungen zum Netzwerkpartner im Kundenunternehmen und zum »Nutten-Prinzip« mögen für den einen oder anderen Leser allein schon von der Begrifflichkeit her gewöhnungsbedürftig sein und die Frage nach der »Moral von der Geschichte« aufwerfen. Rufen wir hier etwa zur Spionage auf? Nein, natürlich nicht. Bedenken Sie: Ein gewiefter Verhandlungspartner wird die zur Verfügung stehenden Informationsquellen ebenso anzapfen, wie Sie das tun. Stellen Sie sich doch bitte vor, Ihre Presseabteilung hat auf der Bilanzpressekonferenz verlautbaren lassen, dass sich die Ertragslage Ihres Hauses im Laufe der letzten Jahre und speziell der letzten Monate deutlich verbessert habe. Welche Verhandlungsposition wird Ihr Verhandlungspartner wohl einnehmen? Oder wenn einer Ihrer Verkäufer dazu Interna ausplaudern und im Gespräch mitteilen würde, er selbst würde einen anderen als den von der Geschäftsführung eingeschlagenen Weg bevorzugen? Würde Ihr Verhandlungspartner diese Information »vergessen« und in der Verhandlung nicht einsetzen wollen?

Das heißt: Zu Ihrer professionellen Verhandlungsvorbereitung gehört es, die Informationspolitik des eigenen Hauses zu berücksichtigen. Es kann im Sinne Ihrer Verhandlungsposition angebracht sein, die Informationspolitik Ihres Hauses restriktiv zu handhaben, damit der Verhandlungspartner nicht Informationen erhält, die ihm in die Verhandlungskarten spielen.

Des Weiteren kommt hinzu: Ethisch fragwürdig wäre Ihr Vorgehen, wenn Sie sich *nicht* sicher wären, über eine Lösung zu verfügen, die dem Kunden erhebliche Vorteile bringt. Mit anderen Worten:

Auf den Punkt gebracht

Wenn Sie dem Kunden eine Toplösung anbieten können, sind Sie geradezu dazu verpflichtet, sie dem Kunden auch zu präsentieren und ihm die Vorteile darzulegen, selbst wenn Sie ihn dazu aus seinen vorhandenen Lieferantenstrukturen herausreißen und die Konkurrenz aktiv verdrängen müssten.

Doch nun wollen wir uns um Ihre Verhandlungsziele kümmern.

Verschaffen Sie sich einen Verhandlungskorridor

Beschränken Sie sich bei der Festlegung Ihre Ziele nie auf einige wenige Ziele, unterscheiden Sie konsequent zwischen Hauptzielen – das sind die Musts – und den Nebenzielen, also die Wants und Nice-to-haves, bei denen Sie dem Verhandlungspartner entgegenkommen können und eventuell zu Zugeständnissen bereit sind.

Definieren Sie immer ein Wunsch- bzw. Optimalziel und ein Minimalziel. Sie kennen diese Vorgehensweise aus der Preisverhandlung, wenn Sie einen Startpreis und einen Minimalpreis, also eine obere und eine untere Preisgrenze festlegen, um schließlich auf dem Zielpreis zu landen, der zumeist in der berühmtberüchtigten goldenen Mitte liegt.

Ihr Vorteil: Sie kreieren einen Verhandlungsspielraum und legen einen Verhandlungskorridor fest. Natürlich steigen Sie bei der Verhandlung immer mit dem Maximalziel ein, das Sie als taktisches Ziel verstehen, mithin als Ziel, das Sie nicht unbedingt erreichen wollen und müssen, sondern das dazu dient, in eine taktische Verhandlung mit dem Gesprächspartner einzusteigen.

Denken Sie nur an die vollmundigen Sprüche der Boxer auf der Pressekonferenz vor dem Kampf oder beim Wiegen, bei der Feststellung des Kampfgewichts. So gut wie jeder Boxer verspricht, den Gegner k. o. zu schlagen, sie formulieren also das Optimalziel. Wenn es dann »nur« zu einem Punktesieg (Boxen) reicht, ist das auch in Ordnung.

Alles Psychologie!

Das Erstaunliche dabei: Jeder weiß natürlich, dass es sich dabei um Boxersprüche handelt, mit denen der Gegner ins Bockshorn gejagt und verunsichert werden soll. Und dass es sich um Sprüche handelt, die nicht immer von den Tatsachen legitimiert sind. Ebenso verhält es sich bei der Preisverhandlung: Der Verhandlungspartner weiß ja ganz genau, dass Sie ihm zunächst einmal einen Startpreis, ein Wunschziel vorschlagen. Ihr Gesprächspartner geht nicht anders vor, nur dass er einen möglichst niedrigen Preis nennt, den er zu zahlen bereit ist.

Warum also das Ganze? Es geht um die Demonstration von Selbstbewusstsein, es geht darum, den anderen ein wenig zu verunsichern, es geht darum, sich eine variable Verhandlungsmasse zu schaffen. Trotz des Wissens, es handle sich um ein Wunschziel, wollen Sie – und Ihr Gesprächspartner – suggerieren, dass Sie felsenfest davon überzeugt sind, das Ziel zu erreichen.

Hinzu kommt: Geschulte Verkäufer denken in Preisgrenzen. Die Möglichkeit, den Preis des Verhandlungspartners ablehnen zu können, weil es eine Preisgrenze gibt, die auf keinen Fall unterschritten werden kann, wirkt beruhigend und verleiht Sicherheit. Zudem soll es vorkommen, dass ein Kunde ohne großartiges Zögern den Maximalpreis zahlt oder Ihrem Optimalziel ohne Diskussion zustimmt. Was allerdings auch nicht immer von Vorteil ist. Denn jetzt grübeln Sie darüber nach, ob der Andere nicht vielleicht sogar einen noch höheren Preis gezahlt oder ein noch ambitionierteres Wunschziel akzeptiert hätte.

Verhandlungsziele positiv formulieren

Zu einer guten Vorbereitung auf den Verhandlungspartner gehört es, Ihre Fragen und Argumente auf die Mentalität und Persönlichkeit des Gesprächspartners abzustimmen. Immer aber gilt: Formulieren Sie positive und zukunftsorientierte Ziele, vermeiden Sie negative und vergangenheitsorientierte Ziele. Es wirkt zudem motivierend, wenn Sie Ihre Ziele im Präsens formulieren oder so, als seien sie bereits eingetreten. Also besser:

- »Ich treibe die Fusionierung bis 201x so weit voran, dass der Vertrieb und das Marketing eine Einheit bilden und eine gemeinsame Kultur etabliert haben.«

- »Ich habe den Umsatz mit meinen Key-Account-Kunden von ... Euro auf ... Euro erhöht und somit den Umsatz um x Prozent gesteigert.«

Zielformulierungen wie »Ich will einen Umsatzrückgang verhindern« hingegen wirken hemmend und auf die Beteiligten demotivierend, weil die negative Ausgangsposition im Vordergrund steht.

Trainingseinheit 3: Machen Sie sich Gedanken zu Ihren Dummys

Damit Sie in der Verhandlung strategisch und taktisch geschickt vorgehen können, ist es zielführend, sich Gedanken über Ihre Forderungen zu machen, die Sie stellen wollen. Das ist fast schon eine Selbstverständlichkeit – Sie überlegen, hinter welchen Forderungen Sie auf keinen Fall zurückbleiben wollen und können.

Allerdings: Sich im strategisch-taktischen Bereich Gedanken zu den Dummys zu machen, gehört meistens nicht zu den Selbstverständlichkeiten der Verhandlungsvorbereitung. Dummys – das sind nach Matthias Schranner die Forderungen, die Sie in die Verhandlung einbringen, auf die Sie allerdings auch verzichten können. Sie dienen einerseits dazu, die Verhandlungsmasse zu erhöhen, und dienen andererseits der Verschleierung Ihrer eigentlichen Zielpunkte.

Unser Vorschlag:

- Halten Sie vor der Verhandlung mindestens zehn Forderungen fest, die Sie farblich markieren.
- Jetzt setzen Sie Prioritäten – mit Rot markieren Sie die Forderungen, die Sie durchbekommen *müssen*.
- Gelb – das heißt, diese Forderungen *sollten* Sie möglichst durchbekommen.
- Die grünen Forderungen schließlich sind Ihre Dummys.

Trainingseinheit 3: Machen Sie sich Gedanken zu Ihren Dummys   73

Machen wir es konkret, die Abbildung 2 zeigt ein Beispiel.

Forderungskatalog (zehn Forderungen)	
Forderung	Prioritär
Akzeptanz des Mehrpreises (Mehrwert)	Rot – Muss
Volumenerhöhung	Rot – Muss
Verbesserung der Zahlungsbedingungen	Gelb – Soll
Verlagerung des Gerichtsstandes	Grün – Dummy
Bonuszahlung bei Verbesserung der Qualität	Gelb – Soll
Veränderung der Lieferkonditionen	Gelb – Soll
Teilfläche bzw. Nennung auf Messestand	Grün – Dummy
Nennung des Lieferanten auf der Internetseite als Partner	Grün – Dummy
Gemeinsamer Auftritt auf Symposien, quasi als Referenz	Grün – Dummy
Verzicht auf Leistungen bzw. Ausstattungsteile	Gelb – Soll

Abbildung 2: Mit Dummys Verhandlungsspielraum vergrößern

Bei den gelben Forderungen sollten Sie zudem prüfen, inwiefern Sie zu Zugeständnissen bereit sind – sofern der Verhandlungspartner bereit ist, dafür auch eine Gegenleistung zu erbringen. Legen Sie eine Konzessionsliste wie in Abbildung 3 an.

Konzessionsliste	
Zugeständnis	Gegenleistung
• Verkürzung der Lieferzeit • Erweiterung der Garantie auf 4 Jahre • Preisnachlass bis 3 Prozent	• Erhöhung der Bestellmenge um ... • Anzahlung bzw. Vorauszahlung • Sammellieferung
• kostenfreie Wartung im ersten Jahr • Preisnachlass bis 5 Prozent	• zusätzlicher Abschluss eines Wartungsvertrages • Probeauftrag für ein anderes Produkt

Abbildung 3: Mit Konzessionsliste Verhandlungskorridor schaffen

Übrigens: Bei der Beurteilung, ob Sie zu einer Konzession bereit sind, hilft die Beschäftigung mit der Frage, was ein Nachgeben Ihrerseits konkret in Cent und Euro bedeutet. Nehmen Sie das Beispiel »Rabatte«. Sie wissen:

Auf den Punkt gebracht

Rabatte schmälern den Gewinn und müssen durch Mehrumsatz erwirtschaftet werden. Aber nicht jeder Rabatt ist von vornherein eine Forderung des Verhandlungspartners, die Sie nicht akzeptieren können.

Mithilfe der Abbildung 4 lässt sich bestimmen, welche Konsequenzen es hat, wenn Sie einen Rabatt akzeptieren – und diese Übersicht unterstützt Sie vielleicht auch dabei, Ihre Dummys, Ihre diskutablen Forderungen und Ihre Muss-Forderungen zu definieren.

Rabatt in Höhe von ...	Der ursprüngliche Gewinn beträgt ...			
	5 %	10 %	15 %	20 %
	... führt zu einer Verringerung des Gewinns um ...			
2 %	40,0 %	20,0 %	13,3 %	10,0 %
3 %	60,0 %	30,0 %	20,0 %	15,0 %
4 %	80,0 %	40,0 %	26,6 %	20,0 %
5 %	100,0 %	50,0 %	33,3 %	25,0 %
7,5 %	**Verlust**	75,0 %	50,6 %	37,5 %
10 %		100,0 %	66,6 %	50,0 %
12,5 %		**Verlust**	83,3 %	62,5 %
15 %			**Verlust**	75,0 %

Rabatt in Höhe von ...	Der ursprüngliche Gewinn beträgt ...			
	5 %	10 %	15 %	20 %
	... verlangt einen Mehrumsatz von um ...			
2 %	66,6 %	25,0 %	15,4 %	11,1 %
3 %	150,0 %	42,8 %	25,0 %	17,6 %
4 %	400,0 %	66,6 %	36,4 %	25,0 %
5 %	unrealistisch	100,0 %	50,0 %	33,3 %
7,5 %		300,0 %	100,0 %	60,0 %
10 %		unrealistisch	200,0 %	100,0 %
12,5 %			500,0 %	166,6 %
15 %			unrealistisch	300,0 %

Abbildung 4: Rabatte schmälern den Gewinn und müssen durch Mehrumsatz erwirtschaftet werden.

Trainingseinheit 4: Der Erfolg beginnt im Kopf

Profiboxer trainieren, wie auch andere Sportler, täglich. Besonders intensiv ist die Vorbereitung unmittelbar vor einem Kampf. Sechs bis acht Wochen vor dem Fight werden die Trainingseinheiten intensiviert. Dies gelingt natürlich nur, wenn die Trainingseinheit 1 mit Erfolg absolviert werden konnte, der Sportler also tausendprozentig davon überzeugt ist, dass die Vorbereitung eine enorm wichtige Phase ist. Fehlt diese Überzeugung, wird er sich nicht quälen wollen und können.

Darum: Die Vorbereitung beginnt zunächst einmal im Kopf. »Das Match wird zwischen den Ohren gewonnen«, so Tennis-Legende Boris Becker. Boxer, Verhandler und Verkäufer müssen sich darüber im Klaren sein, was der Kampf für sie bedeutet. Das klare Ziel, das sie dabei vor Augen haben sollten, ist, zu gewinnen, mit höchster Leidenschaft und um (fast) jeden Preis.

Für wen der Ausgang der Auseinandersetzung nicht allerhöchste Priorität besitzt, der sollte den Boxring oder den Verhandlungsraum am besten gar nicht erst betreten. Es genügt nicht, 99 Prozent Leistung zu erbringen – die vollen 100 Prozent sind notwendig. Oder noch mehr.

Auf den Punkt gebracht

Sie können Ihre Kämpfe, Ihre Verhandlungen und Ihre harten Verkaufsgespräche gewinnen, wenn Sie den Erfolg zu 101 Prozent wollen!

Natürlich kommt es uns nicht auf dieses eine Prozent an. Es steht vielmehr für das Quäntchen Willenskraft und Energie, mit dem Sie den Verhandlungserfolg mehr wollen als Ihr Verhandlungspartner. Darum genügt es vielleicht auch nicht, lediglich ein klares Ziel vor Augen zu haben. Wahrscheinlich sollte es schon eine deutlich ausgeprägte Vision sein, die Ihr Denken und Handeln leitet.

Warum? Nun, eine Vision ist stärker als ein bloßes Ziel, sie fokussiert Ihre Kräfte, sie bündelt und verstärkt Ihre Energien, Überzeugungen und Kompetenzen wie in einem Prisma. Eine Vision ist eine zwar idealisierte, aber doch realisierbare Zukunftsvorstellung, ein geistiges Bild einer möglichen und vor allem gewollten Zukunft, sie erläutert – etwas pathetisch, aber doch pointiert ausgedrückt – das Warum und Weshalb, den fundamentalen Zweck der Existenz eines Menschen und entwickelt so eine unglaubliche Handlungskraft.

Wir kennen Boxer, die vor ihren Fights regelrecht brennen, weil sie nun im Kampf ihre Vision vom perfekten Kampf verwirklichen wollen. Sie träumen weniger davon, den anderen niederzuschlagen, sondern sich mit dem Gegner messen zu können. Ebenso kennen wir erfolgreiche Vorstände, Führungskräfte und Verkäufer, die zwar mit dem Wunsch in die Verhandlung gehen, diese zu gewinnen, denen es aber letztendlich um die Freude an der Auseinandersetzung auf Augenhöhe geht.

Aus der Vision ergibt sich die Mission, die schließlich in eine umsetzungsorientierte Strategie münden sollte: Eine Vision ohne umsetzungsorientierte Strategie bleibt ein zahnloser Papiertiger. Vision und Strategie gehören zusammen wie die zwei Seiten einer Medaille, nur als eineiige Zwillinge sind sie überlebensfähig. Und wenn das so gilt, dann ist der visionsorientierte Verkäufer der Missionar, der mit festem Willen und klaren Worten die Botschaften des Unternehmens in die Verhandlungen hineinträgt.

Kommen Ihnen die Worte überzogen vor? Falls es übertrieben ausgedrückt sein sollte, so bleibt der Kern doch richtig: Wer Visionen und Ziele verfolgt, an denen er zweifelt, dem wird es nicht gelingen, sie zu realisieren und zu erreichen.

Oder zurück zum Anfang: Der Erfolg beginnt im Kopf und mit dem felsenfesten Vorsatz, mehr zu leisten als der andere, der »nur« 100 Prozent will.

Auf den Punkt gebracht

Viele Verhandler sind der irrigen Überzeugung, eine exzellente inhaltliche Vorbereitung genüge. Dies ist ein Trugschluss, der zum K. o. führt – zu Ihrem K. o. Darum noch einmal: Zur Vorbereitung gehören inhaltliche, strategische, taktische und mentale Faktoren.

Trainingseinheit 5: Affirmationen und Placebo-Effekt nutzen

»Du kannst mehr, als du glaubst.« Dieser Motivationssatz stammt nicht von einem der zahlreichen Management-Motivations-Gurus und Apologeten des positiven Denkens, sondern von dem Sportpsychologen Hans-Dieter Hermann, der auch für den Erfolg der Fußballnationalmannschaft 2006 verantwortlich zeichnet und somit Mitgestalter des Fußball-Sommermärchens war.

Der Psychologe betont die erfolgsentscheidende Bedeutung der Vorstellungen, mit denen ein Sportler in den Wettkampf geht. »In erster Linie trainieren wir kognitive Fertigkeiten, also das Verarbeiten und den Umgang mit Informationen. Konzentration auf den Punkt, eine Situation neu bewerten, umschalten, es geht auch um Selbstbewusstsein, den Stresslevel, kurzfristige Selbstmotivation nach Fehlern.« Aber Hermann hebt auch die Relevanz einfacher positiver Botschaften hervor, mit denen sich Sportler motivieren, bevor sie in den Boxring steigen oder ins Fußballstadion einlaufen: »Selbstgespräche sind eine banale Technik, aber gleichzeitig eine Schlüsseltechnik der Sportpsychologie. Wenn ich ins Stadion laufe und mir sage: ›Hier habe ich noch nie gewonnen‹, dann wird es schwierig. Man muss lernen, zu sich etwas in der Art zu sagen wie: ›Heute werde ich mein Bestes geben und will gewinnen.‹ Eine Kerngeschichte, die unser Innerstes widerspiegelt. Will ich etwas vermeiden, oder strebe ich etwas an? Wollen wir nicht verlieren, oder wollen wir Punkte holen? Die Gedanken bestimmen entscheidend das Handeln.«

Erinnern Sie sich an Ihre Erfolge

Es liegt auf der Hand: Unsere Trainingseinheit Nummer 5 besagt, dass auch Sie als Verhandler und Verkäufer mit der Erinnerung an Ihre Erfolge in den Verhandlungsboxring steigen sollten. Überlegen Sie, ob es zielführend für Sie ist, positive Affirmationen zu kreieren. Mit Affirmationen können Sie Energien mobilisieren, die Sie benötigen, um Ihre Ziele zu verwirklichen. Der Begriff »Affirmation« stammt aus dem Lateinischen und bedeutet »Bekräftigung, Bejahung, Zustimmung«.

Affirmationen können Sätze sein, die Sie sich selbst ausgedacht haben und sich am besten in der Ich-Form laut und deutlich vorsprechen. Sie können sie aber auch aus Sinnsprüchen oder Aussprüchen von Persönlichkeiten ableiten.

Sie wissen ja: Worte und Vorstellungen beschäftigen fast permanent unser Denken. Die innere Gedankenflut nehmen wir meistens gar nicht wahr. Trotzdem prägen diese Gedanken unsere Gefühle und Wahrnehmungen. Durch Affirmationen können wir allmählich alte und selbstgewählte Gedankenmuster durch positivere Ideen und Gedanken ersetzen.

Auf jeden Fall sollte von einer Affirmation eine für Sie positive Energie ausgehen. Sie sollten sie mithin mit erfreulichen Emotionen und Gefühlen verknüpfen können. Beispiele für einfache Affirmationen sind: »Ich bin mir selbst wichtig«, »Ich verdiene es, Erfolg zu haben« und »Das Leben ist voller Lernchancen« oder »Alles, was ich beginne, gelingt mir.«

Placebo und Nocebo

Nicht unbedeutend in diesem Zusammenhang ist der Placebo-Effekt, der besagt: Wenn ich glaube, dass etwas eine positive Wirkung hat, so tritt diese positive Wirkung auch tatsächlich ein. Umgekehrt gibt es den Nocebo-Effekt – natürlich mit gegenteiligen Wirkungen: Glaubt zum Beispiel ein Patient, ihm schade etwas, so schadet es tatsächlich. Allein das Lesen des Medikamentenbeipackzettels hat zur Folge, dass der Patient jene Symptome entwickelt, die als mögliche Nebenwirkungen beschrieben sind.

Zurück zum Placebo-Effekt. Untersuchungen im medizinischen Bereich zeigen: Zuversicht und Glaube vertreiben Schmerzen, Hoffnung heilt. Ob Homöopathie, Akupunktur, Naturheilkunde, ja selbst die Schulmedizin: Sie wirken nicht durch die Heilmethode an sich, sondern indem sie die Selbstheilungskräfte des Menschen stärken. Unser Gehirn schreibt Zuversicht in biochemische Prozesse um, die zu Schmerzlinderung und Heilung führen.

Der Wissenschaftsjournalist Jörg Blech zitiert in seinem *SPIEGEL*-Artikel »Wundermittel im Kopf« beeindruckende Experimente und überzeugende Beispiele. Ein besonders eindringliches: In einer Studie haben Ärzte schwangeren Frauen erklärt, sie nähmen ein Mittel ein, das Übelkeitsgefühle unterdrücke. Das Ergebnis war einfach überzeugend, den Frauen ging es viel besser. »Was die Frauen nicht wussten«, so berichtet Blech: »In Wahrheit hatten sie Brechmittel erhalten; der durch ihre Erwartungshaltung ausgelöste Placebo-Effekt jedoch hatte die pharmakologische Wirkung in ihr Gegenteil verkehrt.«

Sogar Scheinoperationen, die gar nicht durchgeführt wurden, zogen erstaunliche Heilprozesse nach sich. Allein der Glaube, operiert worden zu sein, genügte, um das Wohlbefinden der Patienten nachweislich zu steigern. Das bedeutet für uns:

Auf den Punkt gebracht

Eine grundsätzlich positive Einstellung hilft Ihnen, den angestrebten Verhandlungserfolg zu erreichen. Wer glaubt, über die Kraft und Energie zu verfügen, das anstehende problematisch-schwierige Verhandlungsgespräch zu bestehen und zu gewinnen, und es als Herausforderung und Aufgabe definiert, die man unter Einsatz all seiner Stärken und Fähigkeiten angehen kann, hat gute Chancen, die Verhandlung motiviert zu bewältigen und erfolgreich abzuschließen.

Ein kleiner Exkurs in den Boxsport: Aufbaugegner suchen und Sparringspartner trainieren

Realistische Ziele, die erreichbar sind, helfen uns, verloren gegangenes Selbstbewusstsein Schritt für Schritt wieder aufzubauen. Selbst die berühmtesten Sportler sprechen davon, es habe ihrem Selbstbewusstsein gutgetan, wenn sie, etwa im Fußball, einen »kleinen Gegner« besiegt haben. Das gilt insbesondere nach einer herben Niederlage. Auch die Fußballer des FC Bayern München betrachten vermeintlich kleine Gegner gerne als Aufbaugegner, um neues Selbstbewusstsein zu tanken. Entscheidend dabei ist, den Gegner auf keinen Fall zu unterschätzen.

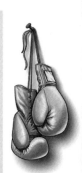

Der Gegner darf aber kein »Fallobst« sein, seine Kompetenz und Qualifikation müssen außer Frage stehen. Erfolgreiche Boxer hassen es, mit »Fallobst« in den Ring zu steigen, also mit Gegnern, die ihnen nicht ebenbürtig sein können. Und erfolgreiche Verhandler hassen es, in Verhandlungen einzusteigen, bei denen das Gegenüber von vornherein keine Chance hat.

Auch im Boxsport sprechen wir vom »Aufbaugegner«. Bevor der Klasseboxer den Weltmeister herausfordert, boxt er gegen einen unbekannten Gegner, dessen Kampfstil dem des Weltmeisters verwandt ist. Wichtig dabei ist jedoch auch der mental-psychologische Effekt, den Aufbaugegner oder Sparringspartner als Energiequelle zu nutzen, um das Selbstwertgefühl zu stärken und Selbstbewusstsein zu tanken.

Die Analogie zur Verhandlung liegt auf der Hand: Was spricht dagegen, wenn Sie vor der nächsten großen und harten Verhandlung ein wenig üben und Ihr Verhandlungsgeschick in einigen weniger wichtigen Verhandlungen trainieren, sich mithin quasi warmlaufen? Oder auch im Seminarraum daran feilen, Ihre Verhandlungsexpertise zu verbessern?

Trainingseinheit 6: Verdeutlichen Sie sich, dass der Gegner böse sein kann

Diese Trainingseinheit kann und soll kurz ausfallen: Stellen Sie sich darauf ein, dass der Verhandlungspartner auch Gegner sein kann, dass er fightet und zurückschlägt, und das nicht immer mit fairen Mitteln. Unterliegen Sie nicht dem Denkfehler, die Verhandlung laufe stets in fairen und ethisch einwandfreien Grenzen ab. Der Andere will die Verhandlung ebenso wie Sie gewinnen. Darum versucht er, das Gespräch zu dominieren, zu lenken und zu steuern und Sie in die von ihm gewünschte Richtung zu manövrieren, auch mit manipulativen Methoden und Mitteln.

Auf den Punkt gebracht

Das kann auch gar nicht anders sein, denn in der Verhandlung haben Sie es oft mit erfahrenen Verhandlern, Führungskräften und Entscheidungsträgern sowie Personen zu tun, die Verantwortung tragen und darum von ihrer Persönlichkeitsstruktur her zu den dominanten Charakteren gehören. Und warum sollten sie im Gespräch mit Ihnen diesen Hang zur Dominanz ablegen?

Dazu ein weiterer Trainingstipp: Üben Sie sich darin, mit dominanten Charakteren umzugehen. Dominante Menschen brauchen Erfolg, sie suchen ihn, sie sind fast süchtig danach. Leistungsorientierung und Härte sind selbstverständliche Faktoren ihres Lebens, in ihrem Wertekanon befinden sich Werte wie Durchsetzungsvermögen, Freiheit, Stolz, Ehre, Leistung, Effizienz, Expansion, Mut, Sieg und Ehrgeiz.

Alles bei ihnen ist auf Effektivität und Effizienz ausgerichtet. Zahlen, Ziele und messbare Resultate sind für sie ebenso bedeutsam wie Gewinne, Vorteile und Kosteneinsparungen.

Sie streben danach, ihre Interessen durchzusetzen. Ergebnisorientierung und Machtbewusstsein führen dazu, dass sie als aktive und handlungsfähige Menschen anerkannt werden und besser sein wollen als andere. Sie möchten einen Wettbewerbsvorsprung erringen, an der Spitze stehen und andere hinter sich lassen.

Und darum ist es richtig, wenn Sie die dominante Ader des Verhandlungspartners berücksichtigen, ihm entgegenkommen und ihm zum Beispiel auch einmal die Gesprächsführung überlassen, indem Sie vor allem Fragen stellen und den Redeanteil des Verhandlungspartners erhöhen.

Nutzen Sie die Pause nach der dritten Boxrunde zur Selbstreflexion

- Wie bereiten Sie sich bisher auf Ihre Verhandlungen vor?
- Welche der genannten außergewöhnlichen Vorbereitungsmaßnahmen wollen Sie zukünftig nutzen, um sich Detailinformationen zum Verhandlungsgegenstand und zum Verhandlungspartner zu besorgen?
- Kennen Sie immer Ihre Verhandlungsziele, Ihren Verhandlungsspielraum und Ihre Dummys?
- Verfügen Sie über ein »persönliches Glaubensbekenntnis«? Also ein Bekenntnis zu sich selbst, zu Ihrer Leistungsfähigkeit und zur Qualität Ihrer Produkte und Dienstleistungen?
- Wie haben Sie bisher auf unfaire Attacken reagiert?

Fazit zur dritten Boxrunde

- Harte Verhandlungen und Verkaufsgespräche werden in der Vorbereitungsphase gewonnen oder verloren.
- Harte Verhandlungen und Verkaufsgespräche lassen sich nur gewinnen, wenn Ihnen alles über den Verhandlungspartner bekannt ist und Sie von Ihrem persönlichen Erfolg felsenfest überzeugt sind.
- Es ist erlaubt, im Lager des Verhandlungspartners nach Partnern und Informanten zu suchen, um so an Detailkenntnisse zu gelangen.
- Bei der Festlegung der Ziele sollte zwischen Hauptzielen und Nebenzielen unterschieden werden. Bei den Nebenzielen ist es möglich, dem Verhandlungspartner entgegenzukommen. Ähnlich flexibel muss der Forderungskatalog aufgebaut sein.

Und nochmals ab ins Trainingslager: Bauen Sie Ihre Stärken aus und erkennen Sie die Schwächen der Gegenseite

Ring frei: Was Sie in dieser vierten Boxrunde erfahren

- Sie lesen, wie Sie Ihre individuellen Stärken für Ihren Verhandlungs- und Verkaufserfolg nutzen.
- Sie lernen, dass es zielführend ist, die Schwächen der Verhandlungspartner und der Konkurrenten zu erkennen und zu beachten.
- Wir geben Ihnen Hinweise, wie Sie Ihre individuellen Stärken auch in schwierigen Situationen aktualisieren.

Trainingseinheit 7: Konzentrieren Sie sich auf Ihr Stärkenmanagement und nutzen Sie die Schwächen der Gegenseite

Der chinesische General, Militärstratege und Philosoph Sunzi (ca. 544 bis 496 v. Chr.) hat in seiner *Kunst des Krieges* gesagt: »Kennst du deinen Feind und dich selbst, brauchst du den Ausgang von 100 Schlachten nicht zu fürchten!« Im dritten Kapitel ging es darum, den Verhandlungspartner gut kennenzulernen. Jetzt fehlt Ihnen noch die Analyse Ihrer Kompetenzen und Stärken, die Sie ausbauen sollten – und der Schwächen, um deren Abmilderung Sie sich ebenfalls kümmern müssen.

Wiederum steht zunächst einmal der Aufbau der richtigen Einstellung im Fokus. Denn: Weichspülmentalität, Harmoniesoße, den Wettbewerber und Konkurrenten als soften Marktbegleiter sehen und den Verhandlungspartner als jemanden, dem man keinesfalls zu nahe treten darf: Das ist die Mentalität, die in vielen Unternehmen und Vertriebsabteilungen dominiert und das Denken der Verhandler beherrscht. Das Problem dabei:

Auf den Punkt gebracht

Diese Herangehensweise rückt das Defizit-Denken in den Vordergrund – der Verhandler fragt sich stets, ob er nicht zu forsch, aggressiv und ungestüm nach vorne prescht, ob er nicht besser sensibel, langsamer und unter Berücksichtigung der Verfasstheit der Gegenseite verhandeln sollte. Die Konzentration auf die eigenen Fähigkeiten, Kompetenzen und Stärken gerät aus dem Blickfeld. Darum sollte Ihr Motto lauten: »Weg vom Defizit-Denken und hin zum Stärkenmanagement!«

Stärkenmanagement: In drei Schritten Stärken und Schwächen abgleichen

Die dezidierte Betonung der Stärken des Verhandlers muss wieder in den Vordergrund rücken. »Zweifel an der eigenen Stärke

Trainingseinheit 7: Konzentrieren Sie sich auf Ihr Stärkenmanagement

sind nicht erlaubt«: Erfolgreiche Verhandlungsführung beruht auf der Kenntnis der eigenen Stärken und dem Wissen um die Schwächen des Gegners. Hinzu kommt ein wichtiger Aspekt, der insbesondere bei Verhandlungen im Verkauf von Relevanz ist: So gut wie immer unterhält Ihr Verhandlungspartner Geschäftsbeziehungen zu einem Konkurrenten. Als Verkäufer müssen Sie also wissen, mit welchen Konkurrenten Sie es zu tun haben und welche Schwächen dieser Konkurrent aktuell hat.

Harte Verhandlungen im Verkauf gehören mithin zur Königsdisziplin: Sie müssen sich in der Vorbereitungsphase Ihrer eigenen Stärken bewusst sein, mithin genau wissen, welchen unschätzbaren Nutzen Sie Ihrem Verhandlungspartner und potenziellen Kunden bringen können. Überdies sollten Sie die Schwächen des Verhandlungspartners einschätzen können und auch noch die Schwächen Ihres Konkurrenten, also des – zum Beispiel – Lieferanten, mit dem Ihr Verhandlungspartner derzeit zusammenarbeitet und den Sie verdrängen wollen.

Eine Herkules-Aufgabe, die Sie bewältigen, wenn Sie die folgenden Schritte berücksichtigen.

Schritt 1: Stärken und Nutzen in Mehrwert transformieren

Schritt 1 lautet: Machen Sie sich Ihre Stärken bewusst und übersetzen Sie sie in die Sprach- und Vorstellungswelt des Kunden, indem Sie aus ihnen den Nutzen und den Mehrwert für den Kunden ableiten (siehe Abbildung 5).

	Stärken, Vorteile	Nutzen	Wert/Mehrwert
Firma (Marke)			
Produkte			
Dienstleistungen			
Verkäufer/Verhandler (individuelle Stärken)			

Abbildung 5: Ihre Stärken und deren Nutzen und Mehrwert für den Verhandlungspartner

In der ersten Spalte (Stärken/Vorteile) stehen wahrscheinlich auch bei Ihnen Angaben wie etwa »Qualität«, »Lieferfähigkeit« und »Kundennähe«. Die Übersetzung in die Welt des Gesprächspartners fällt vielleicht schon schwerer – hier sollten Sie sich die Wahrnehmungsbrille des Verhandlungspartners aufsetzen und Ihre Stärken und Vorteile in konkrete Nutzenversprechen für den Kunden transformieren: Welchen Nutzen hat er, wenn er bei Ihnen einkauft? Welchen Nutzen haben Ihre Qualität, Ihre Liefertreue und Ihre Kundennähe für ihn?

Ähnliches gilt für die Zeile, in der es um die individuellen Stärken und Kompetenzen des Verkäufers und Verhandlers geht, also auch um Ihre Stärken und Kompetenzen: Welchen Nutzen hat der Kunde oder Verhandlungspartner, wenn es zu Ihren Stärken gehört, Einwände zu behandeln? Beantworten Sie solche Fragen stets aus der Perspektive der Gegenseite.

Fällt es Ihnen schwer, die dritte und letzte Spalte auszufüllen? Bleibt Sie leer? Hier geht es um den Mehrwert, den Sie Ihrem Verhandlungspartner und Kunden bringen. Wer keinen Mehrwert bringt und diesen nicht in Euro und Cent berechnen und benennen kann, braucht auch nicht auf einen Mehrpreis zu hoffen.

Wir hören oft, der Mehrwert ließe sich nicht berechnen, weil dafür das Zahlenmaterial fehle. Das sei bei jedem Kunden anders. Das ist richtig. Doch weshalb verifizieren Sie dann nicht bei Ihrem Kunden, welche positiven Resultate für ihn durch die Zusammenarbeit mit Ihnen und Ihrem Unternehmen entstehen?

Auf den Punkt gebracht

Gerade bei harten Verhandlungen müssen Sie in der Lage sein, den Nutzen und den Mehrwert genau zu beziffern, der sich für den Kunden und Verhandlungspartner aus der Zusammenarbeit mit Ihnen ergibt.

Verabschieden Sie sich von Worthülsen wie: »Bei uns haben Sie beste Qualität«, oder, noch schlimmer: »Qualität hat ihren Preis.« Das ist nur zielführend, wenn Sie diese Aussagen mit Fakten belegen können. Das Geld, das Ihr Verhandlungspartner bei Ihnen investieren soll, lässt sich nur mit Geld aufwiegen, nicht mit schönen Worten.

Schritt 2: Mit Stärken und Schwächen des Verhandlungspartners beschäftigen

In Schritt 2 vergewissern Sie sich anhand der Informationen, die Sie in den Trainingseinheiten des dritten Kapitels gesammelt haben, der Stärken und auch Schwächen Ihres Verhandlungspartners.

Wenn Sie nun Ihre Stärken (Abbildung 5) und die Ergebnisse dieses zweiten Schritts in Bezug zueinander setzen, ist es an der Zeit, sich mit diesen Fragen zu beschäftigen:

- Was bedeutet der Vergleich für Ihre konkrete Verhandlung?
- Welche Ihrer Stärken setzen Sie ein, um eventuell eine Schwäche des Verhandlungspartners für sich nutzen zu können?
- Welche Ihrer Nutzenversprechen und Mehrwertversprechen können Sie noch zielorientierter auf die recherchierten Informationen zum Verhandlungspartner und dessen Unternehmen abstimmen?

Schritt 3: Die Schwächen des Konkurrenten analysieren

Nachdem Sie die Betrachtung des eigenen Unternehmens und des Verhandlungspartners beendet haben, richten Sie Ihren analytischen Blick auf die Konkurrenz. Dabei konzentrieren Sie sich bitte weniger auf die Vorzüge der Konkurrenz, ganz im Gegenteil: Die aktuellen Schwächen stehen im Fokus (Abbildung 6). Denn die Schwächen der anderen sind Ihre Stärken! Ohne Kenntnis der Schwächen lässt sich nicht zum entscheidenden Punch in der Verhandlung ausholen.

Allerdings: Sie sollten es vermeiden, in der Verhandlung die Konkurrenz zu verunglimpfen oder schlechtzumachen. Im Mittelpunkt steht vielmehr Ihr Versuch, auf die Schwächen in der Argumentation der Konkurrenz hinzuweisen und deren Schwächen als einen potenziellen Risikofaktor für Ihren Verhandlungspartner darzustellen, indem Sie dies konsequent belegen. Der Fokus liegt auf dem inhaltlichen Aspekt, dem Risikofaktor – nicht auf der Verunglimpfung des Konkurrenten.

Hinzu kommt: Sie stellen dabei keine Behauptungen auf, sondern liefern belegbare Beweise.

	Schwächen	Schaden, Risiko	Wert/ Minderwert
Firma (Marke)			
Produkte			
Dienstleistungen			
Verkäufer/Verhandler (individuelle Stärken)			

Abbildung 6: Die Schwächen des Konkurrenten

Lassen Sie uns dazu ein Beispiel geben: In Vorbereitung auf ein Seminar bat uns der Geschäftsführer eines Maschinenbauers zu sich. Er meinte, das folgende Telefonat mit einem zurückgekehrten Kunden könne sehr aufschluss- und hilfreich für das Seminar mit seinen Verkäufern sein. Der Kunde war vor einiger Zeit zum Konkurrenten gewechselt. Der Grund: Der Konkurrent bot einen um 40 Prozent niedrigeren Preis. Der Geschäftsführer kam schnell zur Sache und fragte, was den Rückkehrer veranlasst habe, wieder bei ihm zu kaufen. Der Wiederkunde meinte, die Preise bei ihm – dem Geschäftsführer – seien weiterhin zu hoch, allerdings sei eine Maschine des Konkurrenten ausgefallen. Zudem hätte er dringend Hilfe vom Kundendienst des Konkurrenten gebraucht. Ihm wurde aber nicht geholfen. Das habe neben Ärger und Zeitverzögerungen auch zusätzliche Kosten verursacht, nämlich Strafgelder. Unterm Strich, so resümierte der Rückkehrer, habe er nichts eingespart, sondern sogar noch kräftig draufgezahlt.

Zwei Lehren lassen sich daraus ziehen:

- Sie müssen zum einen die Schwächen der Konkurrenz kennen, um sie nutzen zu können, hier die Unzuverlässigkeit in der Produktion und dem schwachen Kundendienst und Service. Wenn Sie im Rahmen der Vorbereitung diese Schwächen erkannt haben, sollten Sie in der Verhandlung dem Verhandlungspartner die Auswirkungen vorhalten, die eintreten, wenn dieser an der »alten Lösung« festhält, also mit dem »alten Lieferanten« weiterhin zusammenarbeitet. Um dies zu verdeutlichen, stellen Sie Auswirkungsfragen. Sie unterstützen den Kunden dabei, die Konsequenzen zu analysieren, die das Problem verursacht. Ziel ist es, dem Kunden zu helfen, das Problem in einem Licht zu sehen, das eine Lösung dringend erforderlich macht – nämlich Ihre Lösung.
- Zum anderen müssen Sie über den Tellerrand der Produktqualität hinausschauen und das Gesamtpaket Ihrer Leistung und dessen Wirkungen beim Kunden in Betracht ziehen, in dem Beispiel also den Kundendienst und den Service.

Das heißt: Produktverkauf ist out, Konzeptverkauf ist in. Statt sich im Verdrängungswettbewerb aufzureiben, ist es zielführend, sich als Problemlöser zu differenzieren und zu etablieren. Wer sich nicht differenziert, verliert. Sie müssen also die klassischen Produkttrampelpfade verlassen. Wenn Ihnen das nicht gelingt, wird es Ihnen gerade in harten Verhandlungen nicht gelingen, Ihre Ziele durchzusetzen.

Auf den Punkt gebracht

Im Idealfall können Sie Ihrem Verhandlungspartner schwarz auf weiß belegen, dass die Schwächen der »alten Lösung« seines Lieferanten – Ihres Konkurrenten – sein Engpassproblem nicht lösen. Das können nur Sie mit Ihrer Alternativlösung.

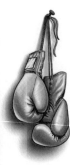

Ein kleiner Exkurs in den Boxsport: Die Schwächen im Mittelpunkt

Andy Lane, Professor für Sport und Sportwissenschaft an der Universität von Wolverhampton, schreibt: »Die Boxer betrachten ihren Sport als eine Art physisches Schachspiel – einen Kampf, der nicht nur auf körperlicher, sondern ebenso auf psychischer und taktischer Ebene geführt wird. Das ändert natürlich nichts an der Brutalität dieser Sportart. Andere Sportler und Sportlerinnen ›spielen‹ ihr Spiel. Boxer ›fighten‹. Boxen ist eine Sportart, bei der es nur einen Gewinner geben kann. Folglich ist es für einen Boxer hoch motivierend, wenn er während des Kampfs sieht, dass der Gegner körperliche Probleme hat. Ein Boxer ist immer bemüht, die Schwächen oder Fehler des Gegners auszunutzen. (...) Boxer müssen aus Schwächen ihrer Gegner Kapital schlagen. Jedes Zeichen von Schwäche lässt einen Sieg möglich erscheinen. Die Boxer lernen zu verbergen, dass sie verletzt oder müde sind, und präsentieren sich nach außen ruhig und souverän. Die Sorge über das Wohlergehen des Gegners überlässt der Boxer voll und ganz dem Schiedsrichter. Die beenden ihre Ansprache vor dem Wettkampf damit, dass sie den Sportlern auftragen, ›sich allzeit zu schützen‹. Das sind keine leeren Worte.«

Andy Lane betont mithin die Bedeutung der Schwächen des Gegners im Boxsport. Und dies sollten Sie auf Ihre Verhandlungen beziehen – dazu ein Beispiel aus dem Unternehmensbereich: Der Werkzeughersteller Hilti musste schmerzhaft feststellen, dass er Marktanteile bei wichtigen Kunden eingebüßt hatte. Die Konkurrenz war hellwach und hatte ihre Produkte so weiterentwickelt, dass sie den Hilti-Produkten gleichwertig waren. Zudem waren die Hilti-Patente ausgelaufen.

Anstatt nun einfach die Preise zu senken, hat das Unternehmen ein Flottenprogramm für seine Geräte entwickelt. Sie haben ein Dienstleistungspaket um ihre Produkte kreiert, das zum Beispiel die Aspekte Instandhaltung, Werkzeugversorgung und Versicherungsschutz gegen Diebstahl umfasst. Durch dieses neue Konzept nach dem Motto: »Produktverkauf ist out, Konzeptverkauf ist in«, konnte HILTI verlorenes Terrain wiedergutmachen. Hilti trat als Problemlöser am Markt auf.

Entscheidend aus unserer Sicht war und ist: Bei der Schnürung des Dienstleistungspakets hat Hilti die Schwächen der Konkurrenz in den Fokus gerückt und sich dabei auf Aspekte konzentriert, bei denen es am ehesten möglich war, Schwächen der Konkurrenz auszunutzen. So konnte das Unternehmen belegen, dass die eigene Problemlösung der der Konkurrenz überlegen war und ist.

Trainingseinheit 8: Stärken Sie Ihre Stärken

Jetzt soll es in dieser Trainingseinheit um den Ausbau Ihrer individuellen Stärken gehen. Natürlich gibt es dazu eine schier unübersichtliche Vielzahl an Literatur. Und auch Sie werden bestimmt nicht zum ersten Mal davon gehört haben, wie Sie Ihre individuellen Stärken und Kompetenzen analysieren und ausbauen. Darum wollen wir uns hier auf Hinweise konzentrieren, wie Sie Ihre Stärken auch dann nutzen und ausbauen, wenn es nicht so gut läuft, Sie also einen schlechten Verhandlungstag erwischt haben.

Strategie 1: Situation realistisch überdenken

Die meisten Menschen neigen dazu, negative Ereignisse im ersten Moment in einem allzu trüben Licht zu sehen. Führen Sie eine realistische Bestandsaufnahme durch:

- Was ist warum passiert?
- Welche kurz-, mittel- und langfristigen Folgen sind zu erwarten? Sind sie wirklich so nachteilig, wie es im Moment den Anschein hat?
- Welche Gegenmaßnahmen müssen ergriffen werden?
- Wer kann Sie dabei unterstützen?

Wichtig ist, nach einem negativen Ereignis – etwa nach dem Rückzug des Kunden, der schon so gut wie gekauft hatte, und einem schlechten Verhandlungsergebnis – erst einmal Distanz zu schaffen. Eine Pause, ein kurzer Spaziergang, vielleicht einmal etwas früher nach Hause fahren, die Umgebung wechseln. Wichtig ist:

Auf den Punkt gebracht

Sie müssen »raus aus der belastenden Situation«, sich auf Ihre Stärken besinnen und eine »Ich-vermag-es-Einstellung« aufbauen.

Strategie 2: Erfolgskonferenz durchführen

Teilnehmer dieser Konferenz sind Sie selbst – und Ihre Mut machenden Erfolge. Rufen Sie sich in Erinnerung, was in den letzten Stunden, Tagen und Wochen einfach gut funktioniert hat. Legen Sie sich selbst Beweise vor – etwa den letzten Abschluss oder die Verhandlung, an dessen Ende Sie den Kunden zum Stammkunden entwickeln konnten.

Auf dieser Erfolgskonferenz beschließen Sie überdies, den inneren Kritiker von der Konferenz auszuschließen. Dies gilt insbesondere dann, wenn dieser dazu neigt, mit Ihnen überhart und allzu selbstkritisch ins Gericht zu gehen.

Strategie 3: Misserfolge als Resultate definieren

Fehler sind Meilensteine auf dem Weg zum Ziel. Sie selbst sind es, der Fehler zu »Misserfolgen« erklärt. Besser ist es, wenn Sie zum Beispiel das miese Verhandlungsresultat als ein Ergebnis interpretieren, das entstanden ist, um Ihnen zu zeigen, wie Sie es beim nächsten Verhandlungspartner besser machen können.

Entscheidend ist, zu den Resultaten des eigenen Denkens und Handelns eine konstruktive Einstellung aufzubauen, auch wenn das Ergebnis im konkreten Einzelfall nicht überzeugt.

Auf den Punkt gebracht

Fokussieren Sie sich auf Ihre Erfolg fördernden Wertevorstellungen, Überzeugungen und Verhandlungserlebnisse.

Strategie 4: Stärken in den Mittelpunkt rücken

Stärkenmanagement heißt, bewusst auf seine Top-Fähigkeiten zu setzen, um sich erst kleinere, dann größere Erfolgserlebnisse zu verschaffen. Sie müssen Schritt für Schritt Ihr Selbstbewusstsein wieder aufbauen: »Was kann ich besonders gut? Wie kann ich meine Stärken in der nächsten Verhandlung wieder zum Einsatz bringen?«

Perfektionieren Sie das, was Sie wirklich gut können. Verschwenden Sie Ihre Energie nicht damit, dass Sie sich allzu sehr mit Ihren Schwächen beschäftigen. Dies ist erst der zweite Schritt – zunächst einmal geht es um den weiteren Ausbau Ihrer bereits vorhandenen Fähigkeiten.

Auf den Punkt gebracht

Stärken Sie zunächst einmal die Talente, Kompetenzen und Fähigkeiten, über die Sie bereits verfügen, konzentrieren Sie sich auf das, was Sie von Natur aus gut können.

Finden Sie zudem heraus, an welcher Energiequelle Sie Beseeltheit, Kraft und Energie anzapfen können. Ob dies die sportliche Aktivität, das Gespräch mit einem lieben Menschen oder der Museumsbesuch ist, muss jeder für sich selbst herausfinden. Es lohnt sich jedoch, die psychische und physische Durchsetzungsstärke und -kraft zu stabilisieren und auszubauen, um mit belastenden Demotivationsphasen besser und produktiv umgehen zu können.

Strategie 5: Negativereignisse mit Positiverlebnissen auslöschen

Sie müssen so schnell wie möglich aus dem Negativ-Dunstkreis heraustreten. Fragen Sie sich: »Welche Erfolgsaktionen kann ich jetzt sofort starten, um zu einem Positiverlebnis zu gelangen?« Diese Aktionen müssen nicht unbedingt aus dem beruflichen Umfeld stammen:

- Wenn Sie künstlerisch veranlagt sind, ziehen Sie sich zurück, um kreativ zu werden, ein Bild zu malen, etwas im Tagebuch zu notieren, ein Gedicht niederzuschreiben.
- Wenn Sie ein Handwerker-Typ sind, fangen Sie an, zu »werkeln«.
- Und wenn Sie ein vor allem kommunikativer Mensch sind, rufen Sie einen guten Bekannten an und quatschen mit ihm über alte Zeiten oder das Freizeitprojekt am Wochenende.

Es klingt so einfach, aber ist doch so schwer: Aus dem Demotivationsloch kommen Sie am besten heraus, wenn Sie nach vorne schauen und aktiv werden, um sich zu beweisen, dass Sie immer noch »ein Guter« sind und über außerordentliche Fähigkeiten und Stärken verfügen.

> **Nutzen Sie die Pause nach der vierten Boxrunde zur Selbstreflexion**
>
> - Verfügen Sie über ein Profil Ihrer Stärken und Schwächen?
> - Wann führen Sie Ihre nächste Stärken-Schwächen-Analyse durch?
> - Wie gelingt es Ihnen, aus ALLEN Ihren Stärken den Nutzen und Mehrwert für Ihre Kunden abzuleiten?
> - Wie können Sie die Schwächen Ihrer Verhandlungspartner und Konkurrenten analysieren und die Analyseergebnisse für Ihre Verhandlungen und Verkaufsgespräche nutzen?

Fazit zur vierten Boxrunde

- Entscheidend für den Verhandlungserfolg ist die Fähigkeit, sich auf die eigenen Stärken und die Schwächen der Gegenseite zu konzentrieren.
- In der Vorbereitungsphase liegen die Schwerpunkte auf der Analyse und dem Ausbau der eigenen Kompetenzen und Stärken und der Analyse der Schwächen der Gegenseite.
- Für harte Verkaufsverhandlungen gilt: Sie müssen in der Lage sein, den Nutzen und den Mehrwert genau zu beziffern, der sich für den Kunden und Verhandlungspartner aus der Zusammenarbeit mit Ihnen ergibt. Sie können Ihrem Verhandlungspartner schwarz auf weiß belegen, dass die Schwächen der »alten Lösung« seines Lieferanten – Ihres Konkurrenten – sein Engpassproblem nicht lösen; dies leistet nur Ihre Alternativlösung.

Ein letztes Mal im Trainingslager: Nutzen Sie Druck und Stress, um noch besser zu verhandeln

> **Ring frei: Was Sie in dieser fünften Boxrunde erfahren**
> - Wir zeigen Ihnen, wie Sie trotz Anspannung und Stress Ihre Verhandlungs- und Verkaufsziele erreichen.
> - Sie lernen Übungen kennen, die Ihnen helfen, auch und gerade in Drucksituationen gut zu verhandeln.
> - Wir geben Ihnen Hinweise, wie Sie Härte im Umgang mit sich selbst aufbauen.

Trainingseinheit 9: Trainieren Sie den richtigen Umgang mit Stress

Sie haben Ihren Aufenthalt im Trainingscamp nun fast abgeschlossen. Zwei Trainingseinheiten stehen noch an, in denen es wieder einmal um die psychologischen Aspekte des Verkaufens geht.

Sie sind gut vorbereitet – wie das funktioniert, haben die ersten Trainingseinheiten gezeigt. Bedenken Sie: Letztendlich wird die Verhandlung ebenso wie der Boxkampf im Kopf gewonnen. Wiederum trägt die Analogie zum Boxsport: Zahlreiche vielversprechende Talente haben es nie bis ganz nach oben geschafft, weil sie unter Druck nicht ihre Topleistung abrufen konnten, zu der sie eigentlich in der Lage gewesen wären, wenn sie sich nicht selbst im Weg gestanden hätten. Doch übersteigerte Erwartungen an sich selbst, die Aufregung vor dem Kampf, der unproduktive Umgang mit Stress und Belastung haben verhindert, dass diese Talente auch unter Druck ihre optimale Leistung erbringen konnten.

Und so ergeht es auch vielen Verhandlern – es gelingt ihnen nicht, unter Druck gut zu verhandeln. Einigen Topverhandlern hingegen gelingt es sogar, den Stress und den Druck, unter dem sie stehen oder den der Verhandlungspartner auf sie ausübt, in produktive Bahnen zu kanalisieren und konstruktiv für die Steigerung des Verhandlungserfolgs zu nutzen. Wie ergeht es Ihnen? Überlegen Sie, ob es für Sie zielführend ist, die folgenden Übungen in Ihre Trainingseinheit einzubauen.

Übung 1: Sagen Sie Ja zum Stress

»Stress ist die Würze des Lebens«, sagte einst der Stressforscher Hans Selye (1907-1982). Der Stress hat seine positiven Aspekte – immerhin gibt es den negativen Disstress, aber zugleich den positiven Eustress, der dabei hilft, Herausforderungen anzunehmen und zu bewältigen. Das ist ein Grund, die Angst vor dem Stress zu verlieren und sich keinen Stress mit dem lieben Stress zu machen, mithin Ja zu ihm zu sagen, um auf dieser Basis zu einem produktiven Umgang mit ihm zu gelangen.

Und das auch, weil nach dem Philosophen Epiktet (um 50-138) gilt: »Nicht die Dinge beunruhigen den Menschen, sondern die Vorstellung von den Dingen.« Oft bedarf es nicht einmal einer realen Situation, um eine Stressreaktion hervorzurufen: Der Körper zeigt sie selbst dann, wenn Sie sich zum Beispiel die dramatische Verhandlungssituation nur vorstellen. Negative Gedanken, Sorgen und Ängste verursachen die gleichen Stresssymptome wie Einwirkungen von außen.

Darum: Gehen Sie auf Ursachenforschung. Wenn Sie Ihre persönlichen Belastungssituationen und negativen Gedanken, Ängste und Sorgen erkannt haben, können Sie sich konkrete Gegenstrategien überlegen.

Auf den Punkt gebracht

Bleiben Sie gelassen und konzentrieren Sie sich. Hadern Sie nicht mit der Stresssituation, die gleich auf Sie zukommen wird, akzeptieren Sie sie vielmehr.

Übung 2: Stellen Sie fest, welcher Stresstyp Sie sind

Es gibt verschiedene Möglichkeiten, mit Stress umzugehen, und jeder Mensch hat seine persönlich-individuellen Stressoren, die ihn belasten können. Darum ist es notwendig, dass Sie erst einmal Ihren Stressoren oder Belastungsfaktoren auf die Schliche kommen: Zu welchem Stresstyp gehören Sie? In welchen Belastungssituationen zeigen Sie die typischen Folgen des negativen und blockierenden Disstress?

Wenn Sie wissen, ob es eher der verbale Angriff des Verhandlungspartners ist, der Ihr Herz rasen lässt, oder die Störung des Verhandlungsgesprächs von außen – etwa der Anruf der Tochter, die Probleme in der Schule hat – liegen Ihnen konkrete Anhaltspunkte vor, um sich darauf vorzubereiten.

In harten Verhandlungen, in denen der Verhandlungspartner auf Angriff setzt, gibt es unter Stresseinfluss mit dem Angriffstyp und dem Fluchttyp zwei grundsätzlich unterschiedliche Verhaltenstypen, wobei die Begrifflichkeiten fast schon für sich selbst sprechen: Während der Angriffstyp konfliktfreudig und aktionistisch, ja fast schon hektisch nach vorne prescht und sein Verhandlungsheil im Angriff sucht, geht der Fluchttyp Auseinandersetzungen lieber aus dem Weg, verfällt in eine defensive Haltung und sucht den Konsens oder Kompromiss.

Natürlich gibt es Schattierungen und Zwischentöne – trotzdem: Zu welchem Stresstyp tendieren Sie? Wie würden Sie in dem folgenden Beispiel reagieren:

- Sie begrüßen Ihren Verhandlungspartner, und dieser droht Ihnen gleich zu Beginn mit einer sofortigen Sanktion, wenn Sie den Preis nicht um × Prozent senken. Und er droht Ihnen auch noch damit, dass es ihn nur einen Anruf bei Ihrem Wettbewerber kosten würde, um diesem den Auftrag zu geben.

- In die Boxersprache übersetzt, gibt Ihnen der Verhandlungspartner unmissverständlich zu verstehen, dass er Ihre bedingungslose Kapitulation will und Sie unbarmherzig besiegen wird.

Wie gehen Sie mit dieser Drohung um? Gehen Sie zum Angriff über? Oder treten Sie den Rückzug an und entfliehen dem Boxring? Beides wäre menschlich-allzu menschlich und überdies verständlich. Aber doch auch falsch.

Auf den Punkt gebracht

Besser ist es, Sie reagieren ruhig und besonnen, rufen sich die Strategie ins Gedächtnis, die Sie verfolgen wollen, und lassen den Verhandlungspartner mit seinem Angriff ins Leere laufen. Sie ärgern sich nicht, Sie versuchen, Ihre Emotionen in den Griff zu bekommen – und agieren eher kühl, gelassen und sachlich.

Nehmen Sie also die Drohung zur Kenntnis, kommentieren Sie das Verhalten des Gegenübers nicht, sondern beschränken Sie sich darauf festzustellen, dass dem Verhandlungspartner der

Preis sehr wichtig ist. Das aber konnten Sie sich natürlich auch schon vorher sagen! Insofern stehen Sie nicht vor einer neuen oder unerwarteten Situation. Es ist mal wieder wie beim Boxkampf: Sie wissen selbstverständlich, dass der Gegner Sie besiegen will, wie Sie ihn. Also – nichts wird so heiß gegessen, wie es gekocht wird.

In dieser Übung geht es allerdings weniger darum, wie Sie reagieren sollten, sondern um die Eingrenzung Ihres Stresstyps – darum nochmals: Neigen Sie eher zum Angriff oder zur Flucht?

Übung 3: Prüfen Sie Ihre Alternativen

Ein wichtiger Aspekt bei der Stressbewältigung ist das Gefühl, eine Situation, die man als stressend definiert, beeinflussen zu können. Sie sollten mithin Ihre Stressoren daraufhin abklopfen, ob Sie einen Einfluss auf sie haben:

- »Ist der Stressor durch mich selbst ausgelöst und kann ich ihn beeinflussen?«
- »Wird der Belastungsfaktor durch eine andere Person verursacht und kann ich ihn trotzdem beeinflussen?«

So lassen sich einige vermeidbare Stressoren von vornherein ausschließen und die Stressdosis deutlich verringern. Oft bleiben nach dieser Analyse diejenigen Stressoren übrig, die fremdverschuldet sind und die Sie kaum oder gar nicht beeinflussen können – zumindest nicht direkt. Und für diese nicht vermeidbaren Situationen nutzen Sie Stressbewältigungstechniken wie etwa progressive Muskelentspannung, autogenes Training, Meditation, Atemtechniken, Konzentrationsübungen oder Sport – ganz wie es Ihnen gefällt. Die allein selig machende Methode gibt es dabei aber wohl nicht. Ihr Ziel sollte zumindest sein, für einen kontinuierlichen Wechsel zwischen Phasen der Anspannung und der Entspannung zu sorgen.

Übung 4: Denken Sie auch unter Stress in Chancen und nicht in Problemen

Die meisten Menschen malen sich in Drucksituationen die drohenden negativen Konsequenzen aus – das hemmt und blockiert sie. Verdeutlichen Sie sich darum, dass selbst die anscheinend aussichtsloseste Verhandlungssituation eine Chance bietet – etwa, sich zu profilieren oder den Verhandlungspartner, den noch niemand »geknackt« hat, als Erster zu überzeugen.

Auf den Punkt gebracht

Um sich vom Angst-, Sorgen- und Problemdenker zum Lösungs- oder gar Chancendenker zu entwickeln, sollten Sie ohne großartig herumzujammern die Herausforderung annehmen, sich in der Stress- und Drucksituation zu beweisen.

Konkret: Interpretieren Sie die schwierige Verhandlungssituation als besondere Herausforderung. Wenn die Gegenpartei zum Beispiel mit einem mehrköpfigen Team aufkreuzt, ohne dass Sie dies wussten, sagen Sie sich: »Oh, die wollen unbedingt mit uns zusammenarbeiten, sich aber genau vergewissern, ob der Nutzen wirklich auf ihrer Seite ist – darum kommen sie gleich zu dritt. Toll, dann kann ich gleich mehrere Entscheidungsträger überzeugen – in ein und demselben Gespräch!« Das heißt: Sie selbst tragen die Verantwortung für die Interpretation der Verhandlungssituation. Sie haben die Freiheit der Entscheidung, wie Sie die Dinge sehen wollen. »Wer kämpft, kann verlieren. Wer nicht kämpft, hat schon verloren« – diesen Satz von Bertolt Brecht unterschreibt der Chancendenker ohne Wenn und Aber.

Übung 5: Steigen Sie auf den Hocker

Vielleicht haben Sie sich bereits des Öfteren gesagt, Sie sollten sich vor und während schwieriger Verhandlungsgespräche an diejenigen Gespräche erinnern, in denen Sie dem Druck standgehalten und die Drucksituation erfolgreich bewältigt haben. Und trotzdem schießt Ihnen kurz vor der Verhandlung der Gedanke durch den Kopf: »Das muss schiefgehen« – und dann geht es schief.

Führen Sie darum das folgende ungewöhnliche Experiment durch: Stellen Sie sich auf einen stabilen und feststehenden Hocker. Schließen Sie die Augen und lassen Sie sich – auf dem Hocker stehend – von einem imaginären Aufzug in eine Höhe von 10 bis 15 Metern heben. Wahrscheinlich werden Sie sich nun unsicher fühlen und weiche Knie bekommen; Wohlbefinden verwandelt sich in Unwohlsein.

Doch objektiv betrachtet: Was hat sich geändert? Nicht wirklich viel. Der Hocker, der Sie am Boden getragen hat, wird dies auch in 15 Meter Höhe tun. Und die Standfläche ist identisch. Nur: Sie befinden sich samt Hocker in der Höhe und stellen sich vor, was alles passieren *könnte*, wenn Sie das Gleichgewicht verlören. In 15 Meter Höhe denken Sie an die drohenden Konsequenzen: der freie Fall, das Aufschlagen auf dem Boden, die Verletzungen. So beschleicht Sie ein mulmiges Gefühl, und schließlich können Sie sich tatsächlich nicht mehr auf dem zuvor so sicheren Hocker halten.

Was machen nun die Artisten, die in eben dieser Höhe arbeiten? Sicher denken sie an etwas anderes als an die negativen Konsequenzen. Schwindelfreiheit bedeutet eben auch: frei sein vom Denken an negative Folgen.

Vielleicht können Sie nun nachvollziehen, wie wichtig es für Ihren Verhandlungserfolg ist, sich von Ihren negativen Erwartungen zu befreien.

Übung 6: Wechseln Sie die Perspektive

Es ist immer vorteilhaft, eine Situation aus einer anderen Perspektive zu betrachten – insbesondere eine Stress- und Drucksituation. Nehmen Sie darum einen Perspektivenwechsel vor, steigen Sie gleichsam auf den Berg und betrachten Sie das Verhandlungsgespräch von oben, aus der Distanz und der Helikopterperspektive.

Zudem ist mit »Perspektivenwechsel« ein Positionswechsel gemeint, das Sich-Einfühlen in die andere Person. Der Verhandlungsgegenstand wird aus der Sicht des Gegenübers gesehen, die eigene Meinung gegen eine andere ausgetauscht – dann können Sie besser einschätzen, was der andere will. Und das führt zur Stressreduktion.

Auf den Punkt gebracht

Das Spiel mit den Perspektiven führt dazu, dass Sie mehrere Meinungen und Ansichten durchspielen. Sie setzen sich nacheinander mehrere Brillen auf – auch die des jeweiligen Verhandlungspartners.

Nehmen wir als Beispiel den Klassiker »zu teuer«. Meistens hören wir nur heraus, der Verhandlungspartner wolle den Preis drücken. Der Perspektivenwechsel erlaubt es Ihnen, Alternativen durchzuspielen: Vielleicht versteckt sich in dem Preiseinwand die Aufforderung: »Bitte erkläre mir, was ich bei dir mehr bekomme als bei der Konkurrenz. Denn eigentlich würde ich gerne bei dir kaufen.«

Übung 7: Erhöhen Sie Ihre Stressresistenz

Wer das Selbstbild verinnerlicht hat, er müsse jede Verhandlungssituation perfektionistisch beherrschen, setzt sich einem immensen Erfolgsdruck aus und erhöht seine Stressanfälligkeit. Gelingt es Ihnen, dieses Selbstbild durch die Überzeugung zu relativieren, Sie wollten in jeder Verhandlung stets Ihr Bestes leisten, lösen Sie sich von dem Ideal des allwissenden Perfektionisten, der in jeder Sekunde und in jeder Situation der Verhandlung das Heft des Handelns in der Hand behalten muss. So gelingt es oft, die Angst vor Fehlern und dem Versagen in zielgerichtetes Handeln zu kanalisieren.

Und: Bleiben Sie realistisch, versuchen Sie, das in der Verhandlung zu leisten, wozu Sie imstande sind. Nochmals sei Hans Selye zitiert: »Stress entsteht, wenn die Schildkröte versucht, das Rennpferd zu überholen.«

Die realistische Konzentration auf das, was Sie gut können, erhöht Ihre Stressresistenz und Widerstandskräfte, die Ihnen helfen, auch in Drucksituationen überzeugend zu verhandeln.

Bevor Sie die letzte Trainingseinheit absolvieren, nutzen Sie bitte die Checkliste in Abbildung 7, um sich einen kleinen Fahrplan für Ihren richtigen Umgang mit Ihren Belastungen zu erstellen.

Anti-Stress-Vorbereitung	Wann, wie und wo?	erledigt
Überprüfen Sie: Wie sieht es mit Ihrer Einstellung zum Stress aus?		
Reflektieren Sie: Sind Sie in der Lage, Stresssituationen zu akzeptieren?		
Prüfen Sie: Welcher Stresstyp sind Sie?		
Analysieren Sie: Mit welchen persönlich-individuellen Stressoren haben Sie zu kämpfen?		
Testen Sie: Welche Ihrer Stressoren können Sie direkt beeinflussen, welche nicht?		
Legen Sie fest: Welche Stressbewältigungstechniken kennen Sie?		
Setzen Sie um: Welche der Stressbewältigungstechniken wollen/können Sie anwenden, um Ihre Stressoren zu bekämpfen?		
Handeln Sie: Entwickeln Sie sich zum Chancendenker.		
Entwickeln Sie sich: Befreien Sie sich von negativen Erwartungen, ohne dem rosaroten positiven Denken zu erliegen.		
Fragen Sie sich: Was müssen Sie tun, um die Perspektive wechseln und sich andere Wahrnehmungsbrillen aufsetzen zu können?		
Resümieren Sie: Was können Sie noch tun, um Ihre Stressresistenz zu optimieren?		

Abbildung 7: Checkliste zu »Stressresistenz erhöhen«

Trainingseinheit 10: Entwickeln Sie Härte gegen sich selbst

Wer hart verhandeln will, muss austeilen – und einstecken. Wer in den Boxring steigt, weiß, dass es dabei nicht ohne Schmerzen abgehen wird. Zur Psychologie des Boxens gehört es, dass gewisse Nehmerqualitäten vonnöten sind. »Das Boxen ist immer auch mit Schmerzen verbunden, und die Boxer müssen lernen, sich dagegen unempfindlich zu machen«, schreibt Andy Lane, und um »Erfolg haben zu können, müssen Boxer von Anfang an eine Einstellung entwickeln, die es ihnen ermöglicht, sich gegen die Folgen des Boxsports unempfindlich zu machen«. Mit Schmerzen leben können, nach Niederschlägen und Niederlagen immer wieder aufstehen – Härte gegen sich selbst entwickeln, das gehört dazu.

Sie müssen also an Ihren Nehmerqualitäten arbeiten und sich verdeutlichen, dass es dem Verhandlungspartner nicht primär darum geht, Sie persönlich anzugreifen oder zu verletzen, wenn er harsch, ja eventuell sogar unfair argumentiert. Er will und muss vielmehr seine Interessen wahren, und wenn Sie ihm dabei als Hindernis im Weg stehen, will er Sie auf Seite räumen. Wenn er also zum Beispiel Ihre Kompetenz in Frage stellt, Sie angreift oder den Chef sprechen will, weil Sie angeblich nicht zuständig sind, dürfen Sie sich nicht persönlich angegriffen fühlen. Und selbst wenn er dies im Schilde führt: Stecken Sie es weg!

Vom Umgang mit Schmerzen

Sie wissen ja bereits, wie erfolgsentscheidend Ihre Bereitschaft ist, zu leiden. Die »Härte gegen sich selbst« ist deswegen besonders wichtig, weil sie den Spitzenverhandler dabei unterstützt, in schwierigen Situationen durchzuhalten und hinter dem zu stehen, was er sagt und tut. Um während der Verhandlung unbeirrbar zu bleiben, muss man an sich selbst glauben und sein

Ziel beharrlich anvisieren und verfolgen können. Wer siegen will und kurz vor dem Ziel ist, der darf nicht mehr über mögliche Alternativen oder Umwege reflektieren, er muss durchhalten auf seinem Weg.

Auf den Punkt gebracht

Letztendlich trägt die Härte gegen sich selbst zu Ihrer Glaubwürdigkeit und Vertrauenswürdigkeit bei. Der Gegner, Ihr Verhandlungspartner, registriert dies – und ist oft genug bereit, Sie dafür zu respektieren.

Selbst beim Training und auch dort, wo im Training nicht gesparrt oder gekämpft wird, sondern wo Maisbirnen, Sandsäcke, Springseile und Schnellkraftgewichte ausdauernd bearbeitet werden, beißt sich der Boxer permanent durch innere Widerstände, verfolgt sein Trainingspensum unbeirrt und unter großen und immer größer werdenden Schmerzen. Der Schmerz gleicht dabei einer inneren Flamme, die dazu dient, Widerstände wegzubrennen und innere Grenzen zu überwinden. Indem er nicht aufgibt, sondern weitermacht, auch wenn es Schmerzen verursacht, gelingt es dem Boxer, den Kampf durchzustehen. »Schmerzen verlangen Selbstzucht. Schmerzen bedeuten Training des Willens, und sie formen den Menschen«, sagte Konrad Adenauer. Sie formen den Boxer – und den Spitzenverhandler.

Die Technik der klugen Beschränkung

Glauben Sie auch, ein Boxer wolle vor allem gewinnen und dabei den Gegner möglichst oft treffen? Häufig ist das Gegenteil der Fall: Er möchte gewinnen, indem er selbst möglichst wenig getroffen wird. Doch wie kann er das erreichen? Er schafft dies, indem er Beweglichkeit entwickelt und im Gleichgewicht bleibt. Dazu dient die Grundtechnik der Boxerstellung – also der schulterbreite Stand der Beine, die maximal eine Schrittlänge voneinander entfernten Füße und die darauf abgestimmte, das Gewicht ständig verlagernde Körperhaltung.

Die Technik eines Boxers baut vor allem auf seiner Schnelligkeit und einem kraftsparenden Bewegungsmodus auf. »Gewöhne dir nichts an, was Kräfte verzehrt«, so das Motto. Ein guter Boxstil ist zweckmäßig, technisch vollkommen und individuell so ausgefeilt, dass nichts weggenommen werden kann, ohne die Effektivität zu mindern.

Von diesem Prinzip können Verhandler lernen, indem sie die Technik der klugen Beschränkung anwenden. Dazu reduzieren sie ihre (Ver-)Handlungsweisen auf ein notwendiges Minimum: Sie verschwenden nicht unnötig Energie, sie setzen ihre Ressourcen kraftsparend ein, sie tragen nicht alle Argumente gleich zu Beginn der Verhandlung vor, sondern vielmehr dosiert. Erfahrene Verhandlungsführer wissen: Es ist zielführend, sich einige starke Argumente für den Verhandlungsschluss aufzuheben und sie nicht in der ersten Runde zu verpulvern. Sie sparen sich für die elfte oder zwölfte Boxrunde auf, wenn der Gegner bereits etwas erschöpft ist.

Auf den Punkt gebracht

Es ist die Kombination aus Härte gegen sich selbst und der Vermeidung von Schmerzen und Rückschlägen, die den Profi-Verhandler vom durchschnittlichen Verhandler unterscheidet.

Ein kleiner Exkurs in den Boxsport: Der Sieg ist wichtig – aber nicht immer

Wenn Sie unser Trainingslager verlassen, sollten Sie die Einstellung aufgebaut haben, dass Sie die Verhandlung gewinnen wollen und auch gewinnen dürfen, ebenso wie der Boxer, der in aller Regel den Kampf um fast jeden Preis gewinnen möchte. Allerdings gibt es, wie immer, Ausnahmen.

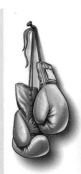

Im Boxsport, bei dem Mann gegen Mann (oder Frau gegen Frau) antritt, gibt es ebenso wie in Verhandlungen nur einen Sieger. Doch beide können mit einem guten Gefühl den Ring verlassen, auch derjenige, der eine Niederlage einstecken musste. Das war beispielsweise der Fall in dem Kampf der Rola El-Halabi. Die erfolgreiche Boxerin wurde 2011 kurz vor einem Weltmeisterkampf von ihrem Stiefvater mit vier Schüssen verletzt. Doch schon zwei Jahre später feierte sie ihr Comeback – und dabei ging es Rola El-Halabi wahrlich nicht allein um den Sieg im Ring. Auf *SPIEGEL online* schrieb Sara Peschke nach dem Comeback-Kampf im Januar 2013: »Zwölf Narben erinnern die Boxerin Rola El-Halabi an die schlimmste Nacht ihres Lebens: die Nacht, in der ihr Vater sie niedergeschossen hat. Er wollte sie zum Krüppel machen. 21 Monate später kehrt sie zurück in den Ring. Sie kämpft um die Weltmeisterschaft – und um ein Leben ohne Angst.«

Rola El-Halabi hat diesen Kampf verloren, allerdings war es für sie viel wichtiger, den Kampf zurück ins Leben geschafft zu haben. Das heißt: Nicht immer besteht das erste Ziel des Boxers darin, zu gewinnen. Und es gibt auch Beispiele für Verhandlungen, in denen der Verhandler seine prioritären Ziel nicht erreicht hat, aber trotzdem zufrieden ist mit dem Verlauf des Gesprächs – etwa weil ein Verkäufer in der Verhandlung einen strategischen Partner gewonnen hat, der zwar dieses Mal nicht abgeschlossen hat, den Verkäufer aber auf einer anderen Ebene unterstützen kann.

Nutzen Sie die Pause nach der fünften Boxrunde zur Selbstreflexion

Prüfen Sie, welche der zehn Trainingseinheiten Sie unbedingt absolvieren müssen, um Verhandlungskompetenz aufzubauen:

- Trainingseinheit 1: Lernen Sie den Verhandlungspartner aus dem Effeff kennen, versuchen Sie, alles über ihn zu erfahren.
- Trainingseinheit 2: Legen Sie Ihre Verhandlungsziele fest und formulieren Sie Ihre Ziele positiv.
- Trainingseinheit 3: Machen Sie sich Gedanken zu Ihren Dummys und überlegen Sie, hinter welchen Forderungen Sie auf keinen Fall zurückbleiben wollen und können.
- Trainingseinheit 4: Der Erfolg beginnt im Kopf – bauen Sie mentale Stärke auf, damit Sie den Erfolg zu 101 Prozent wollen.
- Trainingseinheit 5: Nutzen Sie Affirmationen und den Placebo-Effekt, um mentale Stärke aufzubauen – eine grundsätzlich positive Einstellung hilft Ihnen, den angestrebten Verhandlungserfolg zu erreichen.
- Trainingseinheit 6: Verdeutlichen Sie sich, dass der Gegner böse und unfair sein kann.
- Trainingseinheit 7: Konzentrieren Sie sich auf Ihr Stärkenmanagement, bauen Sie Ihre Stärken aus und nutzen Sie die Schwächen der Gegenseite.
- Trainingseinheit 8: Entwickeln Sie konkrete Strategien, um Ihre Stärken zu stärken. Sie müssen zum Beispiel in der Lage sein, den Nutzen und den Mehrwert genau zu beziffern, der sich für den Kunden und Verhandlungspartner aus der Zusammenarbeit mit Ihnen ergibt.
- Trainingseinheit 9: Trainieren Sie den richtigen Umgang mit Stress.
- Trainingseinheit 10: Entwickeln Sie Härte gegen sich selbst, lernen Sie, mit Schmerzen zu leben und umzugehen.

Also: Mit welchen Trainingseinheiten starten Sie?

Fazit zur fünften Boxrunde

- Professionelle Verhandlungsführer akzeptieren es, dass schwierige Verhandlungen immer auch mit Stress und Druck zu tun haben.
- Sie entwickeln Optionen, mit denen sie in Stresssituationen den Druck und die Belastungen in konstruktive Bahnen lenken, um ihre Verhandlungsführung zu optimieren.
- Profi-Verhandlungsführer entwickeln Härte gegen sich selbst, um mit Schmerzen, also mit Rückschlägen und Niederlagen, besser umgehen zu können.

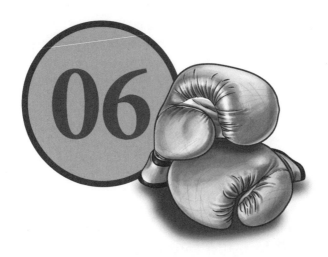

Verabschieden Sie sich von den größten Verhandlungsfehlern

> **Ring frei: Was Sie in dieser sechsten Boxrunde erfahren**
>
> - Wir zeigen Ihnen, was der »Rumble in the Jungle« und der große Fehler des Boxers George Foreman mit Ihren Verhandlungen zu tun haben.
> - Sie lernen die fünf größten und gröbsten Verhandlungsfehler kennen, die Ihren Erfolg in schwierigen Verhandlungen gefährden können – und Möglichkeiten, wie Sie nicht auf sie hereinfallen.

Wer geschlagen wird, kann trotzdem siegen

Über den Boxsport gibt es einige Irrtümer, die sich in Nicht-Fachkreisen hartnäckig halten. Dazu gehört die Überzeugung, es sei das primäre Ziel des Boxers, möglichst viele Wirkungstreffer beim Gegner zu landen. Oft genug aber besteht die Intention darin, selbst möglichst wenig Treffer einzustecken, den Gegner sich »müde boxen zu lassen«, um dann selbst offensiver anzugreifen. Und zuweilen kann es taktisch klug sein, Schläge einzustecken, um sich einen Vorteil zu verschaffen.

Da wir, die Autoren, auch selbst boxen, ist es zuweilen überraschend, von welch lieb gewonnenen Überzeugungen wir uns verabschieden müssen. Lassen Sie uns dazu eine kurze persönliche Geschichte erzählen, die zu dem Irrtum passt, man müsse immer selbst als schlagender Angreifer vorangehen.

Erst als wir selbst im Boxring standen, haben wir beim Boxtraining gelernt, dass man nicht nur schlagen muss, um den anderen unter Druck zu setzen – das geht auch aus der passiven Haltung heraus, also aus der Deckung heraus, indem Sie den Gegner mit dem Körper täuschen, sich bewegen und den Gegner damit verleiten, seinerseits die Deckung zu öffnen oder sich in die Ringecke drücken zu lassen. Dabei kann es allerdings vorkommen, dass Sie den einen oder anderen heftigen Schlag einstecken müssen. Pointiert ausgedrückt:

Auf den Punkt gebracht

Wer geschlagen wird, kann trotzdem siegen – und manchmal gerade deswegen.

Eine andere Möglichkeit besteht darin, auf den Gegner konsequent zuzugehen, um dessen Spielraum einzuengen – er kann dann zum Beispiel nur noch auf die Deckung schlagen, und dies wird ihn über kurz oder lang ermüden. Allerdings ist es für Sie auch wichtig, sich rechtzeitig aus der Umklammerung zu lösen, denn nur die wenigsten Boxer sind in der Lage, einem gegnerischen Trommelwirbel an Schlägen und Hieben allzu lange standzuhalten.

Anhand unserer Erfahrungen sollte aber deutlich geworden sein, dass es sich immer lohnt, Glaubenssätze und Überzeugungen zu hinterfragen und zu prüfen, ob Ihre Überzeugungen nicht auf einem Irrtum beruhen. Und das gilt auch für Sie als Verhandler!

Ein kleiner Exkurs in den Boxsport: Wenn ein Irrtum über den Weltmeistertitel entscheidet

»Rumble in the Jungle« – bei dem legendären Boxkampf zwischen Muhammad Ali und George Foreman im Jahr 1974 wurde wahrlich Boxgeschichte geschrieben. Und das nicht nur, weil der als unschlagbar geltende Foreman von dem »Großmaul« Ali besiegt und als Weltmeister entthront wurde – nein: Jedem, der den Kampf damals live verfolgt oder später in einer Aufzeichnung gesehen hat, ist wohl die demütigende Art und Weise im Gedächtnis haften geblieben, mit der Foreman von Ali niedergekämpft wurde.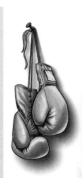
George Foreman hat den Kampf, der in Zaire, dem heutigen Kongo (darum »Rumble in the Jungle«), stattfand, so kommentiert: »Er trieb mich in eine schwere Depression, raubte mir mein Selbstwertgefühl, meine Würde, meinen Stolz. Ich habe oft geheult. Es war das schlimmste Erlebnis meines Lebens.« Wie kam es zu dieser Demütigung?

Wer sich den Kampf zwischen Ali und Foreman anschaut, glaubt zunächst, er sei im falschen Film: Der damals 32-jährige Liebling der Zuschauer drückt, ja verdrückt sich rücklings in die Seile, der Ex-Champion nutzt die Seile als »Auffangseile«, um die brutalen Schläge des Weltmeisters abzufedern und abzufangen. Er geht permanent in die Doppeldeckung, Foreman tobt sich aus, er schlägt und schlägt und schlägt, es sieht so aus, als würde Ali jeden Moment zu Boden gehen.

Dann aber plötzlich der Wechsel in den Angriffsmodus, Foreman hat sich müde geschlagen, Ali kontert nun und verspottet den Gegner: »Du schlägst wie eine Memme. Du hast nichts drauf«, soll er während des Fights gestichelt haben. Dann schmettert Ali dem entkräfteten Foreman die Rechte an den Kopf. Foreman strauchelt. »Ali, bomá ye!« – »Ali, töte ihn!«, rufen die 40 000 Zuschauer im Nationalstadion von Kinshasa.

> Dazu kommt es zum Glück nicht, aber mit seiner strategisch-taktischen Meisterleistung, sich anscheinend verprügeln zu lassen, überrascht Ali die Fachwelt – und den Gegner, der dem fatalen Irrtum aufsitzt, es gewinne derjenige, der von Anfang an auf Angriff spielt. George Foreman, sieben Jahre jünger als Ali und physisch überlegen, stürzt in der achten Runde auf die Ringmatte – und ist k. o.

Die fünf größten Fehler in schwierigen Verhandlungen – und wie Sie sie umgehen

Verhandlungsirrtümer gibt es wie Sand am Meer. Das zeigt Matthias Schranner in seinem Buch *Teure Fehler. Die 7 größten Irrtümer in schwierigen Verhandlungen*. Einige grobe Verhandlungsfehler sind im Bisherigen auch schon angeklungen, sollen aber jetzt in einer freilich subjektiven Auswahl vertieft werden, weil sie insbesondere in komplex-schwierigen Verhandlungssituationen das Scheitern des Gesprächs nach sich ziehen können.

Bevor Sie weiterlesen, bitten wir Sie, die Aussagen zu reflektieren und zu beantworten, die Sie in der Abbildung 8 finden.

Aussage	Ihre Meinung dazu
Verhandlungen sollten grundsätzlich auf der Vernunftebene ablaufen.	
Es ist richtig, in der Verhandlung auch auf das Bauchgefühl zu hören.	
Der Verhandlungspartner sitzt am längeren Hebel und ist der »König der Verhandlung«.	
Der Small Talk sollte fester Bestandteil der Verhandlungsführung sein.	
Die Beachtung kommunikativer Grundregeln führt dazu, die Verhandlung zu dominieren.	

Abbildung 8: »Gedanken zu Verhandlungsüberzeugungen«

Verhandlungsfehler Nr. 1: Verhandlungen werden immer mit Verstand und Vernunft ausgefochten

Neben dem geradezu schädlichen Irrtum, in einer Verhandlung müsse es stets zwei Sieger geben und eine Win-win-Situation zustande kommen, gehört der Irrglaube, die Intuition habe in einer Verhandlung nichts zu suchen, zu den folgenreichsten Irrtümern, und zwar in einem negativen Sinn. Die Beschränkung auf die rein rationalen Verhandlungsaspekte ist eine unzulässige und fahrlässige Verkürzung des Verhandlungsgeschehens.

Der Mensch ist halt keine rationale Entscheidungsmaschine. Die Hirnforschung belegt, dass Entscheidungen oft vom »Chef Unterbewusstsein« abhängen. Die Forscher sprechen in diesem Zusammenhang vom »impliziten Wissen«. Gemeint sind all jene Informationen, die das Gehirn zwar abspeichert, die jedoch nicht direkt mit dem Bewusstsein in Kontakt stehen und nicht direkt abrufbar sind. Jene Informationen und Daten landen in einem unbewussten Datenspeicher – dort sind Erfahrungen gesammelt und verdichtet, die in Entscheidungsprozesse eingreifen, ohne dass der Mensch sich dessen bewusst ist.

Sie halten dies für übertrieben? Dann nehmen Sie den Selbsttest vor: Warum lehnen wir es ab, für ein Parfüm im Ramschladen mehr als 20 Euro zu bezahlen – während wir für genau dasselbe Parfüm in der exklusiven Parfümerie das Fünffache hinblättern? Rational lässt sich das kaum erklären – der Homo oeconomicus würde die Parfümerie links liegen lassen und Stammkunde im Ramschladen werden. Dem ist jedoch nicht so, viele Firmen leben gut davon, dass wir uns nicht rational verhalten, sondern Gefühle und Emotionen im Einkaufsprozess Tatsachen sind. Und welche Gefühle und Emotionen bei einem Menschen Verhalten steuern, entscheidet sich im Oberstübchen.

Hans-Georg Häusel sagt klipp und klar: »Wenn man heute den Kern der Hirnforschung zusammenfasst, kann man es auf einen einfachen Satz reduzieren: Alles, was keine Emotionen auslöst, ist für unser Gehirn wertlos.« Vertrauen, Freude, Glück, Schmerz und Ärger: All dies spielt bei menschlichen Entscheidungsprozessen eine Rolle.

Auf den Punkt gebracht

Verabschieden Sie sich von dem Gedanken, Sie hätten es in Ihren Verhandlungsgesprächen immer mit rational entscheidenden Verhandlungspartnern zu tun. Die meisten Menschen treffen ihre Entscheidungen unbewusst und irrational. Dabei sind sie in höchstem Maße von ihren Gefühlen abhängig, auch von den Gefühlen, die sie dem Verhandlungspartner, dem Menschen gegenüber entgegenbringen. Aber Achtung: Das gilt ebenso für »die andere Seite« – also für Sie!

Die Abhängigkeit aller an der Verhandlung beteiligten Menschen macht die Verhandlungsführung natürlich nicht leichter. Selbst wenn Sie davon ausgehen, dass die Aussagen und Entscheidungen des Verhandlungspartners emotionsgelenkt und gefühlsabhängig sind: Sie wissen zumeist nicht, welche Gefühle und Emotionen dies bei dem jeweils konkreten Menschen sind, der Ihnen gegenübersitzt. Denn die Gefühle und Emotionen, die ihn beherrschen könnten, sind von einer nahezu unendlichen Variantenbreite.

In letzter Konsequenz benötigen Sie für verschiedene Verhandlungstypen verschiedene Gesprächsleitfäden. Doch wenn die Anzahl der Typen ins Unermessliche steigt, ist dies ein mühseliges Geschäft. Die Hirnforscher stellen eklatante Verhaltensunterschiede in unseren Oberstübchen fest, hinzu kommen geschlechts- und altersspezifische Differenzierungen. Und weil jeder Mensch viele Altersstufen durchläuft, wird aus dem jugendlichen Abenteurer dereinst der sicherheitsverliebte Rentner – ohne dass es eine genau zu definierende Grenze gäbe. Darum können die Gesprächsleitfäden nicht mehr sein als Geländer, die Ihnen vielleicht ein wenig Halt und Sicherheit geben.

Darum halten wir nicht allzu viel davon, bei der Verhandlungsführung jeden Schritt im Voraus und im Detail berechnen zu wollen. Das funktioniert meistens nicht und endet regelmäßig im Verhandlungsdesaster. Wir empfehlen lieber:

Auf den Punkt gebracht

Flexibilität geht vor Planung. Sie sollten fähig sein, auf die Situation und in der Situation intuitiv zu reagieren. Versuchen Sie zudem, die emotionale Gestimmtheit des Verhandlungspartners einzuschätzen und in der Verhandlung flexibel darauf zu reagieren. Rechnen Sie mit Emotionen – widerstehen Sie jedoch der Versuchung, sie vorab berechnen zu wollen.

Nach all dem Gesagten bleibt eigentlich nur eine Schlussfolgerung: Verhandeln ist eine Sache der Intuition und des Bauchgefühls. Wie sieht es damit aus?

Verhandlungsfehler Nr. 2: Intuition und Bauchgefühl als alleinige Ratgeber

Verfallen Sie jetzt bitte nicht in das gegenteilige Extrem, indem Sie Ihre Intuition und das Bauchgefühl zum alleinigen Ratgeber in der Verhandlung erheben. Es gibt kein Entweder-oder, sondern stets ein Sowohl-als-auch.

Auch an dieser Stelle bestätigt sich wieder einmal: Verhandeln ist wie Boxen. Während Sie sich in der Verhandlung alle Optionen offen halten und sowohl die rationalen als auch die emotionalen Aspekte des Verhandlungsgeschehens berücksichtigen sollten, ist es beim Boxen klug, die Ringmitte zu beherrschen. Allerdings – Muhammad Ali hat beim »Rumble in the Jungle« mit George Foreman die Ringseile als strategisch-taktische Unterstützung genutzt: Es gibt halt immer Ausnahmen. In aller Regel jedoch versucht der geschulte Boxer, die Ringmitte zu beherrschen und die goldene Mitte zu besetzen.

Für Ihre Verhandlungen gilt: Ihr fester Standort in der Ringmitte eröffnet Ihnen alle Sowohl-als-auch-Möglichkeiten, um in alle Richtungen zu agieren. Wer die Ringmitte im Griff hat, verfügt über die beste Ausgangsposition, weil er nach allen Seiten offen ist.

Auf den Punkt gebracht

Verstand und Leidenschaft, Vernunft und Gefühl, Ratio und Emotio, intellektueller Sachverstand und Bauchgefühl – beides spielt eine Rolle und sollte bei Ihrer Verhandlungsführung in einer harmonischen Balance zueinander stehen.

Sicherlich: Die rationale Analyse reicht in einer immer komplexeren und vernetzten Umwelt nicht mehr aus, um effektiv verhandeln und entscheiden zu können. Die Vielzahl der Informationen und Fakten hemmt uns, sie führt dazu, dass wir selbst dringende Entscheidungen immer wieder hinauszögern. Vor lauter Wissen büßen wir an Entscheidungskompetenz ein. Hier hilft das Bauchgefühl weiter: Intuition reduziert die Komplexität von Problemstellungen, indem sie uns das dahinter stehende Muster erspüren lässt. Darum der Tipp:

Auf den Punkt gebracht

Selbst wenn Sie in einer äußerst wichtigen Verhandlung sitzen – hören Sie nicht nur, aber auch auf Ihr Bauchgefühl: Sobald sich zum Beispiel ein Besorgnis erregendes Körpersignal meldet, etwa das Kribbeln in der Magengegend, das Kratzen im Hals, dürfen Sie sich nicht scheuen, die Besprechung zu verlassen, indem Sie etwa um eine Unterbrechung bitten.

Der Hintergrund: Sie wollen in Ruhe »im stillen Kämmerlein« darüber nachdenken, woher das warnende Körpersignal stammt: Kann es sein, dass »irgendetwas nicht stimmt« und Sie der Verhandlungspartner über den Tisch ziehen will?

Versuchen Sie mithin, Ihrem Bauchgefühl auf die Spur zu kommen – nutzen Sie Ihre *Emotio* und Ihre *Ratio*!

Mit anderen Worten: Vermeiden Sie jedes eindimensionale Vorgehen. Wenn Sie allein dem Rationalitätsprinzip verhaftet bleiben, wird es Ihnen wohl schwerfallen, Ihre innere Stimme zu hören. Sie sollten sich darum zunächst einmal mit der Frage beschäftigen, ob Sie akzeptieren können, dass Ihr Unterbewusstsein als Entscheidungsträger und Problemlöser fungieren kann und darf. Wer sich dagegen sperrt, wird von der Intuition im Stich gelassen. Andererseits: Auch unser Bauchgefühl kann uns täuschen. Darum ist es richtig und wichtig, in der Verhandlung nicht auf die verstandesmäßigen Wahrnehmungs- und Entscheidungsantennen zu verzichten und die Analyse, welche Ziele und Absichten der Verhandlungspartner verfolgt, nicht außen vor zu lassen.

Und darum ist es richtig, mit Typologien zu arbeiten und das Verhalten von Verhandlungspartnern einzuschätzen. Aber bitte: Übertreiben Sie es nicht! Beurteilungen auf der Grundlage einer Typologie verfestigen sich zu Etiketten; es entstehen »Schubladen«, in die man Menschen einsortiert. Wer eine Typologie nutzt, darf sich nie auf dieses Raster allein verlassen.

Auf den Punkt gebracht

Eine Beurteilung mithilfe einer Typologie sollte immer nur der Startschuss für ein Gespräch sein, in dem Sie den anderen Menschen näher kennenlernen.

Wichtig ist, sich auf die individuelle Welt und Sichtweise des Verhandlungspartners einzulassen, mit dem Sie gerade sprechen. Dazu sind empathische Fähigkeiten notwendig – wie das Einfühlen in die Vorstellungswelt des Gesprächspartners, wie Zuhörkompetenz, Beziehungskompetenz und Kommunikationskompetenz.

Verhandlungsfehler Nr. 3: Die eigene Macht überschätzen oder unterschätzen

Vor allem in Verhandlungsgesprächen herrscht bei vielen Verkäufern und Verhandlern die Meinung vor, der Kunde sei König und der »Chef im Ring«. Unsere Position dazu klang schon an: Der Kunde ist nicht König, sondern gleichberechtigter Partner, mit dem Sie auf Augenhöhe kommunizieren. Und darum ist auch die gegenteilige Ansicht, Sie seien derjenige, der die Macht hat, unangemessen. Selbst wenn dies so wäre, wäre es äußerst unklug, diese Karte auszuspielen. Denn wenn Sie es Ihren Verhandlungspartner spüren lassen, dass Sie der Dominator im Verhandlungsring sind, gilt der Spruch: »Wir sehen uns immer zweimal im (Verhandlungs-)Leben!« Bei nächster Gelegenheit wird es Ihnen der Gesprächspartner heim- und zurückzahlen, dass Sie ihn Ihre Macht haben spüren lassen und ihn als kleine Maus gedemütigt und sich selbst als hungriger Kater aufgeführt haben.

Auf den Punkt gebracht

Überschätzen Sie nicht Ihre eigene Macht, unterschätzen Sie sie aber auch nicht. Sie sollten zwar bereit und darauf vorbereitet sein, die Machtprobe zu bestehen – aber nur, wenn der Verhandlungspartner Sie in diese Machtprobe hineintreibt. Sie sollten sie jedoch nicht von sich aus anstoßen.

Vielleicht ist es sogar klug, die Machtfrage vollkommen außen vor zu lassen. Denn selten verfügen Sie über alle möglichen Informationen, um diese Frage eindeutig beantworten zu können: Wer befindet sich in der besseren und unabhängigeren Situation?

Wofür Sie allerdings sorgen können: Sie verfügen in jeder Verhandlungssituation und Verhandlungsphase über mehrere Optionen. Bewahren Sie sich Ihre Unabhängigkeit – dann halten Sie alle Trumpfkarten in der Hand, ganz gleich, ob der Verhandlungspartner nun gleichfalls über Alternativen verfügt oder nicht.

Was Sie auf jeden Fall vermeiden müssen, sind Verhandlungssituationen wie die folgende: Ein Kunde reduziert die Preise aufgrund der Marktpreisentwicklung um 10 Prozent und droht den sofortigen Abbruch der Zusammenarbeit an, wenn Sie die Preisreduzierung nicht akzeptieren. Ihnen steht kein gleichwertiger Abnehmer zur Verfügung, Sie haben mithin keine Möglichkeit, kurzfristig umzusteigen.

Solche Verhandlungssituationen vermeiden Sie, indem Sie:

- akzeptieren, dass Sie nicht wissen können, in welcher Verhandlungsposition Sie sich im Vergleich zum Verhandlungspartner befinden, und darum
- in jede Verhandlung mit der Annahme gehen, dass Sie nichts oder zumindest nie genug über die wahren Machtverhältnisse wissen, sich aber durch einen Strauß an Optionen möglichst unabhängig machen können;
- das Motto »Wissen ist Macht« beherzigen: Indem Sie so viele Informationen wie möglich über den Verhandlungsgegenstand und die Gegenpartei sammeln, erhöhen Sie Ihren Unabhängigkeitsfaktor;
- sich klarmachen: So wenig wie Sie über die Alternativen der Gegenseite wissen, so wenig weiß die Gegenseite über Ihre Alternativen; tun Sie einfach so, als befänden Sie sich mit der Gegenseite auf Augenhöhe;
- die eigene Ausgangssituation nie überschätzen oder unterschätzen und
- austesten, wie weit die Gegenseite mit ihrem aggressiven Verhalten zu gehen bereit ist, um gegebenenfalls aus der Verhandlung auszusteigen.

Verhandlungsfehler Nr. 4: Mit dem Small Talk sorgen Sie immer und überall für ein gutes Verhandlungsklima

In so gut wie jedem Leitfaden zur Verhandlungsführung wird darauf hingewiesen, wie mit dem Small Talk das Eis gebrochen oder gar das Vertrauen zum Verhandlungspartner aufgebaut werden kann, insbesondere, wenn es sich um einen Kunden und ein Verhandlungsgespräch handelt. Es gibt aber gewichtige Gründe, warum Sie sich genau überlegen sollten, ob die »unbedeutend-kleine Unterhaltung« tatsächlich sinnvoll ist.

Gefahr Nr. 1: Phrasen killen das Gespräch

»Ist das ein schlechtes Wetter. Es regnet ja Bindfäden, die Straßenschilder waren kaum zu erkennen, und so hätte ich mich beinahe verfahren!« Was gibt es an dieser unverfänglichen Wetter-Konversation zu beanstanden, mit der Sie das Gespräch mit dem Verhandlungspartner einleiten?

Wahrscheinlich ist es nicht das erste Verhandlungsgespräch, das Ihr Gesprächspartner führt. Und wie es beim privaten Small Talk Menschen gibt, die das ewige »Wie geht es dir?« nervt, denken viele beim Wetter-Talk: »Nein, nicht schon wieder, fällt dem denn gar nichts Neues ein?«

Selbst Befürworter des Small Talks empfehlen, bestimmte Themen zu vermeiden und unverfänglich zu talken. Das Problem: Sie sind dann vor allem auf Killerphrasen angewiesen, die Ihren Gesprächspartner langweilen und die Gesprächsatmosphäre eintrüben.

Auf den Punkt gebracht

Die Philosophie des Small Talks beruht darauf, dass wir häufig gar keine ehrliche Antwort erwarten – klassisches Beispiel ist die »Wie geht's?«-Frage. »Gestern ist meine Mutter gestorben, und mein Mann hat mich verlassen.« Das werden Sie nie zu hören bekommen. Haben Sie schon einmal ernsthaft auf die »Wie geht's?«-Frage geantwortet?

Gefahr Nr. 2: Das peinliche Fettnäpfchen droht

Vorsicht ist vor allem bei Verhandlungspartnern angesagt, die Sie noch nicht so gut kennen. »Wie geht es denn Ihrer Frau?« – diese Frage kann zu einer peinlichen Situation führen, wenn der Gesprächspartner gerade in Scheidung lebt. Wichtig ist, sich in seinen Äußerungen, die nicht unmittelbar mit dem Verhandlungsgegenstand zu tun haben, jeglicher Wertung und Stellungnahme zu enthalten.

Gefahr Nr. 3: Der Verhandlungspartner fühlt sich dominiert

Vermeiden Sie es, beim Small Talk ein Thema zu wählen, das Sie und Ihre Sicht der Dinge in den Mittelpunkt stellt. Die meisten Menschen reden am liebsten von und über sich selbst. So zwingen Sie den Gesprächspartner in die passive Position des Zuhörers. Wenn der Small Talk zu stark ich-orientiert ausgerichtet ist und Sie unfähig sind, den Sie-Standpunkt einzunehmen, fühlt sich der Verhandlungspartner von Ihnen dominiert. Er interpretiert Ihren gut gemeinten Talk als Instrument, ihm ein Gesprächsthema aufzudrängen. »Der lässt mich ja gar nicht zu Wort kommen«, so die Reaktion.

Small-Talk-Fürsprecher raten daher, die Unterhaltung strikt aus der Sie-Perspektive aufzubauen und den Gesprächspartner etwa nach seiner beruflichen Tätigkeit oder nach seinem Hobby zu fragen. Abgesehen davon, dass viele Verhandlungspartner wahrscheinlich der Meinung sind, es habe Sie nicht zu interessieren, was sie in ihrer Freizeit treiben, führt selbst der Sie-Standpunkt zu Irritationen: Der Verhandlungspartner hat das Gefühl, Sie wollten die Gesprächsführung an sich reißen, indem Sie die Themen des Small Talks vorgeben. Er kann nur reagieren, nicht agieren.

Gefahr Nr. 4: Der Verhandlungspartner fühlt sich manipuliert

Und das ist der Small-Talk-GAU, der schlimmste aller Fälle: Der Gesprächspartner weiß natürlich, dass Sie etwas von ihm wollen und ein bestimmtes Verhandlungsziel verfolgen. Und darum kommt es immer wieder vor, dass ein Verhandlungspartner den unverbindlich-belanglosen Talk als Manipulationsversuch missversteht: »Er will mich ein wenig einlullen, damit ich nachher bei der Verhandlung wohlwollender reagiere.«

Auf den Punkt gebracht

Es ist paradox: Gerade der auf den Beziehungsaufbau abzielende Small Talk leitet den Anfang vom Ende einer vertrauensvollen Beziehung ein.

Die Verhandlungspartner im Profilierungswettbewerb

Die beschriebenen Gefahren verdeutlichen die »dunklen Seiten« des Small Talks. Aber dient diese Gesprächsform nicht einfach dazu, mit einem »Schwätzchen« das Eis zu brechen und sich besser kennenzulernen?

Sicherlich. Trotzdem sollten Sie sich fragen, ob die unbehagliche Atmosphäre zu Beginn einer schwierigen Verhandlung nicht auch damit zu tun hat, dass der Gesprächspartner Ihren Small Talk als Versuch interpretiert, das Gespräch zu dominieren – und damit ihn.

Der psychologische Hintergrund: Der Verhandlungspartner und Sie befinden sich in einem Profilierungswettbewerb. Als emotionale Wesen streben wir in der Begegnung mit anderen Menschen nach Sicherheit bezüglich unseres Status im Verhältnis zum Gegenüber. Dieser Status wird mithilfe bestimmter Rituale festgelegt. Zweck dieses »Wettbewerbs« ist es, das eigene Profil zu demonstrieren und es mit dem des anderen abzugleichen, um schließlich den eigenen Stellenwert in der Beziehung festzustellen und festzulegen.

Zu Beginn einer Verhandlung wird zumeist auf einer unbewussten Ebene geklärt, wie sich die Verhandlungspartner zueinander verhalten. Und dann besteht die Gefahr, dass der

Small Talk von Ihrem Gegenüber als Versuch erlebt wird, das Gespräch zu dominieren. Oft erhebt der Gesprächspartner dann Einwände – meistens handelt es sich um Vorwände –, um sich Ihnen gegenüber zu profilieren und Ihr vorgebliches Dominanzstreben zu durchbrechen.

Den Typus des Verhandlungspartners beachten

Was also tun? Sollen Sie nun sofort ins Verhandlungsgespräch einsteigen und sich jeglichen Small Talks enthalten? Leider gibt es keine eindeutige Antwort – dies allein deswegen, weil es darauf ankommt, mit welchem Typus Sie es zu tun haben.

Auf den Punkt gebracht

Beim dominant-willensstarken Verhandlungspartner, der gerne die Gesprächsfäden in der Hand behält, ist der Small Talk wahrscheinlich ein sicheres Mittel, um ihn zu vergraulen – während er beim beziehungsorientierten Gesprächspartner gut ankommen mag.

Unsere Empfehlungen lauten daher:

- Geben Sie zu verstehen, dass Sie den Verhandlungspartner als gleichberechtigten Partner ansehen, den Sie wertschätzen.
- Stellen Sie in der Eröffnungsphase der Verhandlung prinzipiell selbstorientierte offene Fragen und arbeiten Sie nicht mit Aussagesätzen, bei denen immer das Risiko besteht, die eigene Person allzu sehr in den Vordergrund zu rücken.
- Gehen Sie eher neutral und sachlich vor, lassen Sie den Gesprächspartner reden und hören Sie aufmerksam zu.
- Mit neutralen und selbstorientierten Fragen können Sie im Laufe des Gesprächs den Gemeinsamkeiten auf die Spur kommen, die zwischen dem Verhandlungspartner und Ihnen existieren. Im Fokus steht Ihr Versuch, etwas über die Vorlieben, Wünsche und die Vorstellungswelt des Gegenübers zu erfahren.

Verhandlungsfehler Nr. 5: In der Verkaufsverhandlung ist es wichtig, kommunikative Grundregeln zu beachten

In Verkaufsverhandlungen sind die beschriebenen Fehler besonders folgenreich. Und gerade in Verkaufsverhandlungen gibt es viele weitere fatale Irrtümer. Dazu zählt zum Beispiel die Überzeugung, dass derjenige in der Verhandlung den Konkurrenten aus dem Feld schlägt, der den größten Nutzen bietet.

In der Verkaufsverhandlung geht es nicht nur um Nutzen

Es ist nicht immer so, dass der Verhandlungspartner mit dem Unternehmen kooperiert, das ihm den größten Nutzen erweist und über die beste Nutzenargumentation verfügt oder das Produkt im Portfolio hat, welches »wirklich unschlagbaren Nutzen« bietet.

Der Hintergrund: Wir leben in einer Substitutionsgesellschaft, in der sich so gut wie alles ersetzen lässt, und in der die Produkte die Aura ihrer Einmaligkeit verloren haben und gegen andere Produkte ausgetauscht werden können. Und dasselbe gilt für Dienstleistungen: Hochwertige Produkte und Dienstleistungen büßen ihr Charisma und ihren Charme ein, wenn es sie »an jeder Ecke« – im Internet – zu kaufen gibt.

Die vielleicht einzige authentische Einmaligkeit liegt in der Beziehung zwischen zwei Menschen vor – also in der Beziehung zwischen den Verhandlungspartnern.

Auf den Punkt gebracht

Nicht primär Ihre Nutzenversprechen, sondern die Beziehung zwischen den Verhandlungspartnern entscheidet über Ihren Verhandlungserfolg. Zwar sollten Sie dem Gesprächspartner weiterhin den Nutzen der Zusammenarbeit mit Ihnen darstellen; setzen Sie aber auch und vor allem auf die authentische Einmaligkeit der Beziehung zwischen ihm und Ihnen.

Die Vorteile des vagen Konjunktivs

Sind Sie auch mit dem Verkäufer-Glaubenssatz sozialisiert worden, der Konjunktiv habe in der Verkaufsverhandlung nichts zu suchen? Wir haben bereits betont, dass unserer Meinung nach trotz aller Verhandlungsstärke Sprache nie drohend auf den Gesprächspartner wirken darf. Und mit dem Konjunktiv eröffnen Sie Möglichkeiten – die Möglichkeitsform verweist ja eben darauf, dass es Entscheidungsvarianten gibt, und zwar für Ihren Gesprächspartner und für Sie.

Konkret: Spricht ein Kunde gleich zu Beginn der Verhandlung einen deutlichen Nachlass an, dann lautet Ihre Antwort weder »ja« noch »nein«, sondern »schwierig« oder »interessant«. Sie weichen also aus, bleiben vage und vermeiden es, sich vorschnell festzulegen und die Verhandlungsfronten unnötig zu verhärten. So gelingt es Ihnen, sich durch den »vagen Konjunktiv« alle oder zumindest mehrere Verhandlungsoptionen offen zu halten.

Das heißt: Sie lehnen den Rabatt nicht ab und können die Preisschlacht zu einem späteren Zeitpunkt eröffnen – nämlich zu einem Zeitpunkt, zu dem Sie Ihrem Verhandlungspartner Ihre stichhaltigen Argumente vorgetragen haben und dieser von selbst überlegt, dass angesichts dieser tollen Nutzenaspekte eine so hohe Rabattforderung eigentlich nicht erfüllt werden kann. Natürlich wird er es trotzdem versuchen – aber Sie verfügen jetzt über eine deutlich bessere Ausgangslage als zu Beginn der Verhandlung.

Auf den Punkt gebracht

Mithilfe des Konjunktivs haben Sie einen frühen Knock-out vermieden, Sie sind noch nicht einmal angeschlagen – sondern können Ihre ganze (argumentative) Schlagkraft dann einsetzen, wenn es am effektivsten ist.

Vom Nutzen der geschlossenen Frage

Die offene Frage gilt als Schlüssel, mit dem sich Verhandler speziell in der Verkaufsverhandlung den Weg zu den Kaufmotiven des Kunden öffnen. Die geschlossene Frage hingegen hat den Ruf eines Beziehungskillers. Landläufige Meinung ist: Sie gestattet nur eine kurze Antwort – wie »Ja« oder »Nein« –, durch die der Verhandler nichts Neues erfährt. Der Informationswert ist gering, schlimmstenfalls glaubt der Kunde vielleicht, man wolle ihn verhören.

Aber die geschlossene Frage genießt durchaus eine Daseinsberechtigung – etwa dann, wenn Sie sie als Informationsfrage einsetzen: »Besteht Ihr Problem darin, dass …?« Es folgt eine Zusammenfassung der Problemstellung, die Sie in Bezug auf die Situation des Verhandlungspartners analysiert haben. Dessen Replik zeigt an, ob Sie auf dem richtigen Weg zu seinem Bedarf sind. Ist das nicht der Fall, steigen Sie mit offenen Fragen nochmals in den Dialog ein, um schließlich wiederum ein Fazit zu ziehen und eine geschlossene Frage zu stellen.

Auf den Punkt gebracht

Auch wenn Sie eine Entscheidung herbeiführen wollen, sind geschlossene Fragen das richtige Instrument. Überdies sollten Sie sie als Rückkopplungsfragen nutzen. Entsprechende Formulierungen lauten »Ist das so in Ordnung für Sie?« oder »Passt Ihnen das so?«.

Ihr Vorteil: Sie bringen den Gesprächspartner dazu, seine Aussage noch einmal zu überdenken. Er gibt Ihnen eine konkrete Rückkopplung zu Ihrer Aussage. Stimmt er Ihnen zu, dann geht es weiter mit dem Verkaufsgespräch. Sagt er »Nein«, sollten Sie den Punkt näher beleuchten.

Schweigen ist manchmal Gold

Gerade in schwierigen Verhandlungsgesprächen ist es notwendig, eingefahrene kommunikative Wege zu verlassen und ungewohnte Seitenpfade zu beschreiten. Dazu zählt der Gebrauch der geschlossenen Frage – und der Hinweis: Zuweilen ist Schweigen Trumpf.

Sicherlich: Muhammad Ali war berühmt-berüchtigt dafür, während des Kampfes pausenlos auf seine Gegner einzureden – woher auch immer er die Luft dafür genommen haben mag. Und wir kennen die verbalen Psycho-Scharmützel, die bei jedem Boxfight zur guten Tradition gehören. Hier sollten Sie sich ausnahmsweise kein Beispiel am Boxsport nehmen: Verabschieden Sie sich vom Zwang zur ewigen ununterbrochenen Fragerei, scheuen Sie sich nicht, einfach einmal nichts zu sagen und zu schweigen.

Ein arabisches Sprichwort besagt: »Wenn du redest, muss deine Rede besser sein, als dein Schweigen gewesen wäre.« Im Verhandlungs- und Verkaufsgespräch Stille auszuhalten – das fällt den meisten schwer. Das Gespräch verstummt – das gilt vielen als Zeichen der Inkompetenz. Darum starten Verhandler und Verkäufer lieber eine neue Wortkaskade, als die Gesprächspause zu ertragen.

Jedoch: Die Redepause und der Moment des Schweigens gibt Ihnen Gelegenheit, Ihre Gedanken zu ordnen, das Gespräch zu analysieren und die Argumente des Verhandlungspartners zu überdenken. Sie verschnaufen innerlich und können sich fragen, in welche Richtung Sie das Gespräch nun entwickeln möchten. Also: Selbstbewusste Verhandler halten das Schweigen aus.

Nutzen Sie die Pause nach der sechsten Boxrunde zur Selbstreflexion

- Erinnern Sie sich noch an die Checkliste zu den Verhandlungsüberzeugungen und Ihre Gedanken und Ansichten dazu? Wie stehen Sie jetzt, nach der Lektüre dieses Kapitels, zu den Aussagen dort?
- Gehen Sie die Verhandlungsfehler noch einmal in Ruhe durch: Welche der Verhandlungsfehler haben Sie bei sich selbst schon einmal beobachtet? Wie haben Sie in diesen Situationen reagiert?
- Aufgrund der Kenntnis der Verhandlungsfehler und der hier vorgeschlagenen Lösungsmöglichkeiten: Wie werden Sie in diesen Situationen beim nächsten Mal vorgehen? Welche Einstellungs-und Verhaltensveränderungen werden Sie vornehmen?
- Was können und wollen Sie tun, damit Sie diesen Verhandlungsfehlern zukünftig nicht mehr aufsitzen?
- Wie gelangen Sie zu einer Ausgewogenheit zwischen rationalen und emotionalen Elementen in Ihren zukünftigen Verhandlungen?
- Wie setzen Sie in Zukunft den Small Talk ein?
- Wie gelingt es Ihnen, das Schweigen in der Verhandlung auszuhalten und zu nutzen?

Fazit zur sechsten Boxrunde

- In Verhandlungsgesprächen geht es nie rein rational zu – und nie rein emotional.
- Verstand und Leidenschaft, Vernunft und Gefühl, Ratio und Emotio, intellektueller Sachverstand und Bauchgefühl – all dies steht bei der Verhandlungsführung professioneller Verhandler in einer harmonischen Balance zueinander.
- Der Small Talk bietet Vorteile, aber zuweilen wirkt er auch kontraproduktiv.
- Verlassen Sie in schwierigen Verkaufsverhandlungen die kommunikativen Erfolgswege und beschreiten Sie Neuland.

Hart verhandeln: Sie werden nicht bezahlt, um »nette Gespräche« zu führen

Ring frei: Was Sie in dieser siebten Boxrunde erfahren

- Sie erhalten Tipps, wie Sie sich in jeder Phase der Verhandlung eine optimale Ausgangsposition verschaffen, hart verhandeln und den eigenen Knock-out verhindern.
- Sie lesen, wie Sie die folgenden Phasen souverän bestehen, selbst wenn Sie unter erheblichem Druck verhandeln müssen: Begrüßung und Gesprächseröffnung – Argumentations- bzw. Fragumentationsphase mit Einwandbehandlung – Gesprächsabschluss mit verbindlicher Vereinbarung.
- Sie erfahren, dass es für Ihren Verhandlungserfolg weniger wichtig ist, Ihre Argumente vorzutragen, sondern in die Fragumentation einzusteigen. Denn mit der Fragumentation gelingt es, den Abwehrpanzer des Verhandlungspartners zu durchbrechen und das Verhandlungsgespräch in Gang zu halten.

- Das wichtigste Ziel in jeder Phase der Verhandlung besteht darin, das Gespräch nicht abreißen zu lassen. Solange dies gelingt, besteht die Möglichkeit, dass Sie Ihre Verhandlungsziele erreichen – und die Verhandlung gewinnen können.

Setzen Sie Ihre im Trainingslager erworbenen Fähigkeiten ein

Jetzt geht es los! Sie haben das Trainingslager durchlaufen und abgeschlossen und sind top vorbereitet. Die »Sieger-Attitüde« und das harte Verhandeln sind Ihnen nicht (mehr) fremd, Sie tragen diese Haltung zumindest als weitere Option in Ihrem Verhandlungsköcher. Jetzt geht es ab ins Gespräch. Absolute Konzentration ist angesagt. Rufen Sie sich die entscheidenden Merkmale der Situation vor das geistige Auge, die Sie gleich zu bestehen haben.

Die wichtigsten Merkmale der harten Verhandlungssituation

In Anlehnung an Manfred R. A. Rüdenauer (1994, S. 42 ff.) und das bisher Gesagte können wir die wesentlichen Merkmale einer schwierigen Verhandlungssituation – wobei wir das Verkaufsgespräch als »spezielles Verhandlungsgespräch unter erschwerten Bedingungen« verstehen – so beschreiben:
1. Es gibt mindestens zwei verhandlungsbereite Partner und ein gemeinsames Verhandlungsobjekt.
2. Die Partner erwarten sich Nutzen von der Verhandlung, wobei der Nutzen sich im Laufe der Verhandlung auch verschieben und verändern kann: Während ein Verhandlungspartner zunächst eine Preisreduzierung als Verhandlungsziel definiert hat, lässt er sich im Verlauf der Verhandlung von dem Qualitätsaspekt überzeugen. »Bestmögliche Qualität« lautet nun der Hauptnutzen.
3. Zugeständnisse kommen zwar nicht immer einer Niederlage gleich, werden aber dennoch unter der Überschrift

»negativer Nutzen« verbucht; die Beteiligten wollen dies wo immer möglich vermeiden.
4. Beide Partner wollen die Verhandlungen gewinnen, also ihre Ziele so weit wie möglich umsetzen. Dabei ist es nicht das primäre Ziel, den Partner zu schonen. »Verhandeln und verkaufen ist wie Boxen«: Der Sieg muss jedoch nicht im Knock-out des Gegners bestehen, es kann sich auch um einen Punktsieg handeln, bei dem der eine Partner die Mehrzahl seiner Ziele durchboxt.
5. Dabei darf die Verhandlung als »hart« bezeichnet werden – wobei es sich natürlich um eine subjektive Einschätzung handelt. Darum wollen wir vorsichtig eine Verhandlung dann als »hart« bezeichnen, wenn Sie größere Probleme haben und Handicaps umschiffen müssen, um Ihre Ziele auch nur annäherungsweise zu erreichen.
6. Es liegt ein Dilemma des Vertrauens vor: Die Verhandlungspartner wollen vielleicht vertrauen, dürfen dies aber im Prinzip nicht. Denn beide wissen letztendlich nicht, was sie dem anderen glauben dürfen. Eine zu große Vertrauensseligkeit würde den Verhandlungserfolg gefährden, ein zu großes Misstrauen Verhandlungsoptionen zerstören. Die Frage ist: Wie soll es gelingen, in die Vorstellungswelt des Verhandlungspartners einzutauchen, ihn zu verstehen und seine Beweggründe und Argumente nachzuvollziehen (natürlich um sie umso nachhaltiger zu widerlegen), wenn Sie grundsätzlich misstrauen? Ein wenig Vertrauen muss sein – aber: Wie genau sieht die richtige Balance zwischen Vertrauen und Misstrauen aus?
7. Es gibt ein Dilemma der Ehrlichkeit. Wenn Sie dem Verhandlungspartner alles mitteilen, was Sie denken, wissen und fühlen, könnte dies von ihm ausgenutzt werden. Pointiert ausgedrückt: Wer immer ganz offen ist, läuft Gefahr, nicht ganz dicht zu sein. Anderseits: Wenn Sie alles verschweigen, ist eine Annäherung unmöglich. Und der Verhandlungspartner stellt natürlich ähnliche Überlegungen an.

8. In der konkreten Verhandlung kann sich alles jederzeit ändern: Die Beteiligten ändern ihre Meinung, sie ziehen sich auf alte Positionen zurück oder beziehen neue, sie nehmen Zugeständnisse zurück – und das kann immer rationale und/oder emotionale Gründe haben, weil in jeder Verhandlung ein buntes Gemisch zwischen rationalen und emotionalen Aspekten eine Rolle spielt.
9. Beide Verhandlungspartner werden durch ihre Verhandlungserfahrungen beeinflusst. Ein Verhandler, der schon des Öfteren mit unfairen Partnern zu tun hatte, wird eine andere Verhandlungsposition einnehmen als ein Verhandler, der die Erfahrung gemacht hat, dass es fast immer offen und ehrlich zugeht. Und diese Erfahrungen des Verhandlungspartners kennen wir in der Regel nicht.

Reflektieren Sie die Ausgangsbedingungen

»Uff«, werden Sie jetzt vielleicht sagen, »dass die Welt des Verhandelns so kunterbunt wie ein Kaleidoskop ist, damit hatte ich nun doch nicht gerechnet. Gibt es denn überhaupt die Möglichkeit, allgemein verbindliche Grundsätze für das Vorgehen zu formulieren?«

Es gibt sie, diese Grundsätze. Vor allem sollten Sie die oben genannten Punkte reflektieren und sich insbesondere zu dem Vertrauens-Dilemma und dem Ehrlichkeits-Dilemma Ihre Gedanken machen: Wo ist Ihre Position?

Bitte bedenken Sie: Angesichts der komplexen Ausgangssituation einer jeden Verhandlung liegt es auf der Hand, dass es – auch in diesem Buch – keine Patentrezepte gibt, aber immerhin doch praktische Empfehlungen.

Auf den Punkt gebracht

Und darum empfehlen wir Ihnen, das Banner der Flexibilität hoch zu halten, um auf der Basis Ihrer prinzipiellen Überzeugungen flexibel auf den Verhandlungspartner, die Verhandlungssituation und die konkrete Entwicklung der Verhandlung zu reagieren. Betrachten Sie das Folgende als erfahrungsgesättigte Hinweise, die Sie stets auf die individuellen Erfordernisse Ihrer anstehenden Verhandlung anpassen müssen.

Strahlen Sie bei Begrüßung und Gesprächseröffnung Sicherheit aus

Es gibt Kollegen, die mit gutem Grund empfehlen, bei der Begrüßung und in der Eröffnungsphase den ungünstigen Gesprächsaufhänger »Ich will am besten gleich zur Sache kommen« zu vermeiden. Andere wiederum huldigen gerade diesem Einstiegssatz, weil er belegt, dass man den Gesprächspartner keinesfalls langweilen oder sein kostbares Gut »Zeit« vergeuden wolle. So viel zum Thema »Erfolgsformeln« – die es selten gibt.

Auf den Punkt gebracht

Bezogen auf unser Thema, also die schwierige Verhandlung, die Sie gewinnen wollen, ist es ratsam, auf der Grundlage von Respekt und Anerkennung der anderen Position von Anfang an selbstsicher und selbstbestimmt aufzutreten und die Ringmitte zu besetzen. Wie gesagt: Von der Mitte des Boxrings aus verfügen Sie über alle Optionen.

Mit sicherer Stimme Selbstsicherheit und Überzeugungskraft transportieren

Angemessene Kleidung, ein festes und selbstbestimmtes Auftreten, ein kräftiger Händedruck, der Ihre feste Position symbolisiert – das sind Aspekte, mit denen Sie Pluspunkte sammeln können. Falls die Verhandlung in Ihren Räumlichkeiten stattfindet, ist es eine selbstverständliche Handlung, dass Sie den Verhandlungspartner an den Verhandlungstisch oder Verhandlungsort geleiten und führen, ihn vielleicht am Unterarm oder in der Nähe des Ellenbogens anfassen und in die Richtung des Verhandlungsplatzes geleiten. Dies sollten Sie auch so handhaben, falls das Gespräch an einem neutralen Ort stattfindet.

Befindet sich der Verhandlungsplatz hingegen zum Beispiel im Büro des Verhandlungspartners, wird dieser wahrscheinlich diese »Platzhirsch«-Geste ausführen. Für diesen Fall ist es richtig, sich der Lenkung durch den Verhandlungspartner zu entziehen, die Berührungsgeste des Verhandlungspartners also zu vermeiden, selbst zielstrebig auf den Verhandlungstisch zuzusteuern und zu signalisieren: »Ich bin mein eigener Chef und lasse mich nicht vereinnahmen!«

Treiben Sie es aber bitte nicht zu weit mit Ihrer Intention, den Verhandlungspartner eventuell von Anfang an in eine ungünstigere Position zu bringen. Es geht ja nicht darum, ihn zu demütigen. Während wir diese Zeilen schreiben, gehen die Bilder von dem G20-Treffen im australischen Brisbane um die Welt. Wir wollen hier nicht Stellung im Konflikt mit Russland und Wladimir Putin beziehen. Aber es war schon bezeichnend, wie der russische Präsident beim gemeinsamen Gruppenfoto fast schon verzweifelt seinen Platz suchte und sich dann ganz weit außen an den Rand stellte – oder besser: stellen musste, weil die politischen Kollegen ihn anscheinend nicht in ihrer Mitte integrieren wollten. Noch demütigender war wohl das Bild, das Putin beim »gemeinsamen« Mittagessen zeigt – an seinem Tisch gab es nicht nur, aber vor allem freie Plätze.

Zurück zu Ihrer Verhandlung: Wenn der Verhandlungspartner sogar den alten Trick nutzt, Ihnen einen unbequem-ungünstigen Platz zuzuweisen und Sie in die blendende Sonne schauen lässt, fordern Sie ihn unmissverständlich auf, Ihnen einen anderen Platz anzubieten. Oder Sie ergreifen die Initiative – und setzen sich einfach woanders hin.

Übrigens: Manchmal ist es klug, von Anfang an klarzustellen, welche Hand Ihre Führhand und welche Ihre Schlaghand ist – und zu analysieren, wie sich dies beim Verhandlungspartner verhält. Sie sind ja gut auf ihn vorbereitet und können dies eventuell vorab klären. Trotzdem ist es natürlich interessant zu beobachten, wie sich der Verhandlungspartner zu Beginn der Verhandlung zu Ihnen stellt, welche »Auslage« er also hat.

Ein kleiner Exkurs in den Boxsport: Führhand und Schlaghand

Unter der Auslage eines Boxers versteht man die Stellung und Richtung zum Gegner. Die Kämpfer stehen dabei einander nicht frontal, sondern versetzt gegenüber, wobei diejenige Hand, die dem Gegner näher ist, als Führhand, die hinten liegende Hand als Schlaghand bezeichnet wird.

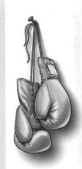

Wichtig für die Verhandlungsführung ist: Achten Sie auf alles, was Sicherheit und Ihren Führungsanspruch ausstrahlt: Also gerader Rücken, Augenkontakt aufbauen und Blickkontakt halten, auf keinen Fall zu leise und zu zögerlich sprechen, auch Ihre Stimme strahlt so Sicherheit aus. Und Stimme ist Stimmung bzw. eine sichere Stimme transportiert Selbstsicherheit und strahlt Überzeugungskraft aus.

Nehmen Sie Einfluss auf die TOPs

Wer schreibt, der bleibt. Wer die Tagesordnungspunkte (vor-)schreibt und die TOPs vorgibt, kann das Gespräch lenken. Die Konsequenz daraus: Versuchen Sie, wo immer möglich auf die Verhandlungsagenda Einfluss zu nehmen. Wenn sie Ihnen in der Eröffnungsphase vorgelegt wird, versäumen Sie es auf keinen Fall, die TOPs aufmerksam zu studieren und sofort anzumerken, falls Sie Veränderungen wünschen und für unumgänglich halten. Modifizieren Sie die Agenda mit Ergänzungen und holen Sie das Einverständnis der Gegenseite ein:

»Danke, dass Sie die Agenda formuliert haben. Grundsätzlich sind es auch unsere Punkte. Zu Position 2 haben wir folgende Ergänzung ..., und bei Position 5 sollte geändert werden, dass ... Können Sie den Punkten zustimmen?«

Ist der Agendatext erst einmal verabschiedet und von allen akzeptiert, also auch von Ihnen in Stein gemeißelt, mithin unveränderlich, ist es für die Gegenseite ein probates Mittel, Dominanz auszuüben und Druck aufzubauen. Ein erhellendes Beispiel aus der Politik ist die Agenda 2010. Nachdem sie einmal verabschiedet worden war, war es für *alle* beteiligten Politiker so gut wie unmöglich, sich davon zu distanzieren.

Es ist ratsam, selbst dann Veränderungen anzumerken, wenn Sie im Prinzip mit den TOPs einverstanden sind. Denn so verdeutlichen Sie dem Verhandlungspartner, dass Sie Ihre Verhandlungsrechte verteidigen und Ihren Verhandlungserfolg zielorientiert anstreben wollen.

Auf den Punkt gebracht

Der Kampf um die TOPs und die Agenda ist ein Machtspiel und dem Gerangel vergleichbar, das die Kontrahenten oft im Vorfeld des Fights bei der Frage inszenieren, wer wann und wie in die Boxhalle einmarschieren darf. Denn wer die Agenda formuliert, setzt sich auf den Fahrersitz und bestimmt, wie lange man bei welchem Punkt verbleibt. Sie dürfen den Fahrersitz nicht ohne Not der anderen Seite überlassen!

Am besten ist es natürlich, die Agenda selbst aufzustellen und die Tagesordnungspunkte selbst festzulegen. Nach Matthias Schranner könnte ein Einstieg in die Verhandlung wie folgt aussehen:

- »Vielen Dank für die Teilnahme an der heutigen Verhandlung. Wir freuen uns sehr, gemeinsam mit Ihnen die nächsten Schritte besprechen zu können.

- Aus unserer Sicht wären drei Punkte wichtig: Wir würden gerne verstehen, was genau Ihnen an der bereits kommunizierten Forderung so wichtig ist. Dann würden wir unsere Sichtweise gerne darstellen. Im Anschluss sollten wir gemeinsam einen Maßnahmenplan erarbeiten. Wir hatten uns 60 Minuten für diese Verhandlung vorgenommen, wir sollten uns für jeden Punkt 20 Minuten Zeit nehmen.
- Ist diese Vorgehensweise für Sie so in Ordnung?«

Diese Agenda ist wohl unstrittig, auch, weil sie doch eher allgemein gehalten ist. Die Wahrscheinlichkeit, dass sie von Ihrem Verhandlungspartner angenommen wird, ist groß. Der nicht zu unterschätzende psychologische Aspekt besteht dann darin, dass Sie aufgrund der Tatsache, dass *Sie* diese Agenda aufgestellt haben, ab jetzt wahrscheinlich als heimlicher – oder auch offen anerkannter – Verhandlungsführer akzeptiert werden.

Auf den Punkt gebracht

Wenn Ihnen in der Verhandlung solch eine allgemeine Agenda vorgelegt wird, sollten Sie sie trotzdem nicht hundertprozentig akzeptieren, sondern auf jeden Fall auf ein paar Veränderungen bestehen – auch wenn es sich lediglich um kleinere und überschaubare Veränderungen handelt. Entscheidend ist Ihre Botschaft: »Ich will Einfluss nehmen, ich will zumindest mitbestimmen, wohin sich das Verhandlungsboot bewegt!«

Wählen Sie in der Eröffnungsphase eine ungewöhnliche Ansprache

Wenn es Ihnen gelingt, sich fernab der 08/15-Bahnen zu bewegen und den Verhandlungspartner durch ungewöhnliche Aktionen zu irritieren, aber auch zu erstaunen, werden Sie mit einiger Wahrscheinlichkeit als Gegenpartei wahrgenommen, die nicht so leicht zu lenken und zu beeinflussen ist und sich durch ein Höchstmaß an sicherem Auftreten auszeichnet.

Wir empfehlen Ihnen, eine gute Mischung zwischen etablierten Verhaltensweisen und einem Auftreten zu schaffen, das durch seine Außergewöhnlichkeit einen bleibenden Eindruck beim Verhandlungspartner hinterlässt, der nun sehr genau weiß, »mit wem er es zu tun hat«. Wir denken an die folgenden Aspekte:

- Sagen Sie Ihre Unterstützung bei Problemen und Engpässen zu – betonen Sie, dass Sie aber auch ein gewisses Entgegenkommen erwarten und fordern.
- Beschreiben Sie die gute Zusammenarbeit in der Vergangenheit – heben Sie aber zugleich Ihren Anteil hervor, den Sie daran hatten. Stellen Sie Ihr Licht also stets *auf* den Scheffel, nie darunter (es sei denn, dies gehört zu Ihrer Taktik).
- Sorgen Sie für eine positive Grundstimmung, ohne die schwierigen Gesprächsinhalte zu verschweigen. Betonen Sie, dass Sie »trotz aller Probleme gute Chancen sehen, sich zu einigen«.
- Versuchen Sie, bereits bei der Ausarbeitung der TOPs und in der Eröffnungsphase, möglichst viele unstrittige und möglichst viele problematische und komplex-schwierige Themenfelder anzuschneiden. So schaffen Sie eine Verhandlungsmasse, so schaffen Sie Themenbereiche, bei denen Sie leicht nachgeben und bei denen Sie ganz gewiss nicht zurückweichen werden.
- Prüfen Sie, ob es schon in der Eröffnungsphase Aspekte (in den TOPs, in der Agenda) gibt, die Sie hinterfragen wollen und müssen, allein schon, um Ihren Anspruch aufrechtzuerhalten und zu bestätigen, dass sie gewillt sind, die Verhandlung zu dominieren und zu gewinnen.

Vermeiden Sie jede Festlegung

Wichtig ist, sich in der Eröffnungsphase nie festzulegen und nie eine Position einzunehmen oder eine Meinung zu formulieren, auf die der Verhandlungspartner Sie »festnageln« kann.

Auf den Punkt gebracht

In den meisten Fällen vollkommen falsch und kontraproduktiv wäre es etwa, das Verhandlungsziel konkret zu benennen. Das würde eine Festlegung darstellen, von der Sie sich nicht mehr lösen können, und wäre dem unsinnigen Vorgehen vergleichbar, in einem Verkaufsgespräch von Anfang an einen Preis zu nennen, der für Sie nicht verhandelbar ist.

Wenn Sie aber konkrete Festlegungen vermeiden: Was und wie sollen und können Sie dann überhaupt noch formulieren? Wenn das eindeutige »Ja« und »Nein« verboten ist, hilft dann das »Ja, aber« weiter? Natürlich nicht: Als versierter Verhandler oder Verkäufer wissen Sie, dass das »Ja, aber« mit einer Festlegung gleichzusetzen ist, weil es sich beim »Ja« um ein Alibi-Ja handelt, das sofort vom »Aber« konterkariert wird.

Vermeiden Sie jede Festlegung – und das ist nicht nur verbal, sondern auch räumlich gemeint. Wenn Sie spüren und merken, dass der Verhandlungspartner Sie im wahrsten Sinn des Wortes »festnageln« will: Bewegen Sie sich im Raum. Gehen Sie zur Pinnwand, zum Whiteboard oder zum Flip-Chart und schreiben Sie etwas nieder. Das sollte mit dem Verhandlungsgegenstand zu tun haben, aber unverbindlich sein. Oder Sie nehmen sich ein Stück Papier und schreiben etwas auf. Begleiten Sie dies mit einer Äußerung wie »Das ist interessant«.

Notizen machen – damit zollen Sie dem Verhandlungspartner zugleich Respekt und Aufmerksamkeit, weil Sie seine Äußerungen für wertvoll genug erachten, um aufgeschrieben, mithin »verewigt« zu werden. Aber entscheidend ist: Sie werden nicht gezwungen, sich festzulegen und Ihren Verhandlungsspielraum einzuschränken. Sie hören zu, Sie schreiben mit, Sie beziehen jedoch keine Stellung.

Wie beim Boxen umkreisen Sie den Gegner, Sie tänzeln um ihn herum, Sie weichen aus, klammern vielleicht auch einmal, Sie führen aber keine konkrete Aktion aus, die Ihnen zum Vorteil, aber auch zum Nachteil gereichen könnte, indem der Gegner Ihrer Attacke ausweicht und kontert. Sie halten die Dinge in der Schwebe.

Nehmen wir die klassische Äußerung des Verhandlungspartners: »Das sehen Sie falsch.« Ob Sie jetzt »Ja«, »Nein« oder »Ja, aber« sagen: Sie würden sich festlegen, Sie würden sich selbst oder den Verhandlungspartner ins Unrecht setzen. Darum ist es besser, sich Notizen zu machen – und zu fragen.

Denn weitere Auswege eröffnen sich durch die Fragetechnik und die Erweiterungstechnik: Sie können eindeutige Festlegungen vermeiden, indem Sie Gegenfragen stellen, um weitere Informationen bitten, Präzisierungsfragen vornehmen, nach dem Motto: »Habe ich das richtig verstanden, dass Sie vorschlagen ...?« Sie umschreiben den Sachverhalt entweder mit eigenen Worten oder fügen eine Erweiterung an, indem Sie zum Beispiel eine neue Information einbauen.

Ihr Nutzen dabei könnte darin bestehen, dass Sie mithilfe Ihrer Fragen immer besser die Bedürfnislage des Verhandlungspartners einschätzen können und erfahren, um was es ihm genau geht. Verhandlungsprofis versuchen immer erst, die Sachlage zu klären und die konkreten Voraussetzungen der Verhandlung abzuklären, bevor sie in die Argumentation einsteigen.

In der Argumentationsphase fragen und Antwortwiderstände überwinden

Während in der Eröffnungsphase das primäre Ziel darin besteht, sich eine gute Ausgangsposition zu verschaffen und konkrete Festlegungen zu vermeiden, sollten Sie sich in der Argumentationsphase der Verhandlung darauf konzentrieren, dem Verhandlungspartner Ihren Nutzen so darzustellen, dass er zu der Meinung gelangt, dass Sie einen entscheidenden Beitrag zu dieser optimalen Bedürfnisbefriedigung leisten können. Wie das funktioniert, wird in den meisten Verhandlungsratgebern ausführlich beschrieben. Uns aber geht es vor allem um die konstruktive Bewältigung schwieriger Verhandlungssituationen. Welche Möglichkeiten stehen Ihnen offen, wenn der Verhandlungspartner den Nutzen, den Sie ihm stiften können, nicht sehen kann oder will?

Wer argumentiert, verliert: Fragumentation statt Argumentation

Sicherlich: Es gibt Verhandlungen, in denen die traditionell-klassischen Argumentationstechniken fruchten: Sie bereiten den Boden für Ihre Argumente vor, indem Sie die Wirklichkeit, die Wahrnehmungsschemata und die Bedürfnislage Ihres Verhandlungspartners analysieren und strikt in seiner Vorstellungswelt argumentieren. Sie weisen ihn auf seine Problembereiche hin und wecken ein Problembewusstsein, um ihm eine Lösung anbieten zu können. Schließlich präsentieren Sie ihm Ihre Argumente: ohne belehrend zu wirken, ohne Druck auszuüben, ohne ihm zu widersprechen, eben partnergerecht. Sie vermeiden negative Formulierungen, drücken alles in einer positiven und motivierenden Sprache aus – als rhetorisch geschulter Verhandler kennen Sie das aus eigener Erfahrung.

Hinzu kommt: Sie nutzen jede Möglichkeit zur Visualisierung Ihrer Argumente und animieren den Verhandlungspartner, sich mit Ihren Argumenten auseinanderzusetzen und zu beschäftigen.

Alles gut, alles richtig. Was aber, wenn Sie auf Granit beißen, der Verhandlungspartner »Nein« sagt, Ihnen keinen Schritt entgegenkommen will, wenn er klammert, nicht nachgibt?

Auf den Punkt gebracht

Spätestens dann verabschieden Sie sich von der traditionellen Argumentation und gehen zur »Fragumentation« über.

Wir machen oft die Erfahrung: Wer in der harten Verhandlung argumentiert bzw. sich an der Verhandlungsführung durch Argumentation festbeißt, der verliert. Die Gründe sind: Die klassische Argumentation wirkt auf den Verhandlungspartner oft defensiv, ja fast schon ängstlich. Und das ist in der harten Verhandlung, bei der alle Beteiligten den Boxring als Sieger verlassen wollen, oft sehr schädlich. Konkret: Sie beschreiben Ihre Vorteile, Sie übersetzen Produktnutzen in Kundennutzen, Sie belegen Ihre Nutzenversprechen – all dies führt beim Verhandlungspartner zu der Vermutung, dass Sie eine eher schwache Verhandlungsposition innehalten, die Ihre Flucht in Nutzenversprechen notwendig macht und es Ihnen verbietet, aggressiver und selbstbewusster zu verhandeln.

Gerade die dominanten und zielorientierten Verhandlungspartner – und mit denen haben wir es in den harten und schwierigen Verhandlungen ja meistens zu tun! – gelangen zu der Vermutung:»Wer alles unternimmt, um seine Nutzenversprechen in den schillerndsten Farben zu beschreiben, der hat nicht viel in der Verhandlungs-Hinterhand!« Ob dies nun richtig ist oder nicht: Der harte Verhandlungspartner schaltet nun oft noch mehr auf stur.

Hinzu kommt: Jedes Argument, das Sie vortragen, ist Material, in das der Verhandlungspartner den Widerhaken seiner Einwände versenken kann. Je mehr Sie reden und argumentieren, desto mehr »Spielmaterial« stellen Sie dem Verhandlungspartner zur Verfügung, zu dem er Nein sagen, das er widerlegen, gegen das er Widerspruch einlegen kann.

Animieren Sie mit der Fragumentation den Verhandlungspartner zum Reden

Dem begegnen Sie, indem Sie konsequent Fragen zum Thema und zum Verhandlungsgegenstand stellen. Ziel ist es, den Verhandlungspartner mit der Fragumentation seinerseits dazu zu bewegen, Stellung zu beziehen und Informationen preiszugeben, die Ihnen die Gelegenheit eröffnen, Ihre Argumente doch noch vorzutragen. Das aber ist erst der zweite Schritt – der erste besteht darin, den Verhandlungspartner mit Fragen zu öffnen. Die Fragumentation dient dazu, den Abwehrpanzer des Verhandlungspartners zu durchbrechen.

Allerdings: Es ist nicht immer notwendig, nur und ausschließlich Fragen zu stellen. Wenn Sie aber die Argumentationsschiene betreten, müssen Sie Ihre Ausführungen stets mit einer Frage abschließen, um den Dialogball in das Feld des Gesprächspartners zurückzuspielen und ihn zum Reden zu animieren.

Auf den Punkt gebracht

Einfache Fragen wie »Wie ist Ihre Meinung dazu?« und »Das entspricht den Zielen Ihres Hauses, ja?« helfen Ihnen, wieder die Oberhand zu gewinnen oder sich zumindest auf Augenhöhe mit dem Verhandlungspartner zu hieven.

Vielleicht wenden Sie nun ein: »Mit all der Fragerei erreiche ich oft genau das Gegenteil dessen, was ich beabsichtige: Der Gesprächspartner reagiert mit Unwillen, fühlt sich ausgehorcht und flüchtet seinerseits in rhetorische Tricks!« Das ist richtig: Die positive Macht der Fragen schlägt um in die Machtausübung durch Fragen: Der Verhandlungspartner empfindet Ihre Fragerei als Versuch, ihn zu beherrschen. Wer fragt, übt auch immer Macht und Druck aus.

Nun sagen wir Ihnen aber: In dieser Phase der Verhandlung und bei dem geschilderten Vorgehen des Verhandlungspartners bleibt Ihnen gar nicht viel anderes übrig. Die Fragumentation ist das beste Mittel, um die schwierige Verhandlung mit dem harten Verhandlungspartner doch noch zu gewinnen. Wenn Sie mit einem »harten Hund« verhandeln, müssen Sie zu ungewöhnlichen Methoden greifen und versuchen, den Verhandlungspartner zu Äußerungen zu veranlassen, an denen Sie Ihre Argumente andocken können.

Damit dies gelingt, sollten Sie eine Technik nutzen, die wir Ihnen nicht vorenthalten wollen.

Wandeln Sie Äußerungen des Verhandlungspartners in Fragen um

Erfolgversprechend ist vor allem die Technik, die Äußerung des Verhandlungspartners in eine Frage umzuwandeln. Wenn dieser zum Beispiel den Preis ins Spiel bringt, fragen Sie:

»Ist es sinnvoll, auf die Qualität zu verzichten und eine Billiglösung zu wählen, wenn Sie damit das Risiko eingehen, dadurch einen Verlust durch Rückholkosten in der Größe von ... € zu provozieren?«

Mit dieser Frage – oder ähnlichen Fragen – gelingt es oft, den Verhandlungspartner einzufangen. Meint er, dieses Vorgehen sei nicht sinnvoll, haben Sie Ihr Ziel direkt erreicht und können den Qualitätsaspekt thematisieren und in die Vorteilsargumentation einsteigen. Bejaht der Verhandlungspartner hingegen Ihre Frage, stellt den Preis also über die Qualität, auch wenn er dabei das genannte Risiko eingeht, haben Sie nun Raum, um weiter nachzufragen, wie der Gesprächspartner zu diesem Schluss gekommen ist.

Das heißt: Sie haben jetzt das Ziel erreicht, ihn zu öffnen, ihn zum Reden zu bringen und ihn zu verlocken, weitere Informationen preiszugeben. Sie konnten ihn aus seiner Blockadehaltung herausholen und können über den Umweg der Fragumentation doch noch Ihre Vorteilsargumentation einläuten.

So überwinden Sie Antwortwiderstände

Sie alle kennen die zahlreichen Fragetechniken, die helfen sollen, den Verhandlungspartner zum Reden zu animieren. Statt Sie nun mit der Darstellung bekannter Fragetechniken wie etwa den Informationsfragen oder den Lenkungsfragen zu langweilen, mit denen Sie den Gesprächspartner zum Reden motivieren können, scheint uns der folgende Aspekt wichtiger zu sein: Warum gelingt es nicht, den Verhandlungspartner dazu zu bewegen, zu antworten, also Informationen zu nennen, die es Ihnen erlauben, Ihre Argumente auf den Verhandlungspartner bezogen vorzutragen? Und wie können Sie diese Antwortwiderstände doch noch überwinden?

Die Konfrontation zulassen

Zunächst einmal: Sie befinden sich in einer harten Verhandlung, in einem, bildlich gesprochen, Boxkampf, bei dem die Beteiligten mit harten Bandagen kämpfen. Da kann und wird es sich nicht vermeiden lassen, dass es gerade in der Argumentationsphase und in der Einwandbehandlungsphase zu konfrontativen Begegnungen kommt. Und das nicht, weil einer der Beteiligten unfair agiert oder den unerlaubten Tiefschlag unter die Gürtellinie anwenden würde – dazu kommen wir später noch – nein: Es bringt einfach die Situation mit sich, dass es auch zur Konfrontation kommen kann. Eigentlich sollten Sie durch den Besuch unseres Trainingslagers darauf vorbereitet sein – trotzdem ist es für manche doch noch ein Schock, wenn es denn tatsächlich so weit ist. Je mehr Sie im Sumpf der Harmoniesoße der Win-win-Strategien feststecken und sich verpflichtet fühlen, jede Verhandlung zu einem Erfolg für alle Beteiligten zu entwickeln, umso schwerer wird es Ihnen fallen, mit konfrontativen Situationen produktiv umzugehen.

Die Erfahrung zeigt, dass bereits die innere Akzeptanz der konfrontativen Situationen bei Ihnen zu einer Entspannung führen wird, und Sie dann auch mental in der Lage sein werden, die Antwortverweigerungshaltung des Verhandlungspartners mit Ruhe und Gelassenheit zu durchbrechen. Geben Sie nicht auf, stellen Sie immer wieder Ihre Fragen, analysieren Sie, warum Sie keine Antwort erhalten.

> **Auf den Punkt gebracht**
>
> *Akzeptieren Sie überdies, dass Ihr Verhandlungspartner in seiner subjektiven Vorstellungswelt lebt. Genauso wie es Ihr gutes Recht ist, Ihre Interessen zu verteidigen und auf Ihrer Position zu verharren, hat auch der Verhandlungspartner das Recht, seinen Standpunkt nicht zu verlassen.*

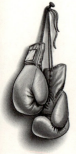

> **Ein kleiner Exkurs in den Boxsport: Boxen ist mehr als Boxen – Verhandeln ist mehr als Verhandeln**
>
> Was glauben Sie: Worum geht es in dem folgenden Text?
>
> »*Sich für ein Ziel einzusetzen, sich quälen zu lernen, Ausdauer auch in der Motivation zu entwickeln, den eigenen Körper und Geist zu erfahren, Emotionen bei Sieg und Niederlage konstruktiv verarbeiten zu lernen, Verbindlichkeit und Vertrauen zu entwickeln, mit Frustrationen umgehen zu lernen, Härte ertragen zu lernen ...*«
>
> Ja, richtig, es geht ums Boxen. Das Zitat stammt aus einem Interview mit Ralf Elfering, seinerzeit Abteilungsleiter der Boxabteilung des FC St. Pauli, und es schließt mit: » ... Härte ertragen zu lernen – das alles kann Boxen lehren.« (http://www.st-pauli-boxen.de/boxen-interviews-re.htm)
>
> Wir sind der Meinung, das Zitat lässt sich auch auf die Verhandlungsführung übertragen, zumindest auf die Art der Verhandlungsführung, wie wir Sie hier in diesem Buch beschreiben.

Vermeiden Sie es, sich in unlösbare Konflikte hinein zu manövrieren

Aufgrund der unvermeidlichen Konfrontationen, die in harten Verhandlungen entstehen müssen, kann es zu Konflikten zwischen den Verhandlungspartnern kommen. Aber selbst in der härtesten Verhandlung sollten Sie es nie zu einem unlösbaren Konflikt kommen lassen. Wie Sie reagieren können, wenn dieser konfliktäre Kurs von einem unfairen Verhandlungspartner beschritten wird, erfahren Sie später. Sie selbst sollten das

Handwerkszeug des Konfliktmanagements kennen und einsetzen, um zu vermeiden, dass lösbare Konflikte zu unlösbaren Problemen eskalieren.

Die Kunst besteht darin, auch in der harten Verhandlung den eskalierenden »Schlagabtausch« mit Ihren Verhandlungspartnern zu verhindern und eine gute Gesprächsatmosphäre zu schaffen – und zumindest eine »Zweinigung« zu erzielen, um sich einen flexiblen Verhandlungsspielraum offenzuhalten.

Die Zweinigung als Option akzeptieren

Was aber ist eine »Zweinigung«? Der Begriff stammt von Vera F. Birkenbihl, die ihn in ihrem Buch *Erfolgstraining* wie folgt beschreibt: »Die Angelsachsen haben eine Formulierung: ›Let's agree to differ‹. Damit ist gemeint: Man ist sich darüber einig, dass in dem Punkt, um den es gerade geht, eine Einigung (inhaltlicher Art) nicht erreicht werden muss.« Weil wir in verschiedenen Wirklichkeiten leben, ist eine Einigung auf eine Meinung – wobei ich mit dem Wort MEINung bereits darauf beharre, dass meine MEINung übernommen wird – nicht immer möglich. Vera F. Birkenbihl schlussfolgert: »... da uns im Deutschen eine so hilfreiche Redewendung wie ›let's agree to differ‹ fehlt, habe ich mir erlaubt, eine zu erfinden: Wir könnten uns ja **zweinigen**, wenn eine Einigung (inhaltlich) nicht möglich ist. Hauptwort: Zweinigung (analog der *Einigung*, wobei jede ›Eins‹ gleichberechtigt neben der anderen steht); Tätigkeitswort: *sich zweinigen*.«

Voraussetzung für die Zweinigung sei, dass die Beteiligten in der Lage sind, den Kreis der eigenen Ansichten, Meinungen und Urteile zu verlassen und sich für andere Perspektiven zu öffnen.

Entscheidend für die Verhandlungsführung ist, dass es in der Verhandlung durchaus Aspekte geben kann, bei der die Zweinigung als Endresultat stehen bleibt, ohne dass gleich die gesamte Verhandlung zum Scheitern verurteilt wäre.

Auf den Punkt gebracht

Die Zweinigung als Konfrontationsoption verhindert den Verhandlungsabbruch und vergrößert den Verhandlungsspielraum der Beteiligten.

Gesprächsbasis durch Brückenbau schaffen: die Versachlichung

Bedenken Sie, dass in einer harten Verhandlung oft das Selbst der beteiligten Menschen auf dem Spiel steht. Eventuell kann Ihr Verhandlungspartner nicht nachgeben, vielleicht darf er es nicht, weil er sich so selbst und in seiner Identität in Frage stellen und sein Selbstwertgefühl schmälern müsste. Und dann ist es klug, trotz Ihrer Mentalität zu prüfen, ob nicht auch der Brückenbau eine Option darstellt – ohne dass Sie die Waffen strecken und nachgeben.

Konfrontation, Brückenbau oder der dritte Weg dazwischen: Natürlich gibt es kein Patentrezept, weil es stets auf die konkrete Verhandlungssituation ankommt und der Verhandlungsgegenstand und die Verhandlungspartner eine Rolle bei Ihrer Entscheidung spielen, wie Sie verfahren wollen.

Zu den wichtigsten Strategien, die den Brückenbau einleiten, ohne dass Sie kapitulieren und sich von Ihrem Ziel, die Verhandlung gewinnen zu wollen, verabschieden müssen, gehört die Versachlichung: Sie versuchen, die schwierige Verhandlungssituation in den Griff zu bekommen, indem Sie Ihr emotionales Engagement zurückfahren, die Gefühle des Verhandlungspartners berücksichtigen und das Verhandlungsboot in das sachliche(re) Fahrwasser lenken.

Das hat nichts mit Nachgiebigkeit zu tun, sondern mit kluger Verhandlungstaktik. Dass eine Verhandlung manchmal sehr emotional geführt wird, lässt sich nicht immer vermeiden. Wichtig ist, dass *Sie* fair bleiben und Taktiken vor allem einsetzen, um den Gesprächspartner wieder ins Verhandlungsboot zu holen – dazu kommen wir im zehnten Kapitel. Trotzdem gibt es gewisse Situationen, in denen Sie eine aggressivere Vorgehensweise wählen. Achten Sie dann darauf, souverän, ruhig und gelassen zu bleiben:

Auf den Punkt gebracht

Die Situation darf nicht Sie beherrschen – sondern Sie müssen immer die Verhandlungssituation beherrschen!

Mit Metakommunikation gemeinsame Wertebasis betonen

Neben der Versachlichung lassen sich auch mit Metakommunikation Antwortwiderstände aufbrechen. Wenn Sie merken, dass Ihr Verhandlungspartner und Sie sich unentwirrbar in dem Gestrüpp eines Konflikts verheddert haben, hilft es, den Zustand Ihrer Kommunikation selbst zum Gesprächsgegenstand zu erheben:

»*Warum gelingt es uns einfach nicht, eine Annäherung zu erzielen oder uns zu einigen, Frau Verhandlungspartnerin? Argumentieren wir aneinander vorbei?*«

Oft hilft in diesem Zusammenhang der Hinweis weiter, dass sich ein Verhandlungserfolg nur einstellen kann, wenn letztendlich alle Beteiligten ohne Gesichtsverlust und unter Wahrung ihrer Interessen den Verhandlungsraum verlassen können. Aber »riecht« das nicht verdächtig nach Win-win? Nein – denn Sie verfolgen jetzt lediglich das kurzfristige Ziel, den Gesprächsfaden nicht abreißen zu lassen und die Notwendigkeit der Koexistenz der Verhandlungsbeteiligten in das Bewusstsein auch des Verhandlungspartners zu betonen. Sobald sich die Gemüter beruhigt haben und Sie das ruhig-sachliche Verhandlungswasser erreicht haben, dominiert wieder Ihre Intention, die Verhandlung zu gewinnen.

Wichtig ist mithin, trotz einer kontroversen und konfrontativen Verhandlungsführung die gemeinsame Wertebasis hervorzuheben. Entscheidend ist, dass die Betonung der Gemeinsamkeiten so weit wie möglich vom Verhandlungsgegenstand entfernt ist. Denn wenn Sie dem Verhandlungspartner bezüglich des Verhandlungsgegenstandes entgegenkommen, wird er dies als Zugeständnis begreifen, einhaken und auszunutzen versuchen.

Wir können es nicht oft genug betonen: Sie befinden sich in einer harten Verhandlung! Darum sollte Ihr Entgegenkommen stets auf der Metaebene der gemeinsamen Werteorientierung vonstattengehen – und natürlich in eine Frage münden. Ein Formulierungsbeispiel ist:

»Es sollte doch möglich sein, dass wir als zivilisierte und kooperationsbereite Verhandlungspartner eine Lösung finden. Was sagen Sie denn zu dem Vorschlag ...?«

Übertragen auf unsere Box-Metaphorik bedeutet das: Sie kommen dem Gegner NICHT entgegen, indem Sie ihm einen Vorteil verschaffen und sich dominieren lassen. Sie geben jedoch zu verstehen, dass es die Gemeinsamkeit gibt, dass der Gegner und Sie die Autorität des Ringrichters und die Regeln des Boxsports akzeptieren. Das ist der kleinste gemeinsame Nenner, der zwischen Ihnen und dem Verhandlungspartner besteht – und das betonen Sie jetzt in der Argumentationsphase, in der sowohl Ihr Gegner als auch Sie Vorwände nutzen, Einwände erheben und alles tun, um den anderen zu dominieren.

Vermeiden Sie negative Emotionen

Oft entstehen Antwortwiderstände, weil der Verhandlungspartner Gefangener seiner Emotionen ist. Wer aber damit beschäftigt ist, sich mit seinen negativen Emotionen auseinanderzusetzen – sei es die Wut auf Sie, sei es der Ärger über Sie, den Verhandlungspartner –, wird mit einiger Wahrscheinlichkeit nicht offen sein können für Ihre Fragmentation und erst recht nicht für Ihre Argumentation.

Darum ist es für Sie von entscheidender Bedeutung, beim Verhandlungspartner positive Emotionen zu maximieren und Lust und Belohnung zu steigern sowie zugleich negative Emotionen und Unlust zu vermeiden. Da die Hirnforschung davon ausgeht, dass für das Gehirn negative Emotionen oft bedeutender sind als positive, sollte ein weiteres Ziel darin bestehen, negative Emotionen mit geeigneten positiven Emotionen zu überschreiben. Denn auch die Vermeidung von Unlust wird vom Gehirn meistens als Belohnung empfunden.

Natürlich verträgt sich die Maximierung positiver Emotionen nicht unbedingt mit Ihrer grundsätzlichen Ausrichtung, den Verhandlungspartner besiegen zu wollen. Bedenken Sie aber bitte, in welcher Phase der Verhandlung Sie sich befinden: beim heißen Austausch der Argumente und beim Versuch, den anderen etwa durch Fragumentation zum Reden zu bringen und Ihnen hilfreiche und nützliche Informationen zu liefern. In dieser Phase ist es erlaubt, dem Verhandlungspartner in Maßen entgegenzukommen und sich darauf zu fokussieren, zumindest Unlustgefühle zu vermeiden.

Auf den Punkt gebracht

Und darum ist es jetzt auch erlaubt, auf ganz klassische Weise den Verhandlungspartner zu loben, ihm nicht allzu direkt zu widersprechen und ihm zu kleinen Erfolgserlebnissen zu verhelfen, indem Sie zum Beispiel – Sie erinnern sich an die Trainingseinheit 3 im dritten Kapitel – Ihre Dummys nutzen, um Zugeständnisse zu machen, die Ihnen nicht wehtun.

Sorgen Sie insbesondere dafür, dass es dem Verhandlungspartner immer möglich ist, sein Gesicht zu wahren. Hilfreich dabei ist die Technik des Ausklammerns: In der kritischen Phase der Verhandlung ist es angemessen, schwierige Verhandlungsaspekte auf Seite zu legen und sie eben nicht zu thematisieren. Wer eine schwache Phase des Verhandlungspartners ausnutzt, erringt oft einen Pyrrhussieg, also einen zu teuer erkauften Erfolg. Es droht die Gefahr, dass Sie als nur scheinbarer Sieger aus der Verhandlung herausgehen, weil der Verhandlungspartner sich irgendwann bitter rächen wird. Der Ausdruck geht auf

König Pyrrhus von Epirus (319/318 – 272 v. Chr.) zurück – dieser soll nach seinem Sieg über die Römer in der Schlacht bei Asculum (Süditalien) zu einem Vertrauten gesagt haben: »Noch so ein Sieg, und wir sind verloren!«

Einwände in der Argumentationsphase verhandlungsstark behandeln

Es ist zu erwarten, dass Ihr Verhandlungspartner Einwände erheben und mit Vorwänden arbeiten wird. Wir an Ihrer Stelle würden uns wundern und ins Grübeln kommen, wenn Sie in einer harten Verhandlung keine Einwände zu hören bekämen. Dabei liegt die eigentliche Gefahr oft in dem, was der Verhandlungspartner nicht ausspricht, sondern verschweigt.

Stumme Einwände ansprechen

Die verschwiegenen Einwände sind meistens die gefährlichsten, weil sie im Verborgenen blühen, wachsen und gedeihen und Sie sich nicht dagegen wehren und sich nicht mit ihnen auseinandersetzen können. Darum lautet unser Tipp, der Sie vielleicht zunächst einmal überraschen wird:

Auf den Punkt gebracht

Kitzeln Sie möglichst ALLE Einwände aus Ihrem Verhandlungspartner heraus. Vertrauen Sie zugleich darauf, dass Sie sie mithilfe Ihrer Einwandbehandlungsmethoden, die Sie aus dem Effeff beherrschen, entkräften können. Lieber ein Einwand zu viel als ein Einwand, der unausgesprochen bleibt und »unter dem Teppich« zu einem Schwelbrand führt, der Ihre Verhandlungsposition schwächt.

Es gibt zwei Hauptgründe, warum der Verhandlungspartner stumme Einwände hat:

- Der Verhandlungspartner will sich seine Einwände für einen späteren Zeitpunkt aufsparen, um Sie eventuell unter Druck zu setzen.

- Sie selbst lösen die stummen Einwände durch Ihr Verhalten aus: durch Oberflächlichkeit, Arroganz, Lässigkeit, Unvorbereitetsein oder Unaufmerksamkeit. Vielleicht reden Sie auch einfach nur zu viel. Der Verhandlungspartner kommt nicht zu Wort und baut allein schon dadurch Einwände auf. Und darum misstraut er Ihnen.

Was können Sie tun? Natürlich trägt Ihr kommunikatives Geschick dazu bei, dass der Verhandlungspartner seine stummen Einwände doch noch vorträgt und Sie schließlich auf sie eingehen können. Und wenn Sie vermuten, er wolle seine Einwände zu einem späteren – und eventuell für Sie ungünstigeren – Zeitpunkt thematisieren, sollten Sie dies offensiv ansprechen:

»*Irgendeinen Einwand tragen Sie noch mit sich herum, das merke ich ganz deutlich, Herr Verhandlungspartner. Bitte, sagen Sie mir, worum es geht!*«

»*Darf ich es einmal salopp formulieren? Meine Nase verrät mir, es gibt noch irgendetwas, das Ihnen nicht passt. Was ist es denn?*«

Sollte der Verhandlungspartner wider Erwarten verneinen, dass er einen Einwand hat, haben Sie einen guten Grund, in die Entscheidungsphase der Verhandlung einzubiegen: »Wenn Sie keine Fragen mehr haben – wunderbar. Darf ich noch mal abschließend für Ihre endgültige Entscheidung zusammenfassen ...« Wenn es Ihnen auf diese Weise gelingt, den stummen Einwand aus dem Verhandlungspartner herauszukitzeln, verfügen Sie über Verhandlungsmaterial, das es Ihnen erlaubt, mit der Fragumentation fortzufahren.

Ignorieren Sie die Folterwerkzeuge

Klar ist: In dieser Phase brauchen Sie absolute Souveränität und den Glauben an sich selbst, sogar die heftigsten Einwände professionell kontern zu können. Entscheiden Sie in Abhängigkeit vom konkreten Einzelfall der Verhandlung, ob Sie dem Verhandlungspartner bedingt zustimmen oder sich sogar mit seinem Einwand scheinbar identifizieren wollen, um ihn dann nur umso vehementer zu entkräften:

»Da stimme ich Ihnen absolut zu, mir würde es an Ihrer Stelle ebenso gehen. Ich war einmal in derselben Situation und habe dann überprüft ... Was halten Sie also von der folgenden Alternative ...?«

Wir möchten hier nicht die gängigen Einwandbehandlungsmethoden herunterbeten, sondern erläutern, wie Sie in schwierigen Verhandlungssituationen doch noch erfolgreich sein können. Nehmen wir dazu an, dass Ihr Verhandlungspartner mit dem Abbruch droht oder Ihnen – unausgesprochen oder nicht – zu verstehen gibt, sich einen anderen Verhandlungspartner zu suchen, weil Sie ihm bestimmt keine annehmbare Lösung anbieten können. Das heißt: Er zeigt Ihnen unmissverständlich die Folterwerkzeuge. Dann ist es richtig, gar nicht erst auf diese heftigen Angriffe einzugehen, sondern die Folterwerkzeuge zu ignorieren und das Problem anders zu definieren:

»Die Frage ist ja gar nicht, ob ich für Sie dieses Problem lösen kann oder ob dies jemand anderer besser kann als ich. Die Frage ist doch vielmehr, wie es gelingt, dass Ihre Mitarbeiter in der Produktion die Fehlerquote drastisch senken. Möchten Sie wissen, wie Ihr Unternehmen draußen am Markt als Firma mit Null-Fehler-Philosophie und absoluter Qualitätsorientierung wahrgenommen wird?«

Letztendlich geht es wiederum um die Versachlichung der Verhandlung und die Zielsetzung, den Verhandlungspartner aus der Drohecke heraus- und in die sachliche Argumentationsecke hineinzubugsieren, in der eine zivilisierte Gesprächsführung möglich ist. Und nicht vergessen: Schließen Sie auch hier wieder mit einer Frage ab, um über die Fragumentation den Verhandlungspartner zum Reden zu animieren und zu Äußerungen zu verleiten, die es Ihnen erlauben, die Verhandlung auf der sachlichen Ebene weiterzuführen.

So leiten Sie die 180-Grad-Wende ein

Eine weitere Option liegt in der Technik der »180-Grad-Wende« bei Einwänden wie beispielsweise: »Sie sind viel zu teuer« oder »Ihre Firma ist doch viel zu klein dafür« oder gar: »Da stoßen Sie mit Ihren Kompetenzen rasch an Grenzen.« Packen Sie jetzt den Einwand bei den Hörnern und drehen Sie ihn um 180 Grad um:

»Da haben Sie Recht! Wir sind zu teuer! (... zu klein oder gar inkompetent ...) Aber gerade das ist unsere Stärke, weil wir für dieses Geld außergewöhnlichen Nutzen bieten, der Ihnen das Überleben am Markt garantiert, nämlich ... Das zeigt das Beispiel ...«

Sie sehen: Die Vorgehensweise besteht darin, dem Verhandlungspartner auf eine überraschende Weise vollkommen recht zu geben und seinen Einwand, Sie seien zu teuer, mit der Umkehrtechnik aufzuspießen, um eine Ihrer Stärken zu betonen. Und Ihre angebliche mangelhafte Größe kompensieren Sie durch die Eigenschaft der unbedingten Flexibilität und Ihre Inkompetenz durch die unnachahmliche Kompetenz auf einem anderen Gebiet.

Entscheidend ist, dass Sie Ihre Behauptungen belegen und beweisen und ein Beispiel anführen können, mit dem Sie das Gesagte stützen. Ebenso entscheidend ist, dem Verhandlungspartner nicht zu widersprechen – selbst bei den unhaltbarsten Einwänden –, sondern ihm zu antworten, um mit dieser Antwort bei ihm eine 180-Grad-Wende einzuleiten: »Ja, dieser Verhandlungspartner (damit sind Sie gemeint!) bietet tatsächlich einen unschlagbaren Nutzen!«

Auf den Punkt gebracht

Wir nennen dies die kopernikanische Wende im Rahmen der Einwandbehandlung, weil Sie versuchen zu belegen, dass sich nicht die Sonne um die Erde, sondern die Erde um die Sonne dreht, also in der 180-Grad-Verkehrung des Arguments des Verhandlungspartners die Wahrheit liegt.

Dabei müssen Sie gar nicht immer Recht behalten. Wichtig ist vielmehr, das Gespräch im Fluss zu halten und den Gesprächspartner dazu zu bewegen, sich weiterhin mit Ihnen und dem Verhandlungsgegenstand konstruktiv zu beschäftigen. Nageln Sie dabei weder ihn noch sich selbst auf Positionen und Standpunkte fest, die Sie nicht mehr räumen können, ohne das Gesicht zu verlieren. Es ist an dieser Stelle der Verhandlung von immenser Bedeutung, dass alle Beteiligten guten Gewissens im Verhandlungsboot sitzen bleiben können. Sowohl Ihrem Verhandlungspartner als auch Ihnen muss es möglich sein, die gewählte Verhandlungsstrategie weiterhin zu verfolgen.

Sorgen Sie beim Gesprächsabschluss für Verbindlichkeit

Vielleicht vermissen Sie an dieser Stelle Hinweise und konstruktive Tipps, wie Sie in der Verhandlung den Preis verteidigen. Darum noch einmal der Hinweis: Nach unserem Verständnis ist das Verkaufsgespräch eine Verhandlung, die unter erschwerten Bedingungen geführt wird. Pointiert ausgedrückt: Jedes Verkaufsgespräch ist eine Verhandlung, aber nicht jede Verhandlung ist ein Verkaufsgespräch. Darum werden wir uns in den Kapiteln 8 und 9 dezidiert mit dem Verkaufsgespräch beschäftigen – und dann auch die Preisverhandlung thematisieren.

Sieger oder Verlierer – die Wahrheit liegt im Auge des Betrachters

Das wichtigste Ziel in der Abschlussphase der Verhandlung ist, Verbindlichkeit herzustellen und mit einem konkreten Ergebnis abzuschließen und möglichst eine Vereinbarung herbeizuführen. Wie dieses Ergebnis oder diese Vereinbarung letztendlich ausschauen werden, können wir hier nicht vorwegnehmen. Sicherlich: Ihr Ziel war es, die Verhandlung zu gewinnen und möglichst viele Ihrer Ziele oder gar alle durchzusetzen. Aber Sie wissen aus Ihrer Verhandlungspraxis, dass dieses ideale Verhandlungsergebnis selten zustande kommt.

Denkbar ist – um die Extreme zu nennen –, dass Sie unter objektiven Gesichtspunkten als Sieger oder auch als Verlierer den Boxring verlassen, also entweder Ihre Ziele erreichen konnten oder komplett »leer ausgegangen« sind. Sie weichen also keinen Deut von Ihrer Einstellung und Position ab – oder geben sich in allen Punkten geschlagen. Das ist zum Beispiel der Fall, wenn Sie überhaupt eine Chance haben wollen, mit dem Verhandlungspartner zu einem erträglichen Ergebnis zu gelangen. Dann müssen Sie nachgeben – natürlich nicht kampflos, aber letztendlich müssen Sie sich deutlich auf den anderen zubewegen.

Es kann aber auch zu einem Ausgleich zwischen Ihren Zielen und denen des Verhandlungspartners kommen – Ihr subjektives Empfinden wird Ihnen Aufschluss darüber geben, ob Sie sich eher als Sieger oder als Verlierer fühlen. Hier liegt die Wahrheit mit einiger Wahrscheinlichkeit wohl im Auge des Betrachters, der das Verhandlungsresultat mit seinen Erwartungen und Hoffnungen abgleichen muss.

Und natürlich sind viele Zwischentöne möglich – denken Sie nur an die Möglichkeiten, die sich aus dem Widerspiel von Sachergebnis und Beziehungsqualität ergeben. Was ist damit gemeint? Jenes Widerspiel entsteht zum einen durch Ihr Interesse an der Beziehungsqualität zum Verhandlungspartner und zum anderen durch Ihr Interesse am Sachergebnis – dazu ein Beispiel:

- Wenn Ihr Interesse am Sachergebnis und der Qualität der Beziehung zum Verhandlungspartner – aus welchen Gründen auch immer – schwach ausgeprägt ist, können Sie anders vorgehen, als wenn es umgekehrt ist, Sie also ein hohes Interesse an einem guten Ergebnis und einer stabilen Beziehung zum Verhandlungspartner haben.
- Wenn Sie sich in einer schwierigen Verhandlung mit einem strategisch sehr wichtigen Partner befinden, sollten Sie überlegen, ob es nicht klüger ist, in der Sache nachzugeben und ein schlechtes Ergebnis zu akzeptieren, den strategisch interessanten Kunden also auf keinen Fall zu vergraulen.

Die Abbildung 9 (nach Horst Beck) fasst Ihre Alternativen zusammen.

	Interesse an Sachergebnis hoch	Interesse an Sachergebnis niedrig
Interesse an Beziehung hoch	Mögliches Vorgehen: Entgegenkommen mit dem Ziel der Kooperation	Mögliches Vorgehen: Entgegenkommen, mit der Option des Nachgebens
Interesse an Beziehung niedrig	Mögliches Vorgehen: Härte zeigen, bis hin zum »Besiegen« des »Gegners«	Mögliches Vorgehen: Ausweichen und Vertrösten

Abbildung 9: Interesse an Sachergebnis und Beziehungsqualität

Ganz gleich aber, für welches Vorgehen Sie sich entscheiden: Stellen Sie Verbindlichkeit her, sorgen Sie dafür, dass ein konkretes Verhandlungsergebnis erzielt wird. Welche Methoden stehen Ihnen dafür zur Verfügung?

Führen Sie wo immer möglich Teilentscheidungen herbei

Teilentscheidungen, die Ihr Verhandlungspartner zu Ihren Gunsten trifft, sind wichtige Treffer auf dem Weg zum Ziel. Während Sie es vermeiden sollten, sich durch allzu eindeutige

Festlegungen und das konkrete Ja in Ihrer Entscheidungsfreiheit selbst Fesseln anzulegen, hilft Ihnen das Ja des Verhandlungspartners dabei, ihn in die Richtung des von Ihnen gewünschten Resultats zu führen.

Auf den Punkt gebracht

Stellen Sie Fragen, die der Verhandlungspartner nur mit »Ja« beantworten kann.

Ihre Fragen sollten dabei auf relativ nebensächliche Merkmale des Verhandlungsgegenstandes ausgerichtet sein. Sie sprechen etwa Details und Einzelheiten an, die mit dem unmittelbaren Verhandlungsergebnis nicht in direkter Verbindung stehen – fragen Sie nach den möglichen Vertragskonditionen, nach dem Lieferservice, der Rechnungslegung oder der Ersatzteilversorgung. Entscheidend ist, dass Sie den Verhandlungspartner »in der Spur halten«, indem er Ihnen bei Nebensächlichkeiten zustimmt und Teilentscheidungen fällt:

»Es ist also in Ordnung, wenn wir monatlich die Menge ... liefern? ... Gut, dann kann ich Ihnen zusichern, dass die Rechnung immer um den 15. herum kommt. Ist Ihnen das recht?«

Auf den Punkt gebracht

Im Idealfall gelingt es Ihnen dann, behutsam Teilentscheidung nach Teilentscheidung herbeizuführen, bis der Verhandlungspartner Ihnen schließlich bezogen auf den gesamten Verhandlungsgegenstand zustimmt.

Ein weiterer Vorteil: Selbst wenn sich der Verhandlungspartner einmal zu einem »Nein« bei einer Teilentscheidungsfrage entschließt, bezieht sich dies nur auf einen übersichtlichen Bereich des Verhandlungsgegenstandes. Ihr Verhandlungserfolg insgesamt ist also nicht gefährdet.

Teilentscheidungen führen Sie des Weiteren herbei, indem Sie die Annahmetechnik anwenden, etwa durch die folgenden Formulierungen:

»*Nehmen wir an, dass Sie sich für dieses System entscheiden ...*«
»*Nehmen wir an, dass Sie einer Zusammenarbeit zustimmen ...*«
»*Nehmen wir einmal an, dass Sie diese Problemlösung einsetzen ...*«

Auch mit diesen unverbindlichen Formulierungen gelingt es, den Verhandlungspartner zu einem Ja zu bewegen und damit das Gespräch im Fluss zu halten. Der Verhandlungspartner wird durch diese hypothetischen Annahmen nicht verpflichtet, Ihnen zuzustimmen. Aber er kann seine Antwort ohne Prestige- und Gesichtsverlust überdenken – und diese äußern. Und solange dies der Fall ist, stehen Ihnen alle Möglichkeiten der Verhandlungswelt offen, doch noch Ihre Ziele zu erreichen.

Bei der Alternativtechnik schließlich fragen Sie den Verhandlungspartner nach seiner Entscheidung, indem Sie ihm mehrere Alternativen eröffnen. Er kann mithin zwischen zwei für ihn positiven Möglichkeiten wählen. Diese Technik eignet sich gerade in der Endphase der Verhandlung, um Teilentscheidungen herbeizuführen.

Partnernutzen und Nutzenargumente wiederholen

Sie motivieren den Verhandlungspartner zu Teilentscheidungen, indem Sie in der Schlussphase der Verhandlung die Nutzenaspekte wiederholen, bei denen Sie während der Verhandlung gemerkt haben, dass sie für den Gesprächspartner nicht ohne Relevanz sind. Prüfen Sie, ob es im Verlauf der Verhandlung einen Punkt gegeben hat, den der Verhandlungspartner als einen für sich positiven Aspekt verbucht hat, und sei er auch noch so geringfügig.

Dieser Aspekt kann auf der Sachebene der Verhandlung angesiedelt sein, also die Zustimmung des Verhandlungspartners zu einem thematischen Aspekt betreffen:

»Wir waren uns bezüglich des Fusionsaspektes ... doch einig, dass ...«

Oder aber die Zustimmung erfolgte auf der Beziehungsebene: Der Verhandlungspartner hat Sie gelobt oder sich positiv zu Ihrer Art der Verhandlungsführung geäußert. Und diesen Aspekt wiederholen Sie jetzt – am besten in Kombination mit einer Frage, um sich ein Ja und damit eine Teilentscheidung abzuholen:

»Sie haben mir ja zu Beginn unseres Gesprächs zugestimmt, dass es uns trotz aller Probleme gelingen kann, uns zu einigen. Das ist doch korrekt?«

Nun sollte es gelingen, zumindest bezüglich einer Teilentscheidung eine verbindliche Vereinbarung zu formulieren – auch wenn diese Vereinbarung keine Einigung oder kein zählbares Verhandlungsresultat umfasst, sondern lediglich die Aussicht, sich nochmals zu treffen, oder die Hoffnung zum Ausdruck bringt, sich zu einem späteren Zeitpunkt doch noch zu einigen und eine für alle Beteiligten fruchtbare Zusammenarbeit in Gang zu setzen.

Nach der Verhandlung ist vor der Verhandlung

Die Nachbereitung der Verhandlung dient zum einen der Erfolgskontrolle. Zum anderen bietet sie zahlreiche Möglichkeiten zur Verbesserung. Indem Sie reflektieren, was nicht so gut gelaufen ist, legen Sie fest, welche Veränderungen Sie in Ihrer Verhandlungsführung vornehmen sollten.

Zum selbstverständlichen Standardrepertoire gehört der Fachaspekt, bei dem der Verhandlungsverlauf nachbereitet wird:

Welche Aspekte wurden angesprochen, welche Ergebnisse erzielt, welche Aktivitäten müssen nach dem Gespräch angegangen werden? Sind die Verhandlungsziele erreicht worden oder nicht, und wenn nicht, warum nicht?

Wir raten dazu, diese Analyse auch für die einzelnen Verhandlungsphasen durchzuführen und sich sogleich die entsprechenden Veränderungsmaßnahmen zu überlegen. Nutzen Sie dazu die Abbildung 10.

Verhandlungsphase	Notwendig: Das MUSS ich sofort ändern (wie?)	Wünschenswert: Das will ich ändern (wie?)
Vorbereitungsphase (»Trainingslager«, Agenda, TOPS)		
Eröffnungsphase (Begrüßung, Ansprache)		
Argumentationsphase/ Fragumentationsphase		
Einwandbehandlungsphase		
Gesprächsabschluss		
Nachbereitung		

Abbildung 10: Notwendige und wünschenswerte Veränderungen in den einzelnen Verhandlungsphasen

Hinzu kommt der Strategieaspekt: Jede Verhandlung bietet Ihnen die Möglichkeit, Ihre Verhandlungsstrategie zu überprüfen und Korrekturen vorzunehmen. Wenn Sie die Strategieentwicklung zum festen Bestandteil der Nachbereitung machen, setzen Sie einen kontinuierlichen Verbesserungsprozess in Gang.

Auf den Punkt gebracht

Es ist manchmal erstaunlich: Da investieren Verhandler viel Energie, Zeit und Arbeit in die optimale Durchführung einer Verhandlung – und versäumen es, sie ordentlich nachzubereiten. Dabei ergeben sich aus wohl jeder Verhandlung Lernchancen und Hinweise auf Optimierungspotenziale.

Denken Sie auch an die Selbstreflexion, werfen Sie dazu einen selbstkritischen Blick in den Spiegel und untersuchen Sie, wie Sie vor allem in kritischen Situationen reagiert haben: Welche Verhaltensstärken und -schwächen hat die Verhandlung bei Ihnen zum Vorschein gebracht, und zwar bezogen auf Ihre Fach-, Methoden-, Beziehungs- und Kommunikationskompetenz?

Nutzen Sie die Pause nach der siebten Boxrunde zur Selbstreflexion

- Entscheidend bei harten und schwierigen Verhandlungen ist, das Gespräch nicht abreißen zu lassen oder den Verhandlungspartner und sich in eine Situation zu manövrieren, die den Abbruch der Verhandlung nach sich zieht.
- Überprüfen Sie darum Ihre bisherige Verhandlungspraxis, woran es gelegen hat, dass Sie in der Verhandlungseinbahnstraße gelandet sind, aus der es keinen Ausweg mehr gab, also keine wie auch immer geartete Vereinbarung möglich war.
- Gehen Sie in Ruhe die einzelnen Phasen der Verhandlung durch, um Verbesserungspotenziale aufzuspüren.
- Wie ist es um Ihre Kompetenz bestellt, sich von der klassischen Argumentation zu verabschieden und die Fragumentation zu beherrschen, also die Fähigkeit, in aller Konsequenz Fragen zum Verhandlungsgegenstand zu stellen?

Fazit zur siebten Boxrunde

- In der Begrüßungsphase und der Eröffnung der Verhandlung sollten Sie Sicherheit und Selbstbewusstsein ausstrahlen. Sie stellen so von Anfang an klar, dass Sie den Anspruch haben, »Herr oder Frau im Boxring« zu sein, etwa indem Sie auf die Tagesordnungspunkte so viel Einfluss wie möglich nehmen.
- Hauptziel in der Argumentationsphase ist es, nicht in die Verhandlungseinbahnstraße zu geraten, sondern sich einen flexiblen Verhandlungsspielraum offenzuhalten.
- Verabschieden Sie sich von der traditionellen Argumentation. Stellen Sie immer wieder Fragen zum Thema und zum Verhandlungsgegenstand, die Ihren Verhandlungspartner öffnen und ihn veranlassen, Stellung zu beziehen und Informationen preiszugeben, sodass Sie Ihre Argumente doch noch vortragen können.
- Zweinigung, Versachlichung und Metakommunikation verhindern den Verhandlungsabbruch und halten trotz aller Konfrontation das schwierige Verhandlungsgespräch im Fluss, ohne dass Sie Ihre Verhandlungsziele aufgeben müssen.
- Solange es Ihnen gelingt, die Antwortwiderstände Ihres Verhandlungspartners aufzulösen und ihn zu animieren, auf Ihre Fragen zu reagieren, besteht die Möglichkeit, die Verhandlung zu Ihren Gunsten zu entscheiden.
- Es gibt mehrere Alternativen des Verhandlungsabschlusses – wichtig ist, dass der Verhandlungspartner und Sie mit einer verbindlichen Vereinbarung auseinandergehen.

Mit Provozierendem Problemlösungs-Verkauf und Provokanter Preis-Verteidigung das Verkaufsgespräch gewinnen

Ring frei: Was Sie in dieser achten Boxrunde erfahren

- In dieser Boxrunde steht das Verkaufsgespräch im Mittelpunkt – und damit rückt der Verkäufer als Verhandler stärker in den Fokus. Das Verkaufsgespräch ist ein Verhandlungsgespräch unter erschwerten Bedingungen.
- Sie erhalten Tipps, wie Sie – bzw. Ihre Verkäufer – mithilfe des Provozierenden Problemlösungs-Verkaufs (PPV) und der Provokanten Preis-Verteidigung (PPV²) den Kunden und Einkäufer in Schach halten.
- Wir beschreiben, welche Möglichkeiten dem PPV-Verkäufer zur Verfügung stehen, um Entscheider mithilfe von Provokationen dazu zu bewegen, mit Ihrem Unternehmen zusammenzuarbeiten.

- Eine besondere Herausforderung stellt das Preisgespräch dar. Sie lesen, welche Methoden und Techniken dem PPV-Verkäufer dabei zur Verfügung stehen.

Die Prinzipien des Provozierenden Problemlösungs-Verkaufs

Jetzt geht es in eine ganz heiße Phase Ihres Boxkampfes mit dem Verhandlungspartner – der in diesem Fall ein Kunde ist, mit dem Sie sich im schwierig-harten Verkaufsgespräch befinden. Starten wir mit einem konkreten Beispiel.

Nennen Sie die Dinge unmissverständlich beim Namen

Sie verhandeln mit dem Entscheider eines Unternehmens, das Fenster- und Türbeschläge herstellt. Sie wissen, dass Sie es mit einem dominanten und zielorientierten Gesprächspartner zu tun haben – und kommen daher gleich zur Sache: »Herr Kunde, wenn Sie nicht auf Halbautomatisierung umstellen, droht die Gefahr, dass Sie wie Ihr Konkurrent zwei bis drei Prozent Marktanteile verlieren.«

Der Entscheider ist perplex: »Woher wollen Sie das denn wissen?« Sie verfügen über diese Information, weil Sie sich in der Vorbereitung im Trainingscamp mithilfe unserer Trainingseinheiten optimal vorbereitet und im Unternehmen des Entscheiders eine Vertrauensperson aufgebaut haben. Und diese Vertrauensperson hat Ihnen Informationen zum Engpassfaktor des Entscheiders mitgeteilt.

Letzteres können Sie dem Gesprächspartner natürlich nicht mitteilen, darum fahren Sie souverän wie folgt fort: »Das habe ich aus den letzten Presseberichten über Ihr Unternehmen geschlussfolgert. Außerdem gibt es ja auch noch Geschäftsberichte. Ich schätze, Sie wollen den Automatisierungsgrad sogar noch erhöhen, um Personalkosten zu sparen. Von einem Ihrer

Konkurrenten weiß ich, dass dieser Schuss dort nach hinten losgegangen ist. Der Service hat unter dem Personalabbau enorm gelitten. Guter Service braucht motivierte Mitarbeiter. Über kurz oder lang leidet dann natürlich auch die Qualität. Auch Ihnen drohen diese Probleme. Schauen Sie sich doch einmal diese Grafik an: Wenn Sie weiterhin auf das Pferd Automatisierung setzen, wird dies für Sie die folgenden Auswirkungen haben ...«

Keine Angst vor der Provokation

Wenn Sie so vorgehen wie in dem Beispiel, arbeiten Sie nach den Prinzipien des Provozierenden Problemlösungs-Verkaufs, kurz PPV genannt. Sie sehen schon: Im PPV werden einige heilige Kühe geschlachtet: So sind das Beziehungsmanagement und der Vertrauensaufbau nicht länger vordringliche Ziele.

Im PPV ist der Abschied vom Win-win-Denken endgültig vollzogen. Der PPV-Verkäufer hat das Prinzip, selbst das schwierigste Verkaufsgespräch durchaus dominieren und gewinnen zu wollen, verinnerlicht. Seine Einstellung lautet: »Nicht alle Kunden müssen uns lieb haben.«

Auf den Punkt gebracht

Der PPV-Verkäufer hat den Mut, konkrete und gezielte Provokationen zu nutzen, um den Kunden auf eine Problemlage hinzuweisen und die Gefahr zu benennen, die droht, wenn der Kunde seine bisherige Problemlösung beibehält – und nicht die des PPV-Verkäufers.

Das Verkaufsgespräch dreht sich nicht mehr allein um den Beziehungsaufbau, der irgendwann in ein Verkaufsgespräch einmündet. Entscheidend ist: Von Beginn an steht das Kundenproblem im Mittelpunkt; unmissverständlich, emotional, aber zugleich belegbar, also mit Argumenten, Zahlen, Daten und Fakten unterfüttert, legt der PPV-Verkäufer das Engpassproblem auf den Tisch des Hauses. Das ist für den Kunden oft schmerzhaft, muss er sich doch damit auseinandersetzen, etablierte Problemlösungsbahnen zu verlassen und umfassende Veränderungsprozesse einzuleiten.

Das eigentliche Engpassproblem unmissverständlich ansprechen

Bisher ist es eine Selbstverständlichkeit: Der Verkäufer verwendet viel Gedankenschmalz darauf, wie er zum Kunden eine tragfähige Beziehung aufbauen kann. Konventionelle Gesprächsleitfäden sehen vor, zum Beispiel mit einem Small Talk das Eis zu brechen, nach Gemeinsamkeiten zu suchen, das Interesse zu wecken, den Bedarf zu analysieren und die Nutzenargumentation eloquent vorzutragen, um schließlich die Einwände zu behandeln. Dann geht es ab in die Abschlussphase.

Entsprechend sieht die Vorbereitung aus: Der Verkäufer sucht gezielt nach Informationen, die den Vertrauensaufbau ermöglichen und dazu führen, eine gemeinsame Gesprächsbasis zu finden. Natürlich denkt er auch problemlösungsorientiert. Jeder Verkäufer weiß: Mit Beziehungsmanagement allein lässt sich kein einziger Auftrag generieren. Trotzdem gilt für das konventionelle Verkaufsgespräch immer noch: Zunächst einmal will sich der Verkäufer mit dem Kunden auf einer Wellenlänge einschwingen.

Mit einiger Wahrscheinlichkeit wird ein »Beziehungsmanager« in dem Gespräch mit dem »Beschläge«-Entscheider wohl frühestens bei der Bedarfsermittlung das mögliche Engpassproblem zur Sprache bringen. Doch bis dahin sorgt der konventionelle Gesprächsleitfaden dafür, dass es sich beide Gesprächspartner so richtig bequem machen können in der Kuschelecke des vertrauensvollen Beziehungsaufbaus. Der Verkäufer transportiert die Botschaft: »Du musst mir nur vertrauen, dann kann ich dir helfen.« Es scheint fast so, als ob der Verkäufer es um jeden Preis vermeiden will, das eigentliche Engpassproblem anzusprechen. Oft ist die Befürchtung: Das könnte ja zu Auseinandersetzungen und Konflikten im Gespräch mit dem Entscheider führen! Und das will der durchschnittliche Verkäufer um jeden Preis vermeiden.

Aber als aufmerksamer Leser wissen Sie natürlich, dass es immer die Alternative gibt, die Boxhandschuhe anzulegen. Der PPV-Verkäufer verhält sich mithin ganz anders:

Auf den Punkt gebracht

Der PPV-Verkäufer weiß, dass in der heimeligen Komfortzone eine Atmosphäre entsteht, in der es schwierig ist, den Finger in die schmerzhafte Wunde des Engpassproblems zu legen. Darum transportiert er bereits beim Gesprächseinstieg eine andere Botschaft. »Ich kenne dein drängendstes Problem ganz genau. Ich verfüge aber auch über eine Lösung, die besser ist als die bisherige.«

Und selbstverständlich ist der PPV-Verkäufer gewillt, diese Lösung selbstsicher vorzutragen und dabei im Sinne der Verhandlungssieger-Mentalität sehr ungewöhnliche Wege zum Ziel zu wagen.

Kundenprovokationen mit beweisbaren Behauptungen legitimieren

Ein PPV-Verkäufer investiert viel Zeit und Mühe in die Vorbereitung des Kundengesprächs. Er kennt sich in der Branche exzellent aus und verschafft sich mithilfe entsprechender Studien und Untersuchungen einen Überblick über deren Zukunftsaussichten.

Überdies informiert er sich intensiv über die Konkurrenten seines potenziellen Neukunden. Im Beschläge-Beispiel kann er deswegen die fatalen Auswirkungen benennen, die entstehen, wenn der Kunde weiterhin auf die Vollautomatisierung setzt. Er hat sich zudem mit der Marktsituation des Branchenprimus beschäftigt – der Grund: Beim Marktführer werden zukünftige Problemsituationen, die die gesamte Branche betreffen, zumeist frühzeitig erkannt.

Darum prüft der PPV-Verkäufer im Detail, zu welchen Ergebnissen der Branchenführer gekommen ist und welche Lösungen er erarbeitet hat. In dem Beschläge-Beispiel hat der Branchenführer die Krise durch die Umstellung von der Voll- auf die Halbautomatisierung bewältigt.

Diese Vorbereitungen sind notwendig, weil der PPV-Verkäufer die Provokation nicht um ihrer selbst willen aufstellt. Es geht ihm nicht darum, den Kunden zu verängstigen und daraus Kapital zu schlagen. Auf der Basis seiner Recherchen antizipiert er vielmehr mögliche zukünftige Entwicklungen und konfrontiert den Kunden mit Auswirkungsaussagen, in denen er die Konsequenzen beschreibt, die eintreten, wenn sich der Kunde nicht von der bewährten Problemlösung befreit.

Das bedeutet: Er stellt nur provokative Behauptungen auf, die er auch belegen kann – zum Beispiel:

»Wenn Sie bei der Vollautomatisierung bleiben, bedeutet das für Ihre Marktanteile ... Für Ihre Mitarbeiter hat das folgende Auswirkungen... wie diese Grafik belegt ... Dies könnte überdies Konsequenzen für Sie haben ... Für die langfristige Unternehmensentwicklung bewirkt dies ... ... Die Kalkulation zeigt: Das kostet Sie im Jahr ... ich schlage die folgende Lösung vor ...«

Der PPV-Verkäufer geht den Dreischritt »Problembenennung – Auswirkung – Lösung«. Er stellt jetzt keine Auswirkungsfragen, er formuliert vor allem Auswirkungsaussagen. Also nicht: »Was bedeutet das für Sie ...?«, sondern: »Diese Beispielkalkulation zeigt, dass Sie damit rechnen müssen, dass ...« Die Fragumentation, die bei der Verhandlung eine große Rolle spielt, wird in diesem Moment in den Hintergrund gedrängt. Es gilt: besser beweisbare Behauptungen statt Fragen!

Ein weiterer Vorteil dieser Vorgehensweise: Indem der PPV-Verkäufer in dieser Phase des Verkaufsgesprächs weitgehend darauf verzichtet, Fragen zu stellen, verdeutlicht er, dass er das

Problem bereits kennt. Warum dann also noch fragen! Das würde den Entscheider und Gesprächspartner vielleicht nur animieren, darüber nachzudenken, ob es um die Überzeugungskraft, mit der der PPV-Verkäufer spricht, tatsächlich so hervorragend bestellt ist, wie es den Anschein hat. Pointiert ausgedrückt: An dieser Stelle drohen Fragen auf Seiten des Entscheiders, Zweifel an den provokativen Aussagen aufzuwerfen, weswegen der PPV-Verkäufer überprüfen sollte, ob die Fragumentation nicht besser durch beweisbare Behauptungen und konkrete Aussagen ersetzt werden sollte.

Dem Kunden eine neue Sichtweise ermöglichen

Bedeutet PPV, dass der Kunde zu seinem Glück gezwungen werden muss und darf? Nein, keinesfalls. Denn PPV-Verkäufer arbeiten wo immer möglich mit Belegen wie Grafiken, Abbildungen, Charts, authentischen Falldarstellungen, Referenzen und Musterbeispielen sowie Kalkulationen (ROI-Berechnung), mit denen sie ihre provozierenden Behauptungen beweisen. Sie wollen niemanden zwingen, sondern den Kunden zu der Einsicht führen, dass es am besten für ihn ist, mit dem PPV-Verkäufer und seinem Unternehmen zusammenzuarbeiten.

Auf den Punkt gebracht

PPV-Verkäufer erleben es unserer Erfahrung nach immer wieder, dass der Kunde eine neue Perspektive einnimmt. Eine typische Äußerung ist dann: »So habe ich das bisher noch nicht gesehen.« Oder: »Bisher haben wir vor dieser Frage die Augen verschlossen. Gut, dass Sie es so auf den Punkt bringen.«

Verunsicherungsstrategien nutzen

Durch die Provokation stürzt der PPV-Verkäufer den Kunden regelrecht aus der bequemen Komfortzone des kuscheligen Beziehungsaufbaus. Der Entscheider nimmt die entscheidende Frage in den Fokus: »Was muss ich tun, damit mein Unternehmen auch in Zukunft wettbewerbsfähig bleibt und darüber hinaus strategische Wettbewerbsvorteile aufbaut?«

Dabei nutzt der PPV-Verkäufer neben der Provokation weitere Verunsicherungsstrategien:

- Er verunsichert den Entscheider durch die Ansprache der persönlichen Betroffenheit. Selbst Entscheider sind zuweilen der Meinung: »Das ist nicht mein Problem, das ist eine Sache der Geschäftsleitung, sollen die sich darum kümmern, wie wir unsere Maschinenausfallzeiten endlich in den Griff bekommen!« Der PPV-Verkäufer muss nachweisen, welche nachteiligen persönlichen Folgen dem Entscheider drohen, wenn er an der etablierten Lösung festhält: »Was passiert, wenn Sie auf der nächsten Vorstandssitzung gefragt werden, warum Sie nichts gegen die Maschinenausfallzeiten getan haben?«
- Er verunsichert den Entscheider, indem er ihn darauf aufmerksam macht, welche Vorteile ihm entgehen, wenn er sein Standing bei der Geschäftsleitung nicht verbessert. Dazu benennt der PPV-Verkäufer die Vorteile, die der Kunde hat, wenn er sich mithilfe einer innovativen Problemlösung bei der Geschäftsleitung profiliert: »Stellen Sie sich vor, wenn Sie der Geschäftsleitung gleich eine mögliche Lösung präsentieren, nämlich unser neues Service- und Wartungskonzept. So würde sich gewiss auch Ihr persönlicher Stellenwert im Unternehmen und Ihr Ruf als kreativer Problemlöser, der über den Tellerrand seiner Position hinausblickt, erhöhen.«
- Er verunsichert den Entscheider durch Emotionalisierung. Sobald der Kunde auch nur den Ansatz einer Emotion zeigt, verstärkt der PPV-Verkäufer diese. Emotionen – und das gilt selbst für negative – sind geeignet, die Mauern zu sprengen, hinter denen sich der (selbst)zufriedene Kunde verschanzt hat.

- Er verunsichert den Entscheider durch ungewöhnliche Zugeständnisse. »Sie haben Recht, hier stoße auch ich an meine Grenzen« oder »Es kann durchaus sein, dass wir Ihnen dabei nicht weiterhelfen können ...« Ungewöhnlichen Zugeständnissen wie diesen muss jedoch der »positive« Ausweg folgen: »... aber dafür können wir Ihnen im Folgenden Unterstützung bieten ...«
- Er verunsichert den Entscheider durch seine ungewöhnliche Angriffshaltung. Er hat keine Hemmungen und Bedenken, dem Entscheider zu kommunizieren, dass er, der PPV-Verkäufer, die absolut beste Problemlösung im Angebotsköcher hat. Darum stellt er sehr offensiv die Qualität der Problemlösung des Wettbewerbers in Frage – er arbeitet dabei wieder mit Begründungen und belegbaren Argumenten.

Ein kleiner FILMischer Exkurs in den Boxsport: Keine Angst vor dem übermächtigen Gegner

So mancher Boxkampf ist wohl schon vor dem Fight entschieden, sobald ein Gegner sich ein deutliches Zeichen der Schwäche anmerken lässt und dem Gegner signalisiert, dass er sich ihm unterlegen fühlt.

Eine Sequenz des Films *Rocky IV – Der Kampf des Jahrhunderts* symbolisiert dies auf das Eindrücklichste: Dort kämpfen der sowjetische, hünenhafte und Respekt einflößende Ivan Drago, gespielt von Dolph Lundgren, und der ehemalige Schwergewichts-Boxweltmeister Apollo Creed (Carl Weathers) gegeneinander. Apollo Creed nimmt den angeblichen Schaukampf im Gegensatz zu seinem Gegner nicht so richtig ernst. Während der »Begrüßung« der Kämpfer im Boxring wird Apollo klar, dass er keine Chance hat – in diesem Moment ist seinen Augen anzusehen, dass ihn Angst und Selbstzweifel plagen. »Du hast schon verloren«, brummt Ivan Drago.

Der Kampf wird für Apollo tödlich enden.

Ran an die Entscheider!

PPV-Verkäufer haben keine Angst vor großen Tieren: Sie verfügen über das unerschütterliche Selbstbewusstsein, mit dem Entscheider auf Augenhöhe zu verhandeln – und dann sind sie auch in der Lage, ihn zu provozieren.

Sie sehen: Entscheidend ist, mit welchem auch psychologischen Geschick der PPV-Verkäufer seine Provokationen vorträgt – und wem. Es nutzt wenig, wenn er den Gesprächspartner auf der Umsetzungsebene mithilfe seiner nachweisbaren Provokationen wachrüttelt. Im Gegenteil: Dieser wird sich mit einiger Wahrscheinlichkeit gegen den PPV sperren: Er möchte keinen Ärger, keine grundsätzliche Veränderung, sondern lieber, dass alles beim Alten bleibt.

Auf den Punkt gebracht

PPV setzt an bei denjenigen, die über strategischen Weitblick verfügen und über den Tellerrand des operativen Tagesgeschäfts hinausblicken. Er setzt an auf den oberen Etagen, wo der Blick fürs große Ganze vorausgesetzt werden darf und die wichtigen und langfristigen Entscheidungen getroffen werden.

Entscheider fragen selten nach den Bedingungen der Umsetzung einer Problemlösung. Sie sind aufgrund ihrer Ressourcen- und Budgetverantwortung darauf geeicht, ständig nach »der besten Lösung« Ausschau zu halten – in finanzieller, zeitlicher, personeller und auch machtpolitischer Hinsicht. Und daher sind sie eher geneigt, das Bestehende kritisch zu hinterfragen und sich aus der Komfortzone heraus zu begeben.

Übrigens: Wir beobachten in unseren Trainings und Coachings des Öfteren, dass Entscheider und Führungskräfte auf den oberen Ebenen sehr souverän mit dem hier beschriebenen Vorgehen, provokativ und offensiv, ja zuweilen sogar aggressiv zu verhandeln und zu verkaufen, umgehen. Den Entscheidern verlangt es meistens Respekt ab, wenn das Gegenüber das Gespräch als spielerische Auseinandersetzung, als Kampf, als Boxkampf betrachtet und gestaltet. Ihnen imponiert das selbstbewusste und selbstsichere Auftreten, das signalisiert, dass der Gesprächspartner durchaus gewillt ist, die Auseinandersetzung zu gewinnen.

Natürlich gehen sie dabei nie so weit, sich als Verlierer fühlen zu wollen oder eine Niederlage einzustecken. Sie wahren ihre Vorteile und ihren Nutzen, sie sind jedoch zugleich bereit, dem gewinnorientierten Verhandler und PPV-Verkäufer zuzuhören und dessen Vorschläge und Problemlösungen zu prüfen.

Die Konflikte des Entscheiders verstärken

Die meisten Verkäufer kennen sich darin aus, typische Kundenkonflikte zu erkennen und zu lösen. Ob Bedarfs-, Angebots- oder Abschlusskonflikt: Geschulte Verkäufer sind in der Lage, diese Konfliktsituationen an den Äußerungen, Fragen, Einwänden sowie an der Körpersprache und dem Verhalten des Kunden zu erkennen. Es gehört zu ihrem Standardrepertoire, im Gespräch entsprechend zu reagieren und Vorwände zu identifizieren, hinter denen der Kunde den Konflikt, den er gerade austrägt, verbirgt.

Der PPV-Verkäufer geht einen Schritt weiter und stürzt den Entscheider gewollt und gezielt in den Konflikt, ja, er treibt ihn sogar immer tiefer hinein: Er verunsichert ihn, etwa indem er konkret nachbohrt und ihn darüber ins Grübeln bringt, ob sein Engpassproblem tatsächlich auf eine befriedigende Weise gelöst ist. Es geht ihm nicht um Konfliktlösung, sondern um Konfliktverstärkung.

Bedarfskonflikte und Verantwortungskonflikte verschärfen

Wie genau funktioniert die Konfliktverschärfung? Ein Beispiel ist der Bedarfskonflikt: Im klassischen Verkaufsgespräch soll sich der Kunde fragen, ob er ein Produkt benötigt oder nicht. Beim PPV kommt der bereits angesprochene Verunsicherungsfaktor hinzu: »Die Vollautomatisierung hat den Nachteil, dass Ihre Servicequalität leidet.« So stößt der PPV-Verkäufer beim Entscheider einen Reflexionsprozess an, der zur neuen Sichtweise führt.

Ähnliches gilt für den Verantwortungskonflikt: Der Kunde fragt sich, ob er seine Entscheidung verantworten kann: »Ist es richtig oder nicht, die etablierte Problemlösung über Bord zu werfen?« Wiederum findet eine Konfliktverstärkung statt. Der PPV-Verkäufer spricht an, ob der Entscheider mithilfe der neuen Lösung seine Reputation im Unternehmen verbessern kann oder nicht. Er kann mehr verlieren – aber auch mehr gewinnen. Der Konflikt wird insofern verstärkt, als dass die persönliche Betroffenheit des Entscheiders und die persönlichen Konsequenzen des Konflikts in den Mittelpunkt rücken – Sie kennen diese Technik ja bereits: Dazu formuliert der PPV-Verkäufer zum Beispiel: »Wenn es Ihnen gelingt, die Marktanteile Ihres Unternehmens zu sichern oder gar auszubauen, vergrößern Sie Ihren Einflussbereich.« Wiederum geht es darum, die auch persönliche Bedeutung klar anzusprechen, die die neue Problemlösung für den Entscheider selbst hat.

Auf den Punkt gebracht

Der PPV-Verkäufer benötigt vor allem Konfliktverstärkungskompetenz – und nicht nur Konfliktlösungskompetenz.

Bei der Konfliktverstärkung arbeitet der PPV-Verkäufer mit überraschenden Aussagen, etwa: »Wir haben für Ihren Bedarf jetzt eine gute Lösung gefunden. Aber lassen Sie uns prüfen, ob das wirklich stimmt.« Vielleicht fragen Sie jetzt, warum er seine eigene Lösung in Frage stellt. Nun: Je nach der Entgegnung des Entscheiders kann er eine weitere beweisbare Behauptung oder ein Argument vortragen, das zeigt, wie seine Lösung den Kundenbedarf deckt.

Beachten Sie die Grenzen des Ansatzes

»Wer interessieren will, muss provozieren«, so der Künstler Salvador Dalí. Allerdings: Den Entscheider zu provozieren, ist zuweilen riskant. Denn der Entscheider soll nicht derart aufgebracht werden, dass er den Gesprächspartner nach dem Motto »Bestraft den Überbringer der schlimmen Nachricht!« hinauswirft. Im alten Rom wurde dem Überbringer der schlechten Nachricht zuweilen der Kopf abgeschlagen. Beim PPV ist die Intention jedoch, provozierend in den Fokus zu rücken, ob:

- der Kunde sein Engpassproblem erkannt hat,
- die Lösung, die er für die Problemlösung nutzt, auch wirklich die beste und effektivste ist, und
- ob nicht der Lösungsansatz des PPV-Verkäufers der bessere ist.

Ethische Bedenken sind kontraproduktiv

Auf die Frage der Konkurrenzverdrängung gehen wir im neunten Kapitel ausführlicher ein. Hier schon einmal so viel dazu: Verkäufer-Bedenken, so würden sie den Konkurrenten auf unethische Weise verdrängen, sind unbegründet. Natürlich stellt der PPV-Verkäufer aktiv die Leistungsfähigkeit der bestehenden Lösung in Frage. Ethisch fragwürdig wäre das Vorgehen aber nur, wenn er sich *nicht* sicher wäre, über eine bessere Lösung zu verfügen, die dem Kunden Vorteile bringt. Weil er aber im Trainingscamp genau geprüft hat, ob er dem Kunden tatsächlich eine optimale Lösung bieten kann, hat er die Pflicht, dies nun auch zu beschreiben.

Auf den Punkt gebracht

Es geht nicht darum, dass der Kunde eine gute Lösung gegen eine schlechtere austauscht und gleichsam absteigt. Der Erfolg der hier vorgeschlagenen Vorgehensweise steht und fällt damit, dass der Kunde eine gute Lösung gegen eine noch bessere eintauscht.

Trotzdem muss ein PPV-Verkäufer natürlich mit einer ablehnenden Reaktion des Entscheiders rechnen. Etwa dann, wenn dieser vermutet, der Verkäufer wolle vor allem die intakte Kunden-Lieferanten-Beziehung mutwillig zerstören. Und auch beim Kunden, der den klassischen Beziehungsaufbau wünscht und als elementaren Bestandteil des Verkaufsgesprächs voraussetzt, begibt sich der PPV-Verkäufer aufs Glatteis. Dies muss er in Kauf nehmen und akzeptieren.

Das Gespräch abbrechen

An Grenzen stößt der PVV überdies, wenn der Kunde die »Hoffnungsphase« nicht verlassen und nach dem Motto »Es wird schon irgendwie weitergehen« verfahren will. Aber selbst bei solch einer Reaktion bietet PPV dem Verkäufer einen Vorteil: Er erfährt rasch, was überhaupt in dem Unternehmen machbar ist und was nicht.

Beim traditionellen Verkauf mit dem Schwerpunkt »Beziehungsaufbau« kann er oft erst in der Einwandbehandlungsphase eine entsprechende Einschätzung vornehmen – wenn also bereits viel Energie in die Überzeugungsarbeit investiert worden ist. »Eigentlich sind wir mit unserem Lieferanten sehr zufrieden«, heißt es dann plötzlich. Der nun frustrierte Verkäufer muss konstatieren: Er befindet sich am Ende einer Sackgasse.

Im PPV hingegen wird schnell deutlich, ob der Kunde für eine alternative Problemlösung überhaupt empfänglich ist. »Beschleunigung« – das ist einer der wesentlichen Vorteile des PPV. Entscheider und PPV-Verkäufer können zeitnah einschätzen, ob es sinnvoll ist, das Gespräch fortzusetzen. Stößt die Kundenansprache mithilfe beweisbarer Behauptungen auf Ablehnung und Widerstand, ist es meistens kontraproduktiv, das Gespräch fortzuführen. Zuweilen ist ein Ende mit Schrecken besser als ein Schrecken ohne Ende.

> **Auf den Punkt gebracht**
>
> *Den Kunden zur Weißglut treiben, ihn provozieren, die Schmerzen unmissverständlich aufzeigen, die durch Nicht-Handeln drohen: Das passt nicht ins Weltbild vieler Verkäufer. Der PPV-Verkäufer jedoch hat diese Hemmung endgültig überwunden.*

Mit Selbstbewusstsein und Überzeugungskraft in die Provokante Preis-Verteidigung einsteigen

Zum Provozierenden Problemlösungs-Verkauf (= PPV) gehört die selbstbewusste und durchaus Provokante Preis-Verteidigung (= PPV^2). Dabei versteht es sich wohl von selbst, dass die PPV^2 eine besondere Herausforderung darstellt. Denn im Preisgespräch offensiv oder sogar provokant-aggressiv vorzugehen, wird von manchen als Dreistigkeit und verkäuferischer Selbstmord bezeichnet. Wir wollen jedoch betonen, dass die PPV^2 vor allem eine weitere Option ist, die je nach Situation und Kontext eingesetzt werden sollte. Der PPV-Verkäufer muss der Überzeugung sein, dass die Provokante Preis-Verteidigung bei seinem Gesprächspartner die angemessene und richtige Methode ist. Was bei jeder Preisverhandlung gilt, ist beim PPV^2 unumgänglich:

> **Auf den Punkt gebracht**
>
> *Beim PPV^2 muss der PPV-Verkäufer zu 101 Prozent von der Preiswürdigkeit seines Angebots überzeugt sein!*

Sie wissen ja: Der Kunde ist nicht länger DER König, sondern Gesprächspartner auf Augenhöhe. Der Kampf David/Verkäufer gegen Goliath/Kunde ist beendet. Nun begeben sich zwei Goliaths in die Preisschlacht. Heißt das, dass der PPV-Verkäufer nun jeden Preiskampf haushoch gewinnt? Nein. Aber wer allein mit der Kompromissoption in die Preisverhandlung einsteigt, hat von Anfang an verloren.

Den Zeitpunkt der Preisverhandlung bestimmen

Unternehmen und Vertriebsabteilungen müssen sich vom Mythos »Preis-Kompromiss als alleiniger Option« verabschieden und die Preisschlacht auf eine neue Ebene entwickeln: Nehmen wir hier – und im weiteren Verlauf des Kapitels – als Beispiel den B2B-Bereich: Ein Einkäufer will, ja er muss den Preiskampf unbedingt gewinnen. Denn davon sind seine Reputation abhängig, sein Einkommen, sein Image, seine Selbstachtung. Das macht den Preiskampf für den PPV-Verkäufer nicht einfacher, sollte ihn aber veranlassen, genau dies von Anfang an zu thematisieren:

»Liebe Frau Einkäuferin, ich möchte Sie heute davon überzeugen, dass nicht nur unser Produkt/unsere Dienstleistung, sondern auch unser Nutzen unschlagbar sind, und damit auch unser Preis!«

Durch den Einstieg gibt er von Anfang an zu verstehen: »Ich weiß, dass der Preiskampf mit harten Bandagen ausgetragen wird; ich bin aber nicht gewillt, den Sieg kampflos der Gesprächspartnerin zu überlassen!« Nein – der PPV-Verkäufer verfügt über das Selbstbewusstsein, die Kundin von der Preiswürdigkeit seines Angebots zu überzeugen.

Die PPV^2-Strategie umfasst die Bereitschaft des PPV-Verkäufers, von Beginn an agierend und handelnd die Preisverhandlung zu lenken. Dies verdeutlicht er allein schon dadurch, dass er den Zeitpunkt der Preisverhandlung bestimmt und mit einem kräftigen verbalen Gong den Preiskampf einläutet. Das wird den Gesprächspartner vielleicht auch überraschen oder gar verunsichern und ihm einen kleinen Vorteil verschaffen.

Auf den Punkt gebracht

Der PPV-Verkäufer versucht, den Zeitpunkt der Preisverhandlung zu bestimmen. Dies gelingt, indem er den Preis frühzeitig anspricht. Wenn der Gesprächspartner den Preis thematisiert, ist es klug, das Preisgespräch mithilfe vorbereiteter Formulierungen nach hinten zu verschieben. Eine unserer Erfahrung nach hilfreicher Formulierung lautet: »Den Preis bestimmen Sie durch Ihre Erwartungen, Wünsche und Einkaufspolitik zu einem Großteil selbst. Lassen Sie uns darum erst einmal klären ...«

Das heißt: Der PPV-Verkäufer verdeutlicht dem Gesprächspartner seine Verantwortung für den Preis, bestätigt ihn mithin in seiner Erwartung, den Preis zu bestimmen – und zugleich gelingt es, die Preisdiskussion erst einmal zu vertagen, idealerweise auf einen Zeitpunkt, zu dem der Einkäufer den Nutzen, den der PPV-Verkäufer zu bieten hat, kennt und zu schätzen gelernt hat.

Quid pro quo: Gibst du mir, dann geb ich dir – kein Kompromiss ohne Gegenleistung

Selbstverständlich wollen wir jetzt nicht seitenweise all die Techniken und Methoden zur Preisverteidigung beschreiben, die Sie in anderen Büchern viel ausführlicher nachlesen können. Vielmehr stellt sich die Frage, welche Techniken geeignet sind, jene durchaus provozierende Vorgehensweise mit Leben zu füllen. Dazu gehört zum Beispiel: Der PPV-Verkäufer darf niemals aus vorauseilendem Gehorsam einen Kompromiss ohne Gegenleistung vorschlagen. Seine Grundüberzeugung lautet:

Auf den Punkt gebracht

Kein Kompromiss, kein Rabatt, kein Nachgeben ohne Gegenleistung und Entgegenkommen des Gesprächspartners.

Generationen von Verkäufern haben gelernt, dass sie ihren Preis zwar verteidigen, aber als bestmögliche Option einen konfliktvermeidenden Kompromiss anstreben sollen. Wer kennt nicht die Alternative des »goldenen Mittelweges«, bei dem sowohl Kunde als auch Verkäufer von vornherein davon ausgehen – und ihre Strategien entsprechend positionieren –, dass man sich »in der Mitte treffen« wird. Ja, es gibt Unternehmen, die diesen »Nicht-Fisch-nicht-Fleisch-Preiskompromiss« bereits bei der Preiskalkulation berücksichtigen.

Sicherlich gibt es Fälle, in denen die kompromissorientierte Preisstrategie ihre Vorteile und Berechtigung hat. Aber in Zeiten gesättigter Märkte und der unheilvollen Geiz-ist-geil-Stimmung, die auch zu gesellschaftlichen Verwerfungen führt – zumeist werden die durch den Preiskampf entstandenen Verluste durch Einsparungen im Personalbereich kompensiert –, ist es notwendig, sich zumindest eine Alternative zu erboxen und den Preiskampf nicht ohne Weiteres verloren zu geben.

Und darum soll und darf der PPV-Verkäufer mithilfe der »Marginal-Kolossal-Technik« seine Nachlässe, Rabatte und Zugeständnisse ruhig kräftig dramatisieren, also auch ein marginales Nachgeben als kolossales Zugeständnis darstellen – ein Beispiel:

»Ich kann mich nicht erinnern, dass wir schon mal einen Nachlass von 2 Prozent auf dieses Produkt gegeben haben. Ich glaube auch nicht, dass das wieder vorkommt. Aber Sie sind ein harter Brocken.«

Wichtig ist, dass der PPV-Verkäufer dann aber auch nicht vergisst, auch noch das Zugeständnis des Einkäufers zu realisieren.

Jetzt wieder auf die Fragmentation setzen

In dieser Phase verabschiedet sich der provokative Preisverteidiger wieder von der klassischen Nutzenargumentation. Bei dieser stellt er Argumente und Aussagen zum Produkt in den

Raum, die er verteidigen muss. Wir erinnern uns: Nur wenn der PPV-Verkäufer den Gesprächspartner mit beweisbaren Provokationen angeht, ist es opportun, die Fragumentation in den Hintergrund zu rücken. Jetzt aber nutzt er beim PPV^2 wiederum seine Kompetenz, den Gesprächspartner mit klugen Fragen zu lenken. Er möchte dem Kunden, der um den Preis kämpft, keine Ansatzpunkte liefern, seine Aussagen zum Beispiel anzuzweifeln, er will jetzt keinesfalls in eine defensive Position geraten, er will das Heft des Handelns nicht aus der Hand geben. Darum: Er verbleibt strikt auf der Frageebene und bezieht möglichst keine klare Position, indem er es vermeidet, mit klaren Aussagen zu arbeiten.

Provokative Verteidigungslinie fahren UND Schokoladenprinzip anwenden

Den Unterschied zwischen Sach-/Inhaltsebene und Beziehungsebene kennt jeder Verkäufer. Bei der Provokativen Preis-Verteidigung ist der PPV-Verkäufer in der Lage:

- auf der Sachebene provokativ zu argumentieren, den Preis knallhart, aber herzlich zu verteidigen, die Einkäufervorteile, die durch den Kauf entstehen, ins rechte Licht zu stellen, kurz: sich nicht hinter die Verteidigungslinie zurückzuziehen, sondern diese Linie Stück für Stück nach vorne zu schieben.
- auf der Beziehungsebene das Schokoladenprinzip anzuwenden, also den Einkäufer durch freundschaftlich-herzliche Gesten – etwa die sprichwörtliche Tafel Schokolade auf dem Besprechungstisch – zu einem Gespräch auf Augenhöhe einzuladen.

Jetzt werden Sie vielleicht einwerfen: »Was ist denn an dieser Kombination neu?« Nun – nichts. Sie wird aber nach unserer Beobachtung in der Praxis nicht konsequent genug eingesetzt, weil ihre Durchführung im konkreten Gespräch mit dem Einkäufer vom Verkäufer einen permanenten Rollenwechsel verlangt. Er muss sich zum beziehungsorientierten Preisprovokateur und zum provokanten Beziehungsmanager entwickeln, er muss beide Rollen gleichermaßen professionell bedienen.

Und damit haben selbst Verkäufer, die den PPV und die PPV^2 anwenden, Probleme, weil dieser Rollenwechsel in ein und demselben Einkäuferkontakt immer noch eher ungewöhnlich ist.

Den Einkäufer in der »Möglichkeitsspur« halten

Manche Einkäufer werden durch die Provokante Preis-Verteidigung gewiss abgeschreckt. Dies lässt sich verhindern: Der PPV-Verkäufer bringt ihn dazu, sich gedanklich nie von der Möglichkeit zu verabschieden, dass der Produktvorteil den – aus Einkäufersicht gesprochen – Preisnachteil aufwiegt.

Dabei hilft dem PPV-Verkäufer die Sprache – und die bereits angesprochene Argumentation in Frageform: Mit dem Konjunktiv, mit der Möglichkeitsform, kann der PPV-Verkäufer dem Einkäufer immer wieder neue Optionen eröffnen: »Wäre es nicht in Ihrem Sinn, den Produktnutzen und den Preis noch einmal gegeneinander abzuwägen?«

Auf den Punkt gebracht

Die Vorteile des »vagen Konjunktivs« haben Sie bereits kennengelernt. Nun gilt: Formulierungen im Konjunktiv helfen auch dem PPV-Verkäufer, sich nicht festlegen zu müssen. Zudem verlangt er vom Einkäufer so keine Ja-oder-Nein-Entscheidung, sondern er zeigt Alternativen auf: »Was würde passieren, wenn …?«, »Angenommen, der Preis würde stimmen: Welche Erwartungen haben Sie…?«

Solange der Einkäufer zumindest die Möglichkeit erwägt, den vom Verkäufer verlangten Preis doch noch als Verhandlungsalternative anzuerkennen, ist nichts verloren.

Wichtige PPV²-Techniken des PPV-Verkäufers

Der PPV-Verkäufer ist in der Preisverhandlung »mit allen Wassern gewaschen« und beherrscht das gesamte Repertoire der Preisverhandlung. Wenn er seine Preisverhandlungsstrategie in Richtung der Provokanten Preisverteidigung steuert, nutzt er natürlich vor allem diejenigen Techniken und Methoden, denen der »Ruch der Provokation« anhaftet. Dazu gehören die folgenden Techniken.

Mit Debattentechnik den Wind aus den Segeln nehmen

Bei der Debattentechnik stellt der PPV-Verkäufer eine Meinung vor, die nicht seine, sondern die des Einkäufers ist, um sie in einem »Einerseits«-Satz sogar auch noch zu begründen und zu bestätigen: »Sicherlich ist der Preis sehr hoch, und zu Recht überlegen Sie, ob sich der Aufwand lohnt.« Indem er die Perspektive des Einkäufers einnimmt und ihm zustimmt, beweist er, dass er den Gesprächspartner ernst nimmt, und baut Vertrauen auf.

Dann formuliert er die eigene Meinung als Gegenbehauptung und trägt dazu zwei »Andererseits«-Argumente vor, natürlich in Frageform. Er verteidigt den Preis, etwa durch den Produktnutzen und das mehr als angemessene Preis-Leistungs-Verhältnis. Schließlich zieht er eine Schlussfolgerung, am besten im Konjunktiv: »Wäre es nicht eine Überlegung wert, unter diesem Aspekt ...?«

So setzt er die Preisdebatte fort, es ist zumindest möglich, dass der Einkäufer weiterhin über den Preis mit sich reden lässt.

Die Drohung des Einkäufers abschwächen

Das Abschwächungsprinzip hilft, unwillige Einkäufer zu motivieren, wieder in das Gespräch einzusteigen, und läuft wie folgt ab:

- Der Einkäufer sagt im Preisgespräch, er wolle die Zusammenarbeit beenden, weil er sich nicht vorstellen könne, eine gemeinsame Basis zu finden.
- Der PPV-Verkäufer nimmt die Drohung ernst, wertet die Aussage des Einkäufers aber als Überlegung, nicht als Entscheidung. Und meistens ist es ja so, dass Einkäufer solche Drohungen äußern, um die Gegenseite zu verunsichern. Der PPV-Verkäufer lässt sich also nicht ins Bockshorn jagen, sondern begreift die »Kündigung« als mögliche Option, die der Einkäufer in Erwägung zieht, und reagiert mit einem weiteren Nutzenangebot – und einer Abschwächung der Einkäufer-Drohung: »Sie überlegen also, die Zusammenarbeit zu beenden. Bevor Sie sich endgültig entscheiden, lassen Sie mich noch ausführen ...« So hält er das Gespräch im Fluss.
- Und vielleicht baut er sogar eine kleine Provokation ein: »Vergessen Sie nicht, was Ihnen entgeht, wenn Sie sich gegen uns entscheiden ...«

Auch einfach mal den Mund halten

Zum Ende der sechsten Boxrunde haben Sie erfahren, dass selbstbewusste Verhandler das Schweigen aushalten. Das gilt auch für den PPV-Verkäufer, der das Nichtreden als taktisches Instrument der Gesprächsführung einsetzt. So soll der Einkäufer dazu provoziert werden, von sich aus das Preisgespräch fortzusetzen. Der PPV-Verkäufer erarbeitet sich den psychologischen Vorteil, dass es der Einkäufer ist, der an einem Dialog über den Preis Interesse zeigt.

Schweigt der Verkäufer, statt sich – wie der Einkäufer es erwartet – im sicheren Satzbau zu bewegen, sind Irritation und Unsicherheit die Folge. Mit dem Schweigen veranlasst der PPV-Verkäufer den Einkäufer eventuell zu Äußerungen, die er nicht machen würde, bewegte sich das Gespräch weiterhin im Fluss des Dialogs.

Konkretes Beispiel: Der PPV^2-Verkäufer geht auf den Preiseinwand des Einkäufers einfach nicht ein, sondern nimmt ihn zur Kenntnis, ohne ihn zu kommentieren. Das gilt selbst dann, wenn der Einkäufer einen konkreten Preis, den er zu zahlen bereit ist, nennt. Bevor er sich auf eine Preisdiskussion einlässt, schweigt der PPV^2-Verkäufer lieber, ja, er wird zum Philosophen: »Wovon man nicht reden will (nämlich über den Preis), darüber muss man schweigen.«

Und danach bricht der PPV-Verkäufer das Schweigen auf, indem er mit einer Überraschung aufwartet und die provokante Ebene betritt, zum Beispiel:

»Bei dem Preis, den Sie benennen, bin ich nun wirklich nicht mehr sicher, ob wir über dieselbe Qualität und denselben Leistungsumfang sprechen.«

»Sie verlangen einen Preis, den ich Ihnen nicht geben kann. Das Einzige, was wir Ihnen bieten können, ist ein Produkt/eine Dienstleistung, mit dem der Branchenführer im letzten Jahr x Prozent Marktanteile gewonnen hat. Wollen Sie die entsprechende Statistik einmal sehen?«

Auf Widersprüche achten

In der Preisverhandlungsphase wird zuweilen etwas geschwindelt, wer wüsste dies nicht und wollte es abstreiten. Darum ist es leicht möglich, dass sich der Einkäufer gerade in dieser Phase in Widersprüche verwickelt. So behauptet er zum Beispiel, dass der Konkurrent ein viel besseres Angebot unterbreitet hat oder unterbreiten könnte. Vielleicht entdeckt der PPV-Verkäufer aufgrund seiner intensiven Vorbereitung nun Widersprüche in seinen Äußerungen. Diese Widersprüche sollte er dem Einkäufer aber nun nicht nach dem Motto »beim Schwindeln erwischt« unter die Nase reiben, sondern wiederum mit der Fragumentation verbalisieren: »Die Zahlen, die mir vorliegen, lauten aber so ... Kann es denn sein, dass wir eventuell im Vergleich zum Wettbewerber doch für denselben Preis mehr Qualität bieten?«

Er nutzt die Widersprüche also nicht, um den Einkäufer bloßzustellen, setzt aber doch kleine provokante Nadelstiche.

Den Preis verriegeln – und ab und zu mit Humor verhandeln

Bei der Verriegelungstechnik verriegelt der PPV-Verkäufer den Preis, um Nachverhandlungen auszuschließen – dazu sagt er:

»Wenn wir jetzt über den Preis sprechen, dann sind die anderen Bereiche so wie angeboten akzeptiert?«

»Wenn ich auf den Preis eingehen könnte, bekomme ich dann verbindlich den Auftrag?«

Natürlich wird der Gesprächspartner jetzt auch bluffen – das gehört bei der Preisverhandlung zum Standard. Wie aber sollte es der PPV-Verkäufer selbst mit dem Bluffen halten? Unserer Erfahrung nach ist es besser, das Preisgespräch mit einer Prise Humor zu würzen und es ein wenig ins Scherzhafte zu ziehen. Das trägt überdies zur Auflockerung der Stimmung bei. Zwei Topformulierungen, die in diese Richtung weisen, sind:

»Lassen Sie mich bei diesem Preis, den Sie ansprechen, ganz offen sein. Es ist eine Gratwanderung für mich. Gebe ich Ihnen 50 Prozent, dann verliere ich meinen Job. Gebe ich Ihnen keinen Nachlass, verliere ich den Auftrag. Helfen Sie mir, den Knoten zu lösen ...«

»Geben Sie mir 50 Prozent – ha ha, das ist ja schön. Ich wollte Ihnen 70 Prozent geben, nun spare ich schon einmal 20 Prozent, das ist toll. ... So, und jetzt im Ernst.«

Auch der Ausstieg will gelernt sein

Natürlich kann es auch jetzt noch zu dem Abbruch der Preisverhandlung und des Verkaufsgesprächs insgesamt kommen. Aber auch ein gekonnter Ausstieg will gelernt sein, etwa mithilfe der folgenden Formulierung:

»Danke für die intensiven Gespräche und das Engagement, mit dem Sie sich uns gegenüber gezeigt haben. Ich fasse die Punkte zusammen, in denen wir Übereinstimmung erreichen konnten. Das sind die Punkte ... Allerdings scheinen wir gerade in dem Punkt ... nur schwer zusammenfinden zu können. Aus meiner Sicht ist zum heutigen Zeitpunkt unter diesen Umständen eine Einigung schwer vorstellbar. Nochmals vielen Dank für Ihr Engagement und auf Wiedersehen.«

Nutzen Sie die Pause nach der achten Boxrunde zur Selbstreflexion

- Was sagen Sie zu dem Argument, es sei nicht die Aufgabe von Verkäufern, Kunden zu provozieren?
- Es sind vor allem Ihre Verkäufer, die Verkaufsgespräche mit Kunden und Einkäufern führen – darum: Können Sie sich vorstellen, den PPV in Ihrer Vertriebsabteilung zu etablieren? Unter welchen Voraussetzungen kann dies geschehen?
- Was müssen Sie ändern, damit Ihre Verkäufer das Selbstbewusstsein und die Selbstsicherheit aufbauen, um den PPV in ihren Kundenkontakten zu leben?

Fazit zur achten Boxrunde

- Beim Provozierenden Problemlösungs-Verkauf nutzt der PPV-Verkäufer konkrete und gezielte Provokationen, um den Kunden auf eine Problemlage hinzuweisen und die Gefahr zu benennen, die droht, wenn der Kunde seine bisherige Problemlösung beibehält.
- Dabei arbeitet er vor allem mit beweisbaren Behauptungen, Verunsicherungen und der Konfliktverstärkung.
- Entscheidend beim PPV ist eine professionell-sachliche Einstellung zum Kunden: Dieser hat ein Problem und ein elementares Interesse, es zu lösen. Sie verfügen – und zwar beleg- und nachweisbar – über eine entsprechende Problemlösung und stehen daher in der Verpflichtung, dem Kunden diese Lösung zu präsentieren, selbst mithilfe schmerzhafter Provokationen.
- Bei der Provokanten Preis-Verteidigung verteidigt der PPV-Verkäufer seinen Preis kompromisslos und gibt nicht (so schnell) nach. Der Preiskompromiss als goldener Mittelweg zwischen Angebot und Preisvorstellung des Einkäufers und Kunden ist für ihn lediglich eine Option unter vielen.

Der provokant-sympathische Vertrieb und die Verdrängung der Konkurrenz

Ring frei: Was Sie in dieser neunten Boxrunde erfahren

- Der Provokative Problemlösungsverkauf, den Sie im achten Kapitel kennengelernt haben, erfordert von Ihnen, der Vertriebsabteilung und speziell den PPV-Verkäufern eine bestimmte Mentalität – die wir jetzt beschreiben.
- Wir zeigen Ihnen, wie Sie einen provokant-sympathischen Vertrieb aufbauen.
- Sie erhalten Hinweise, wie Sie trotz gezielter Kundenprovokationen sympathisch »rüberkommen«.

Konkurrenzverdrängung als Pflichtübung

Der PPV hat auch zum Ziel, dezidiert Konkurrenzfirmen auf Seite zu drängen. Die PPV-Verkäufer dringen mithin in funktionierende Lieferantenbeziehungen des Kunden ein – und damit stellt sich die Frage nach der ethischen Zulässigkeit dieses Vorgehens, das dann nicht allein Ausdruck eines individuell-subjektiven Charakterzugs des einzelnen Verkäufers ist, sondern Konsequenz der Ausrichtung des Unternehmens und seiner Vertriebsabteilung, und damit Bestandteil der Vertriebsphilosophie.

Was also bedeutet der PPV für die Vertriebsausrichtung insgesamt und diejenigen, die Führungsverantwortung tragen?

Angebotsnutzen ist entscheidend

Aus unserer Beratungs- und Trainingserfahrung wissen wir, dass der Kampf um den Kunden mithilfe einer provokanten Vorgehensweise von vielen mit Skepsis betrachtet wird. Und das ist auch gut so, weil wir hier keinen raubtierhaften Verdrängungsmechanismen das Wort reden wollen. Denn die Haltung: »Darf ich es wagen, der Konkurrenz den Kunden abzuwerben? Ist das nicht unethisch?«, ist zunächst einmal ehrenhaft – aber doch fehl am Platze. Und zwar insofern, als dass Sie dem Kunden, wie bereits angedeutet, eben ein besseres und nützlicheres Angebot unterbreiten als die Wettbewerber und bei der »Abwerbung« nicht zu unfairen Mitteln greifen.

Wir stellen in unseren Trainings oft die Gegenfrage: »Ist es nicht unethisch, wenn Sie dem Kunden Ihr besseres Angebot vorenthalten? Unethisch gegenüber dem Kunden, der einen Anspruch auf die für ihn vorteilhafteste Problemlösung hat – und zudem dem Unternehmen gegenüber, dem Sie verpflichtet sind, seine Interessen zu verfolgen und zu unterstützen?«

Oft beobachten wir dann, dass den Seminarteilnehmern durch diesen Perspektivenwechsel schlagartig deutlich wird, dass ihnen weniger das Interesse der Konkurrenzfirma am Herzen liegen sollte – sondern vielmehr das Interesse des eigenen Unternehmens, und vor allem das Interesse des Kunden.

Wir gehen noch einen Schritt weiter:

Auf den Punkt gebracht

Ein Unternehmen sollte bereits in seiner strategischen Ausrichtung klarmachen, dass es notwendig – und damit erlaubt und unerlässlich – ist, interessante Kunden von der Konkurrenz zu gewinnen.

Das darf aber nicht einfach voraussetzungslos gefordert werden – die Unternehmensvertreter müssen es begründen, etwa indem sie diese Vorgehensweise strategisch legitimieren:

Konkurrenzverdrängung in Unternehmensstrategie einbauen

»Unser Ziel ist es, mit fairen Mitteln und überzeugenden Produkten und Dienstleistungen die Kunden unserer Konkurrenz von unserer Qualität zu überzeugen und für uns zu gewinnen.« – So könnte der strategische Leitsatz lauten, mit dem die Geschäftsleitung und die Führungsebene die Herausforderung der Zukunft benennen. Das heißt konkret: Der strategische Leitsatz muss alle Abteilungen und Geschäftsbereiche durchdringen und allen Mitarbeitern erläutert und nahegebracht werden.

Zudem sollte die Geschäftsleitung klarstellen: Letztendlich sind es die Kunden, die die Gehälter bezahlen und das Überleben des Unternehmens sichern – und letztendlich auch die Arbeitsplätze der Mitarbeiter. Die Konsequenz kann darum nur lauten: »Wir *müssen* Konkurrenzkunden gewinnen!«

Auf den Punkt gebracht

Ein engagierter, auf Wachstum gerichteter Vertrieb darf keine Scheu haben, mit einer gehörigen Prise Aggressivität und Biss, aber auch Sympathie, Charisma und natürlich Kompetenz der Konkurrenz Kunden wegzuschnappen.

Die Cato-Strategie: »Im Übrigen bin ich der Meinung, dass Karthago zerstört werden muss«

Dies war der Standpunkt des Senators Cato, den er am Ende einer jeden Rede vor dem Senat vertreten hat. Klar, eindeutig, unmissverständlich, kompromisslos. Natürlich geht es nicht darum, den Konkurrenten zu zerstören. Konkurrenz*verdrängung* ist das Ziel. Der Wettbewerber ist und bleibt zunächst einmal jemand, der dieselben oder ähnliche Ziele verfolgt und ebenfalls der Meinung ist, er verfüge über »die beste aller denkbaren Lösungen«. Und darum muss der Vertriebsleiter dafür sorgen, dass die PPV-Verkäufer die offene, kreative und ehrliche Auseinandersetzung mit der Konkurrenz suchen, und zwar aktiv und offensiv.

Sympathieaufbau trotz Provokation

Lassen Sie uns die Dinge nochmals auf den Punkt bringen: Den Wettbewerber und Konkurrenten als soften Marktbegleiter sehen – das ist die Mentalität, die, zumindest unserer Erfahrung nach, in vielen Vertriebsabteilungen dominiert. Diese Haltung führt zuweilen in die Sackgasse. Konkretes Beispiel: Vertriebsleiter, die es primär als ihre Aufgabe ansehen, den Konkurrenten als Marktbegleiter zu interpretieren, scheuen sich, dem »lieben« Wettbewerber Marktanteile abzujagen.

Zuweilen wird der Kampf um neue Marktanteile sogar als egoistische Haltung gesehen und die ohnehin problematische Neukundenakquisition durch die harmoniesüchtige Betrachtungsweise noch mehr erschwert. Auf die Spitze getrieben, führt dieser Kurs zur Anbiederung an die Konkurrenz und zur Aussetzung marktwirtschaftlicher Prinzipien. Das muss natürlich verhindert werden.

Auf den Punkt gebracht

Ziel sollte vielmehr sein, zu provozieren – und dabei trotzdem Sympathie zu erwecken.

Kein leichtes Unterfangen. Da Ihre Verkäufer und Sie es beim PPV aber meistens mit Entscheidern zu tun haben, die oft geradezu froh sind, wenn jemand ihre Engpassprobleme unmissverständlich benennt und überraschend-innovative Lösungen präsentiert, kann dies gelingen. Nicht immer, aber immer öfter.

Konkurrenz belebt das Geschäft – das beweisen zum Beispiel die Elektroriesen Media Markt und Saturn, die in Konkurrenz zueinander stehen, obwohl sie beide unter dem Dach der Media-Saturn-Holding agieren, die wiederum von der Metro AG kontrolliert wird. Die Häuser leisten sich jeweils einen getrennten Einkauf und getrennte Werbung und Vertrieb – und verstoßen so gegen die reine Managementlehre. Die Media-Markt-Gründer und -Miteigentümer Erich Kellerhals und Leopold Stiefel begründeten dies – 2011 in einem *SPIEGEL*-Interview – so: »Es funktioniert. Natürlich droht da immer eine gewisse Kannibalisierung, aber die Konkurrenz hält beide wach und ehrgeizig – und die Kundschaft hat eine klare Alternative. Media Markt und Saturn sind am Markt echte Konkurrenten.«

Mittlerweile hat Media-Saturn-Mitgründer Leopold Stiefel seine Anteile an der Elektrohandelskette an den Mehrheitsaktionär Metro verkauft. Trotzdem ist die Media-Saturn-Holding ein Beleg dafür, dass Konkurrenz das Geschäft belebt.

Auf den Punkt gebracht

Was also nottut, ist das Bekenntnis zu einem Unternehmenswachstum auf der Grundlage der intelligenten Verdrängung der Wettbewerber: Wer über gute Produkte und Top-Dienstleistungen verfügt und dem Kunden eine bessere Problemlösung anzubieten hat als dessen derzeitiger Lieferant, darf sich seiner Stärken nicht schämen, sondern muss sie selbstbewusst und selbstsicher präsen-

tieren: »Lieber Kunde, prüfe unsere Lösung! Und wenn du zu dem Ergebnis gelangst, dass wir mehr zu bieten haben als dein bisheriger Dienstleister, Lieferant oder Verkäufer – dann wechsle!«

Die Perspektive und die Strategie wechseln

Eine Aufgabe des Vertriebsleiters ist daher, bei den Mitarbeitern wieder die ureigene Aufgabe des Verkäufers in den Fokus zu rücken – nämlich das Verkaufen. Ebenso, wie der Verkäufer von sich mit Stolz sagt, er sei in der Lage, eine gute Beziehung zum Kunden aufzubauen, muss er mit Überzeugungskraft von sich behaupten können, er führe den Kunden mit Konsequenz und Hartnäckigkeit zum Abschluss. Weil er nämlich die eindeutig besseren Argumente hat als der Wettbewerber.

Der PPV-Verkäufer agiert dabei durchaus provokant und aggressiv – aber er ist lediglich aggressiv im Geiste, weil er weiß, dass er dem Kunden etwas zu bieten hat, was die Konkurrenz nicht im Produktportfolio führt. Er darf also bitte schön nicht mit dem Hochdruckverkäufer verwechselt werden, der den Kunden vor allem unter Druck setzen will. Der PPV-Verkäufer verfügt über eine hohe Abschlussorientierung, ist jedoch zugleich in der Lage, auf den Kunden einzugehen und ihm zuzuhören – aber immer mit der Selbstsicherheit und dem Selbstbewusstsein, dem Kunden letztendlich zu nutzen.

Ein kleiner Exkurs in den Boxsport: Dem Gegner wehtun – aber nicht verletzen wollen

Der bereits zitierte Andy Lane, Professor für Sport und Sportwissenschaft, betont: »Boxer werden häufig gefragt, ob sie ihren Gegner mit Absicht verletzen. Die Antwort ist, dass Boxer (wie alle anderen Wettkämpfer) nur ein Ziel haben – zu gewinnen. Dabei kommt es zwangsläufig auch zu Verletzungen des Gegners. Ein Boxer muss bereit sein, jemand anderem wehzutun, und darf hierbei auch kein Mitleid zeigen – doch das ist etwas anderes, als jemanden mit Absicht verletzen zu wollen.«

> Und das ist letztendlich auch ein Ziel des PPV und des PPV-Verkäufers: Es geht nicht primär darum, den Konkurrenten bloßzustellen, ihn in den Augen des potenziellen Kunden herabzusetzen – der PPV-Verkäufer will allerdings sein Verkaufsgespräch gewinnen und zum Abschluss kommen. Und darum legt er auch kein Mitleid an den Tag, wenn sich der Kunde für die bessere Lösung entscheidet und den Lieferanten wechselt.

Mut-Aktivisten statt Sicherheits-Bewahrer

Der Vertriebsleiter sollte sich nicht davor scheuen, diejenigen Verkäufer, die sich bequem mit dem Status quo des Erreichten arrangiert haben, wachzurütteln. Er weist sie unmissverständlich darauf hin, dass ihm die Betreuung der loyalen Stammkunden nicht ausreicht. Ein Verkäufer muss sich dahin begeben, wo es wehtut – hier gilt der Ausspruch »Verkaufen und Verhandeln ist wie Boxen« wie ein Grundgesetz.

Darum: In ihren Meetings definieren Führungskraft und Mitarbeiter Prozesse, mit denen sie neue Märkte erschließen und neue Zielgruppen erobern können. Indem der Vertriebsleiter diese Devise ausgibt und die neue Zielausrichtung betont, stärkt er diejenigen PPV-Verkäufer, die den Kunden erkennen lassen wollen, dass sein derzeitiger Lieferant eben nicht die Leistungsfähigkeit besitzt wie er, der PPV-Verkäufer.

Neue Verkäufer braucht das Land

Klar ist: Die Cato-Strategie der aktiven Verdrängung des Wettbewerbers erfordert einen anderen Mitarbeitertypus als den allein beziehungsorientierten Softseller.

Gefragt ist der Verkäufer mit Persönlichkeit und hoher Beratungskompetenz, der sich zum problemlösungsorientierten Anwalt der Belange des Kunden entwickelt. Er ist der Spezialist, der dem Kunden nach der durchaus provokanten Problemanalyse eine einzigartige Lösung anbietet, die dann auch wieder zum Sympathieaufbau führt.

Für die Personalpolitik und die Weiterbildung heißt das:

Auf den Punkt gebracht

Gesucht und gefördert wird der kreative Querdenker mit visionärstrategischem Weitblick, dessen Kompetenzen, Werte, aber vor allem dessen Persönlichkeitsprofil zum provokant-sympathischen Verkauf passen.

Bei der Personalsuche, bei Einstellungen und der Festlegung, welche Kompetenzen durch Weiterbildungsmaßnahmen auf- und ausgebaut werden, müssen Faktoren wie Ausstrahlung, Charisma, Charme und Durchsetzungsfähigkeit Berücksichtigung finden.

Natürlich: Ausstrahlung, Charisma, Charme – diese Begriffe müssen mit konkreten Inhalten gefüllt werden: Wodurch zeichnet sich etwa ein Verkäufer aus, der über Ausstrahlung verfügt? Es ist natürlich leichter, eine handwerkliche Verkaufsfertigkeit wie »Einwandbehandlungskompetenz« zu definieren, zu erkennen, aufzubauen und zu schulen. Das entbebt die Verantwortlichen aber nicht der Verpflichtung, bei Personal- und Fortbildungsentscheidungen jene persönlichkeitsorientierten Aspekte ins Kalkül zu ziehen und zugleich die nur auf den ersten Blick »schwammigen« Begriffe wie Ausstrahlung und Charisma zu definieren und mit konkreten Persönlichkeitseigenschaften zu verknüpfen.

Wer mit provokant-charismatischen PPV-Verkäufern auf eine sympathische Art und Weise Kunden von der Konkurrenz abwerben will, darf sich nicht scheuen, den brach liegenden Provokations- und Aggressivitätspotenzialen in der Vertriebsabteilung auf die Spur zu kommen. Harald Scharfenorth, der sich »Aggressivitäts-Trainer« nennt, weist darauf hin, dass aus übertriebenem Harmoniebedürfnis, der Angst vor Konflikten, über-

Die Cato-Strategie

vorsichtiger Verhandlungsführung und Entscheidungsinkompetenz ein enormer wirtschaftlicher Schaden erwächst. Viele dieser Elemente entstünden, weil die Menschen sich nicht trauen, ihr angeborenes Aggressivitätspotenzial auszuleben. Scharfenorth plädiert für faire Auseinandersetzungen mit offenem Visier.

Und tatsächlich:

Auf den Punkt gebracht

Der wachstumsorientierte provokant-sympathische Vertrieb mit hohem Aggressivitätspotenzial hat die Scheu abgelegt, jene Aggressivitätsreserven der Menschen als etwas Schlechtes anzusehen. Mit Biss und Selbstbewusstsein verfolgen Vertriebsleiter und PPV-Verkäufer ihre Expansionsziele, ohne die kämpferische Haltung, die diesem Vertriebsansatz zweifelsohne anhaftet, dominieren zu lassen. Und so kann es gelingen, trotz Provokation Sympathie aufzubauen.

Nutzen Sie die Pause nach der neunten Boxrunde zur Selbstreflexion

- Würden Sie den folgenden Satz unterschreiben? Wettbewerbsvorteile und Marktanteile lassen sich nur halten und ausbauen, Kunden lassen sich nur langfristiger binden und gewinnen, wenn der Vertrieb um eine provokant-aggressive Komponente bereichert wird.
- Wo steht Ihr Vertrieb zwischen den Extremen »zahm-beziehungsorientiert« und »provokant-aggressiv«?
- Welche Veränderungen müssen Sie vornehmen, damit sich Ihr Vertrieb und Ihre Verkäufer in die Richtung »provokant-aggressiv« entwickeln können und wollen?

Fazit zur neunten Boxrunde

- Der engagierte, auf Wachstum ausgerichtete Vertrieb geht mit einer gehörigen Prise Provokation, Aggressivität und Biss aktiv und offensiv die Verdrängung der Konkurrenz an.
- Zugleich muss die Gratwanderung gelingen, dass die PPV-Verkäufer trotz des provokanten Vorgehens Sympathie aufbauen.
- Der Vertriebsleiter ist dafür verantwortlich, dass die Verkäufer die entsprechende Einstellung aufbauen und das dazu notwendige Instrumentarium erwerben.
- Entscheidend ist: Der PPV-Verkäufer hat keine Angst vor der Konkurrenzverdrängung und scheut sich nicht, in eine intakte Kunden-Lieferanten-Beziehung einzudringen und Sand ins funktionierende Getriebe zu streuen. Denn er ist überzeugt: »Ich habe die bessere Lösung im Angebotsköcher!«

Unfaire Attacken des Verhandlungsgegners mit Strategie und Taktik kontern

Ring frei: Was Sie in dieser zehnten Boxrunde erfahren

- Es geht jetzt um die Bewältigung und Beherrschung besonders schwieriger Verhandlungssituationen, die durch unfaire Angriffe des Verhandlungsgegners entstehen.
- Sie erfahren, dass es oft auch einfach Freude und Spaß macht, sich durchzusetzen – insbesondere dann, wenn der Verhandlungsgegner unfair agiert.
- Sie erhalten konkrete und rasch umsetzbare Tipps, wie Sie den 25 unfairsten Attacken und Vorgehensweisen des Verhandlungsgegners auf überraschende und konstruktive Weise begegnen.

Vom Verhandlungspartner zum Verhandlungsgegner

Wahrscheinlich kennt jeder von Ihnen Situationen, in denen der Verhandlungspartner eine Vorgehensweise wählt, die Sie sprachlos und zuweilen auch wütend zurücklässt. Wie Sie damit umgehen, ist Gegenstand dieser zehnten Boxrunde – wobei wir den Verhandlungspartner nun dezidiert als Verhandlungsgegner bezeichnen wollen. Dabei erfüllen die Tipps, mit denen wir gleich starten, zwei Funktionen:

- Mit ihrer Hilfe können Sie den Verhandlungsgegner in seine Schranken verweisen, ihm überdeutlich und schlagartig klarmachen, dass Sie sich nichts gefallen lassen und gewillt sowie gewappnet sind, den Infight anzunehmen und sich zur Wehr zu setzen. Der Begriff »Infight« bezeichnet im Boxsport das unmittelbare Handgemenge und den Nahkampf, mithin eine Boxsituation, in der die beiden Kontrahenten sehr dicht aneinandergeraten. Häufig werden dabei »Haken« gesetzt: ein Schlag, den der Boxer aus der Halb- oder Nahdistanz anbringt. Dabei winkelt er den Schlagarm um 90 Grad an, um den Schlag blitzschnell von unten nach oben auszuführen. So kommt es zu einem Schlag mit enormer Stärke, der mitunter kampfentscheidend sein kann – und das Gleiche gilt auch für den blitzschnellen unfairen verbalen Angriff Ihres Verhandlungsgegners. Sie müssen darauf vorbereitet sein, um den Haken zu vermeiden, zu kontern – oder selbst einen solchen Schlag zu platzieren.
- Allerdings – und das ist die große Herausforderung für Sie – sollen jene Tipps zugleich dazu führen, den unfairen Verhandlungsgegner wieder ins Verhandlungsboot zu hieven. Denn letztendlich ist es ja Ihr Ziel, den Gesprächspartner zwar in seine Schranken zu verweisen, dann jedoch möglichst rasch wieder in die sachliche Verhandlung einzusteigen. Sie wollen weder nachgeben noch den Druck Ihrerseits so erhöhen, dass die Verhandlung scheitert. Das ist der

schmale Grat, auf dem Sie an dieser Stelle der Verhandlung balancieren. Auch der Kompromiss ist aus Ihrer Sicht nicht das primäre Verhandlungsziel, sondern die Möglichkeit, den anderen wieder zur Verhandlungsbereitschaft zu führen, um die sachlich geprägte Verhandlung zu dominieren und zu gewinnen. Zuweilen ist es halt notwendig, auf dem Weg zum Ziel Seiten- und Umwege einzuschlagen. Und dazu gehört an dieser Stelle, dem Verhandlungsgegner im Infight erst einmal zu verdeutlichen: »Bis hierhin – und keinen Schritt weiter!«

Ein kleiner Exkurs in den Boxsport: Rechnen Sie vor allem im Infight mit unfairen Attacken

Natürlich kann Ihr Verhandlungsgegner unfaire Angriffe auch aus der Distanz vortragen und aus der Boxecke heraus mit Psychospielchen Vorteile zu erringen versuchen. Aber beim Infight ist die Gefahr am größten, dass er unfair agiert.

Muhammad Ali gilt als typischer Out-Boxer, der versucht, die Distanz zum Gegner zu halten. Ein Out-Boxer schlägt hauptsächlich lange Geraden und ist auf die Zermürbung des Gegners ausgerichtet. Geduldig wartet er auf die Chance, den One-Punch-Knock-out zu setzen, vielleicht auch mithilfe eines Lucky Punch, also eines einzigen glücklichen Treffers, der zum Knock-out des Gegners führt.

Mike Tyson hingegen ist ein In-Fighter, der direkt in den Gegner hineingeht und vor allem mit Haken und Uppercuts, also Aufwärtshaken, den raschen Knock-out sucht. Tyson hat diesen Boxstil wohl auch wegen seiner geringen Größe und Armlänge bevorzugt, ja bevorzugen müssen. Wegen seiner kurzen Arme konnte sich Tyson Vorteile in der Nahdistanz verschaffen und im Schlagabtausch mit einer ungewöhnlich hohen Schlagfrequenz glänzen.

Auf den Punkt gebracht

Rechnen Sie immer damit, dass Ihr Verhandlungspartner zum Verhandlungsgegner mutiert und unfaire Angriffe startet. Darauf müssen Sie unbedingt vorbereitet sein, damit Sie die unfairen Verhandlungsmethoden des Gegenübers zielführend kontern können.

Überleben im Dschungel

Spätestens wenn der Verhandlungsgegner dafür sorgt, dass sich der Verhandlungsraum zum Kampfplatz entwickelt, sollten Sie sich von der Illusion verabschieden, die Berufswelt – und damit auch die Verhandlung – sei ein Paradies, in dem sich die Glückseligen ausschließlich über den Austausch sachlicher Argumente dem Verhandlungsziel nähern. Nein – nicht nur das Büro, sondern die Berufswelt insgesamt ähnelt oft genug einem Irrenhaus, einem Dschungel, in dem das Recht des Stärkeren gilt. Diesen Dschungel sollte man, so Antonia Cicero und Julia Kuderna, »nur gut ausgerüstet und wohlvorbereitet betreten – und nicht laut singend und durchs Unterholz stapfend, damit Tiger und Klapperschlange gleich wissen, wo sie sich ihr Frühstück holen können«.

Und darum gibt es zahlreiche Bücher von Kolleginnen und Kollegen, die sich mit den Themen »Schwarze Dialektik«, »Kampfrhetorik« und »Schlagfertigkeit« beschäftigen. In diesen Büchern finden Sie unendlich viele Strategien und Taktiken, die zeigen, wie Sie mit unfairen Angriffen umgehen sollten. Bei der Auswahl unserer Tipps haben wir uns jedoch weniger von der Vielzahl dieser Techniken leiten lassen, sondern vielmehr von unseren praktischen Erfahrungen und denen unserer Trainings- und Seminarteilnehmer, die uns immer wieder über Verhandlungssituationen berichtet haben, die durch unfaire Attacken der Verhandlungsgegner geprägt sind. Aus diesen Erfahrungsberichten haben wir eine Hitparade der häufigsten und dreistesten Attacken gebildet, um Ihnen schließlich Strategien und Taktiken an die Hand zu geben, mit denen Sie den Verhandlungstricks Ihrer Verhandlungsgegner begegnen können.

Akzeptieren Sie die Situation und das Verhalten des Verhandlungsgegners

Die Tipps mögen Ihnen helfen, besonders schwierige Verhandlungssituationen zu meistern, die daraus resultieren, dass Ihr Verhandlungsgegner zu Mitteln greift, die sich mit der guten Kinderstube nur schwer vereinbaren lassen. Entscheidend ist, dass Sie die Situation akzeptieren und nicht versuchen wollen, den Verhandlungsgegner zu maßregeln, zu disziplinieren oder gar zu erziehen und zu verändern. Dies führt meistens nur zum Scheitern der Verhandlungssituation. Fokussieren Sie sich darauf, das unfaire Verhalten des Verhandlungsgegners zu attackieren.

Auch unsere Tipps bergen natürlich die Gefahr des Scheiterns in sich, zu diffizil ist die Ausgangslage, dass Sie nämlich auf einen unfairen Gegner treffen und trotzdem die Verhandlung gewinnen wollen. Und darum bildet die folgende Überzeugung die Grundlage für unsere Tipps:

Auf den Punkt gebracht

Bleiben Sie fair, solange sich auch Ihr Verhandlungspartner fair verhält. Sobald er jedoch zum Verhandlungsgegner wird und sich nur noch den Gesetzen des Dschungels verpflichtet fühlt, ist es Ihr gutes Recht, ebenfalls nicht allein mit »einwandfreien« Mitteln zu agieren.

Vermeiden Sie es so weit wie möglich, die Person des Verhandlungsgegners anzugreifen, ihn bloßzustellen oder ihn auf der Identitätsebene anzugreifen. Beziehen Sie sich stets auf das unfaire Verhalten des Verhandlungsgegners.

Natürlich: Das ist schwierig und verlangt von Ihnen, Ihre Gefühle und Emotionen im Zaum zu halten und sich nicht von ihnen leiten zu lassen. Es wäre jedoch völlig kontraproduktiv, der Unfairness des Verhandlungsgegners mit gleicher Münze zu begegnen und den unfairen Angriff mit einer noch böseren Attacke kontern zu wollen. Das wird Ihnen wahrscheinlich in der Hitze des Gefechts nicht immer gelingen – aber denken Sie nur an das Karriereende von Mike Tyson: Der Karriereabstieg des seinerzeit jüngsten Boxweltmeisters aller Zeiten hatte zwar nicht allein mit seiner berüchtigten Beißattacke auf das Ohr seines Gegners Evander Holyfield zu tun. Doch das zutiefst unfaire Vorgehen und der teilweise Abriss des rechten Holyfield-Ohrs verstärkten den sportlichen Abstieg des früheren Weltmeisters, der Holyfield herausgefordert hatte, aber rasch einsehen musste, dass er seinem Gegner boxerisch unterlegen war.

Nach diesem Kampf stand für viele Beobachter und Boxfans fest, dass Mike Tyson trotz seiner furchterregenden Schlagkraft aufgrund seiner charakterlichen Defizite nie zu den wirklich großen und unsterblichen Kämpfern gezählt hat. Worum es uns also geht:

Auf den Punkt gebracht

Hüten Sie sich vor impulsiven Reaktionen, selbst wenn Ihnen der Verhandlungsgegner – im übertragenen Sinn – das Ohr abbeißt. Versuchen Sie, kühl und sachlich das Schlachtfeld zu beherrschen. Durch sein unfaires Vorgehen stellt sich Ihr Verhandlungsgegner selbst bloß – dafür müssen Sie gar nichts tun, das besorgt er wie einst Mike Tyson selbst.

25 Tipps: So setzen Sie sich gegen unfaire Verhandlungsgegner zur Wehr

Ein Boxschiedsrichter hat die Möglichkeit, den Kampf abzubrechen. So weit sollen und wollen Sie nicht gehen. Aber es ist schon richtig, wenn Sie dem Verhandlungsgegner energisch Einhalt gebieten, ihn quasi verwarnen und ihm zwar nicht die rote, aber immerhin doch die gelbe Karte zeigen.

Wie gesagt: Die folgende Hitparade vereinigt die unfairen Verhandlungssituationen, die unserer Erfahrung nach und den Berichten unserer Seminarteilnehmer zufolge am häufigsten zu beobachten sind. Somit ist die Wahrscheinlichkeit groß, dass sie auch Ihnen bereits begegnet sind oder in Zukunft begegnen werden.

Verhandlungstrick 1: Fakten bezweifeln

Beginnen wir mit dem ganz klassischen Fall: Ihr Verhandlungsgegner bezweifelt die Fakten. Diese Verhaltensweise begegnet Verhandlern sehr oft und steht auf Platz 1 unserer Trick-Hitparade.

Grundlage jeder Verhandlung sind Tatsachen und seriöse Informationen. Damit Ihr Gesprächspartner diese nicht anzweifeln kann, sorgen Sie dafür, dass Sie alle Tatsachen, die Sie in das Gespräch einfließen lassen, be- und nachweisen können: durch nachprüfbare Statistiken, Gewährsleute und eine stichhaltige Argumentation. Visualisieren Sie die Informationen mit Hilfe von Folien und anderen »Beweismitteln«.

Falls Ihr Verhandlungsgegner Fakten verdreht und falsch darstellt, haben Sie immer einen Gegenbeweis zur Hand. Überführen Sie den Verhandlungsgegner aber nicht der Lüge – dies sollte nicht Ihr Ziel sein, weil diese Überführung nicht weit von der Bloßstellung entfernt ist. Konzentrieren Sie sich vielmehr darauf, seine Darstellung richtigzustellen: ruhig, sachlich und nochmals ruhig. Dass Ihr Verhandlungsgegner sich dann vielleicht schlecht fühlt und für sein Vorgehen schämt – dafür sorgt er dann schon selbst.

Auf den Punkt gebracht

Der Lüge überführen – nein. Aber: In Widersprüche verstricken – ja. Prüfen Sie, inwiefern Sie den Verhandlungsgegner durch die Tatsache, dass er Fakten anzweifelt, in Widersprüche verwickeln können. Das gelingt, indem Sie wichtige Aussagen mitschreiben und dann sagen können:

»Liebe Frau Müller, vor einer halben Stunde haben Sie gesagt, dass ... Erlauben Sie die Frage: Steht das nicht in einem gewissen Gegensatz zu Ihrer Anmerkung, dass ...? Wie lassen sich diese zwei Aussagen denn miteinander vereinbaren?«

Verhandlungstrick 2: Verhandlungssituation verändern

Wie reagieren Sie professionell, wenn der Verhandlungsgegner die Verhandlungssituation verändert? Ein Beispiel: »Es geht doch gar nicht darum, ob das Unternehmen wettbewerbsfähig bleibt. Die Mitarbeiter sollen einseitig auf Lohn verzichten, das ist der Punkt« – so argumentiert der Betriebsrat und deutet den Verhandlungsinhalt in seinem Sinne um.

Deshalb: Formulieren Sie zu Beginn den Inhalt des Gesprächs so klar und eindeutig wie nur möglich. Legen Sie es schriftlich fest – etwa an der Pinnwand oder dem Flipchart. Schreiben Sie es auf eine Folie – und »werfen« Sie den Verhandlungsinhalt mit dem Beamer an die Wand. Und eröffnen Sie die Verhandlung mit einem eindeutigen Statement.

Je öfter Sie den Verhandlungsinhalt mithilfe verschiedener Medien konkretisieren, umso schwieriger ist es für den Verhandlungsgegner, den Gesprächsinhalt zu seinen Gunsten neu zu definieren. Und wenn er dies dennoch versucht, können Sie ihn auf die Pinnwand, das Flipchart oder die Beamer-Folie verweisen.

Verhandlungstrick 3: Zuständigkeit bestreiten

Das ist ein schon etwas perfiderer Trick: Der Verhandlungsgegner bestreitet Ihre Zuständigkeit und Kompetenz und will Sie verunsichern, etwa so: »Ich versichere Ihnen, ich bin diesbezüglich erfahren genug und außerdem ist dies mein Spezialgebiet. Bei Ihnen bezweifle ich dies. Da werden Sie kaum mithalten können.«

Oder der Verhandlungsgegner verlangt, mit jemand anderem zu verhandeln, weil Sie über zu wenig Entscheidungskompetenz verfügten – so sein Vorwurf. Seine Intention ist klar: Er will Sie ins Bockshorn jagen, Sie verunsichern, Sie eventuell sogar kränken und zu einer unbedachten Äußerung verleiten.

Kontern Sie diesen Verhandlungstrick, indem Sie ihm scheinbar recht geben – und dann die Sachebene thematisieren:

»Auch wenn ich vielleicht über weniger Erfahrung verfüge als Sie: Was sagen Sie denn zu dem sachlichen Aspekt? Wie lauten hier Ihre Einwände?«

Stimmen Sie dem Verhandlungsgegner in den Bereichen zu, bei denen es sinnvoll ist. Zeigen Sie, dass Sie – eventuell im Gegensatz zu Ihrem Gesprächspartner – durchaus die Größe haben und in der Lage sind, abweichende Standpunkte anzuerkennen. Dann jedoch rücken Sie wieder den Sachaspekt in den Mittelpunkt.

An dieser Stelle ist es aber auch erlaubt, verbal mit härteren Bandagen zu kämpfen und dem Verhandlungsgegner klarzumachen, dass Ihre Geduld fast erschöpft ist:

»Im Übrigen sollten weder Sie noch ich uns dazu herablassen, die Verhandlung auf dem Niveau gegenseitiger Verunglimpfungen fortzusetzen. Ich schlage darum vor, dass wir zum eigentlichen Verhandlungsgegenstand zurückkehren.«

Bei dem Aspekt der persönlichen Angriffe betreten wir ein schwieriges Terrain. Denn in vielen Büchern zum Thema »Rhetorik« erfahren Sie, wie Sie bei solch persönlichen Angriffen schlagfertig in die Offensive gehen. Dies wirft allerdings zwei Probleme auf: Weil die Anzahl möglicher Angriffsversuche Ihrer Verhandlungsgegner groß ist, trifft dies auch auf die potenziellen Antworten zu: Denn Ihr Gegenschlag verfängt am besten, wenn Sie den Angriff des Verhandlungsgegners präzise kontern und auf seine Äußerung möglichst punktgenau eingehen. Sie müssten mithin eine Vielzahl an Verbalkontern auswendig lernen, um sie genau in dem Moment einsetzen zu können, in dem Sie sie brauchen.

Das zweite Problem wiegt schwerer: Denn Schlagfertigkeit ist aus unserer Sicht vor allem eine Frage der Mentalität. Nicht jedem – wir behaupten: den wenigsten Menschen – steht sie genau dann zur Verfügung, wenn sie sie wirklich benötigen. Wenn sie jemand mit Häme und Spott überzieht und einen verbalen Angriff fährt, ihnen also zum Beispiel die Kompetenz abspricht, reagieren die meisten Menschen hilflos und unsicher – und sind vor allem eines, nämlich sprachlos. Und diese Tendenz zur Sprachlosigkeit lässt sich selten einfach wegtrainieren. Versprechungen wie »Nie wieder sprachlos« sind daher mit Vorsicht zu genießen. Die entsprechenden Verbalkonter sind nur für diejenigen Verhandler sinnvoll, die sowieso nicht auf den Mund gefallen sind und in brenzlig-heiklen Situationen stets einen muntern Spruch parat haben, der den Verhandlungsgegner verstummen lässt.

In der Regel jedoch gilt: Die tollen Verbalkonter, fleißig auswendig gelernt und überdies präzise auf den Wortlaut des Verhandlungsgegners ausgerichtet, fallen den meisten Menschen also just genau dann *nicht* ein, wenn sie sie in der hitzigen Verhandlungssituation am dringendsten brauchen.

Wenn es auch Ihnen so ergeht, was also tun?

Auf den Punkt gebracht

Wir empfehlen, sich selbst ins Spiel zu bringen und sich schlicht und einfach gegen verbale Scharmützel zu verwahren. Sätze wie »Ich möchte, dass Sie damit aufhören, meine Kompetenz anzuzweifeln« und »Ich will, dass Sie sofort diese hämischen Kommentare sein lassen« können Sie mit leichten Abänderungen auf viele kommunikative Herausforderungen und verbale Angriffe anwenden.

Wichtig ist, dass Sie aus der Opferrolle heraustreten und dem Verhandlungsgegner unmissverständlich verdeutlichen, dass Sie keinesfalls bereit sind, seine Angriffe widerstandslos hinzunehmen. Wenn Sie darüber hinaus den einen oder anderen spitzfindigen Verbalkonter auf Lager haben – umso besser.

Verhandlungstrick 4: An der Ehre packen

»Sie haben doch was zu sagen! Oder nicht? Das können Sie doch selbst entscheiden, oder sollte ich mich in Ihnen getäuscht haben?« Dieser Verhandlungstrick ist ein sehr naher Verwandter des dritten Verhandlungstricks: Der Verhandlungsgegner will Sie provozieren und bei der Ehre packen. Und er möchte Sie dazu verleiten, Position zu beziehen. Sein Ziel:

- Wenn Sie jetzt sagen, dass Sie durchaus eine Entscheidung fällen können, wird der Verhandlungsgegner Sie festnageln und fragen, was Sie daran hindert, hier und jetzt die Entscheidung zu treffen. So setzt er Sie unter Zugzwang.
- Wenn Sie hingegen einräumen, Sie verfügten tatsächlich nicht über die notwendige Entscheidungsbefugnis, verschaffen Sie dem Verhandlungsgegner einen uneinholbaren Vorsprung. Sie geben zu, dass jemand anderer als Sie die Kompetenz besitzt, die Sie bisher sich selbst zugesprochen haben.

Ein Ausweg besteht darin, direkt zu kontern: Dabei fragen Sie den Verhandlungsgegner, wie es um seine Zuständigkeit bestellt ist und inwiefern es ihm möglich ist, hier und heute eine Entscheidung zu treffen. Verstärken Sie den Druck, indem Sie den Eindruck äußern, dass jemand anderer im Hintergrund die Fäden zieht. »Wäre es nicht sinnvoll, diese Person mit an den Tisch zu holen, damit wir ein Ergebnis erzielen, das im Sinne Ihres Unternehmens ist?«

Das heißt: Drehen Sie bei Beleidigungen und ehrabschneidenden Äußerungen grundsätzlich den Spieß um: Auf einen groben Klotz gehört ein grober Keil. Selbstverständlich ist es immer der Königsweg, bei Beleidigungen und persönlichen Angriffen durch den Verhandlungsgegner souverän zu bleiben, nicht verlegen oder beleidigt zu reagieren und vielmehr konstruktiv zu agieren. Aber das ist sehr schwierig. Atmen Sie ruhig durch und versuchen Sie, durch eine Frage – Sie erinnern sich an die Fragumentation – wieder ins Gleichgewicht zu kommen. Eine bewährte Methode ist, sich nach dem ruhigen Durchatmen den Verhandlungsgegner in einer peinlichen Situation vorzustellen, um sich so von ihm zu distanzieren und über ihn zu erheben und zu einer neuen Gelassenheit zurückzufinden.

Verhandlungstrick 5: Verhandlungsverlauf schlechtreden

Der Verhandlungsgegner betont, wie schlecht, schleppend und ergebnislos die Verhandlung verläuft – und gibt Ihnen die Schuld daran.

Klug ist es, wenn Sie in die Verhandlung mit Punkten einsteigen, bei denen bezüglich eines kleinen Verhandlungsausschnittes eine rasche Einigung möglich ist. Sie können dann ein Zugeständnis machen und im späteren Verlauf, wenn der Verhandlungsgegner den Verhandlungstrick 5 anwendet, darauf hinweisen:

»Ich bin nicht Ihrer Meinung, dass ich die Verhandlung verschleppe und für den zögerlichen Fortschritt verantwortlich bin. Darf ich Sie daran erinnern, dass ich Ihnen bei dem Punkt ›Lieferkonditionen‹ entgegengekommen bin?«

Bedenken Sie überdies: Zugeständnisse, die Sie eingegangen sind, sollten Sie immer wieder und so häufig wie möglich erwähnen. Weisen Sie darauf hin, dass Sie jetzt auch vom Verhandlungsgegner Zugeständnisse erwarten.

Verhandlungstrick 6: Verallgemeinerung und Relativierung

Das ist dreist: Der Verhandlungsgegner verallgemeinert Einzelfälle und relativiert Ihre Aussagen: »Das kann man aber auch so sehen ...« Vielleicht ist es das Ziel des Verhandlungsgegners, sie mürbe zu machen und die Verhandlung zäh wie Kaugummi in die Länge zu ziehen. Da müssen Sie wahrscheinlich durch – mit Geduld, Hartnäckigkeit und Ausdauer.

Zudem empfehlen wir: Bleiben Sie immer konkret, arbeiten Sie mit sachlichen Argumenten. Verweisen Sie vor allem auf die konkrete Situation, wegen der die Verhandlung stattfindet – eine Musterformulierung lautet: »Natürlich können Sie das auch anders sehen, aber der vorliegende Fall zeigt doch eindeutig, dass ...«

Verhandlungstrick 7: Verwirrtechnik durch neue Forderungen

Der Verhandlungsgegner versucht Sie zu verwirren und zu überrumpeln, indem er eine weitere Forderung stellt, obwohl die Einigung schon fast erreicht werden konnte: »Wenn Sie mir jetzt noch bei den Lieferkonditionen entgegenkommen, dann sind wir uns einig!« Ein guter Gesprächsleitfaden, den Sie in der Vorbereitungsphase erarbeitet haben, hilft Ihnen, sich von den Verwirrspielen des Verhandlungsgegners nicht beeinflussen zu lassen. Nachgeschobene Forderungen weisen Sie zurück, indem Sie sich auf die bereits besprochenen Aspekte zurückziehen:

»Ich dachte, wir wären uns bereits einig. Lassen Sie uns die diskutierten Punkte nochmals durchgehen.«

Dabei wiederholen Sie die Nutzenaspekte aus der Sicht des Verhandlungsgegners, um ihm zu verdeutlichen, dass seine Forderung »zu viel des Guten« ist.

Verhandlungstrick 8: In kleinen Dingen Zugeständnisse machen, um bei wichtigen Punkten mehr zu erreichen

Ist es wirklich unfair von Ihrem Verhandlungsgegner, wenn er Ihnen Zugeständnisse macht? Eigentlich nicht, und dann aber doch, wenn er dies eigentlich nur tut, um Sie in Sicherheit zu wiegen und danach nur umso heftiger zuzuschlagen.

Das ist übrigens eine Taktik, die auch im Boxen angewendet wird: Der Boxer ermöglicht seinem Gegner, in einer offenen Flanke seine Treffer zu setzen. Er geht also im übertragenen Sinn Zugeständnisse ein. Dadurch fühlt sich der Gegner immer sicherer – er wird euphorisch und unvorsichtig. Und dann erfolgt der Konter in seine offene Deckung. Dies führt beim getroffenen Boxer überdies zu erheblichen psychologischen negativen Folgen: Der Schmerz des Schlages selbst ist schon lange vergessen, während der Treffer im Kopf fortwirkt: »Wie konnte ich nur so dumm sein und mich von den ›Zugeständnissen‹ blenden lassen ...«

Auf den Punkt gebracht

Augen auf und Vorsicht bei den Zugeständnissen Ihres Verhandlungsgegners!

Hinzu kommt: Lassen Sie sich von den Zugeständnissen nicht blenden. Denn nicht die Anzahl der Zugeständnisse zählt, sondern nur deren Gewicht. Quantifizieren Sie darum die Zugeständnisse und lassen Sie sich nicht von der Anzahl beeindrucken.

Verhandlungstrick 9: Der Wink mit dem moralischen Zeigefinger

Kennen Sie das? Der Verhandlungsgegner erhebt den moralischen Zeigefinger und appelliert an Ihr Entgegenkommen und an die »hohen ethisch-moralischen Wertvorstellungen«, die doch ansonsten Ihr Verhalten prägen würden. Er spricht Ihnen guten Willen und Ihr Anständigkeitsgefühl an. Merke: Wer mit sachlichen Argumenten nicht weiterkommt, verlegt sich auf den Moralappell und die Wertebene: »Unter ethischen Gesichtspunkten müssen Sie mir doch zustimmen!«

Unser Rat: Stimmen Sie plakativen Äußerungen zunächst plakativ zu – um dann wieder konkret zu werden:

»*Sicherlich ein interessanter Aspekt, aber was bedeutet das für unser Thema? Ich meine ...*«

Verhandlungstrick 10: Mit Vorwürfen Druck erzeugen

Wir schließen die Top-10 unserer Trick-Hitparade mit einem Trick ab, der vor allem in Verkaufsverhandlungen von findigen Einkäufern angewendet wird: Der Verhandlungsgegner steigt mit einer Reklamation in die Verhandlung ein. Sinn und Zweck dieser Vorgehensweise ist es, bei Ihnen einen Schuldkomplex aufzubauen. Dieses unfaire Vorgehen ist allerdings kein Privileg von Einkäufern und Verkaufsverhandlungen, sondern kann Ihnen als »Vorwurf-Technik« auch in anderen Verhandlungen widerfahren: Der Verhandlungsgegner macht Ihnen einen Vorwurf, der allerdings auf einem Faktum beruht.

Zurück zur Verkaufsverhandlung. Nehmen wir an, die Reklamation ist sogar gerechtfertigt. Da Verkäufer vielfach mit der Qualität ihrer Häuser hadern, trifft sie eine Reklamation oft tief ins Mark – konkretes Beispiel: Ein ehemaliger strategischer Einkäufer bei einem großen Elektronikkonzern, der inzwischen Geschäftsführer eines namhaften Werkzeughändlers und dort für den Vertrieb verantwortlich ist, erzählte uns, dass es bei dem Konzern eine normale Vorgehensweise gewesen sei, im gesamten Unternehmen, das von den jeweiligen Verkäufern vertreten wurde, zu recherchieren, ob irgendeine Unregelmäßigkeit vorliege, um damit die Verhandlung zu eröffnen. Es wurde also offensiv nach einem Grund gesucht, den Verkäufer mit einem (einigermaßen) gerechtfertigten Vorwurf unter Druck zu setzen.

Viele Verkäufer fühlen sich dann ertappt und gehen unmittelbar in die Verteidigungshaltung, ordnen sich also unter. Der Einkäufer beherrscht damit die Ringmitte und treibt den Verkäufer vor sich her.

Auf den Punkt gebracht

Die Gegenwehr besteht darin, sich auf diesen Umstand vorzubereiten. Recherchieren Sie in allen Abteilungen Ihres Hauses, ob es einen Ansatzpunkt gibt, den der Verhandlungsgegner gegen Sie verwenden könnte, um Druck aufzubauen. Vielleicht ist es sogar möglich, den Bearbeitungsstand dieses Vorgangs herauszufinden.

Nutzen Sie überdies Ihre Kontakte ins Haus Ihres Kunden, also zum Beispiel des Einkäufers. Das sollten Sie jedoch nicht erst unmittelbar vor der Verhandlung, sondern laufend tun. Denn Freundschaften mit Personen aus dem Haus des Verhandlungsgegners wollen gehegt und gepflegt werden.

Werden Sie dann mit dem Reklamationsvorwurf konfrontiert, fällt Ihnen die Antwort leicht. Sie antworten, dass Sie jetzt irritiert seien, denn die Erkundigungen in Ihrem Haus hätten ergeben, dass keine Reklamation vorliege oder diese zur Zufriedenheit des Unternehmens Ihres Verhandlungsgegners abgearbeitet worden sei. Dieser Status sei aus dem Haus des Einkäufers sogar bestätigt worden. Schlagen Sie dann dem wahrscheinlich konsternierten Verhandlungsgegner vor, die Reklamationsangelegenheit getrennt von der Verhandlung zu besprechen.

Überlegen Sie zudem, ob es möglich ist, den Vorwürfen der Gegenseite zuzustimmen. Dieser Vorschlag mag auf den ersten Blick überraschen. Sinn und Zweck dieses Konters ist es, den Verhandlungsgegner zu irritieren und seinen Vorwurf insgesamt ins Leere laufen zu lassen. Suchen Sie darum nach einem Aspekt im Vorwurf des Verhandlungsgegners, dem Sie mithilfe einer allgemeinen und floskelhaften Aussage zustimmen können:

»Das stimmt, die Welt ist halt oft ungerecht. ... Wahrscheinlich haben Sie mit Ihrer Aussage ... nicht unrecht. ... Es freut mich, dass Sie darüber auch so denken.«

Verhandlungstrick 11: Sich größer machen, als man ist

Oft unterstreichen Verhandlungsgegner ihre eigene Verhandlungsposition ins Unermesslich-Übertriebene. Ziel ist: Sie überlegen es sich dreimal, ob Sie es sich mit diesem »einflussreichen und mächtigen Marktplayer« verscherzen wollen, und sind darum eher bereit, nachzugeben. Zudem will Ihr Verhandlungsgegner Ihnen so Ihre angebliche Bedeutungslosigkeit suggerieren. Trotzdem sei er, so betont er generös, gerne bereit, auch zukünftig mit Ihnen und Ihrem Unternehmen zusammenzuarbeiten.

Zunächst einmal: Erkennen Sie dieses Aufblähen zum Goliath als das, was es ist, nämlich als Versuch, Sie einzuschüchtern. Lassen Sie sich nicht beeindrucken und schon gar nicht einlullen. David hat Goliath besiegt, obwohl er dem übermächtig erscheinenden Riesen offenbar unterlegen war. Und dann: Besinnen Sie sich auf Ihre Stärken und bedenken Sie: Wenn Sie tatsächlich so bedeutungslos wären, wie Ihr Verhandlungsgegner es Ihnen einreden will, würde er mit Ihnen gar nicht erst den Kontakt und das Gespräch suchen.

Verdeutlichen Sie dem Verhandlungsgegner, dass Sie sich Ihres Wertes bewusst sind und vielleicht sogar er es ist, der sich glücklich schätzen darf, dass SIE bereit sind, mit ihm zu verhandeln. Er muss verstehen: Sie sind keineswegs von der Zusammenarbeit mit dem Verhandlungsgegner abhängig – im Gegenteil: Eventuell ist es sogar umgekehrt.

Verhandlungstrick 12: Den Verhandler reden lassen, und reden, und reden ...

Sie sind erstaunt, Sie freuen sich: Der Einkäufer oder Gesprächspartner lässt Sie reden und reden und reden. Er hört genau zu, stellt Fragen, lässt anscheinend Sie das Gespräch dominieren und lenken. Sie sind es, der den größeren Redeanteil hat.

Sie ahnen es natürlich: Gerade das kann das Kalkül Ihres Verhandlungsgegners sein. Den Anderen sprechen lassen, dessen Redefluss in Gang halten, dafür sorgen, dass Sie sich verausgaben und zu viel reden – all dies liegt in der Absicht Ihres Verhandlungsgegners.

Es ist – wieder einmal – wie beim Boxen. Sie müssen aufpassen, dass Sie nicht überpacen. Wer von Anfang an eine hohe Schlagfrequenz aufbaut, den drohen am Ende die Kräfte zu verlassen. Erschöpft hängen Sie dann in den entscheidenden Phasen der Verhandlung in den verbalen Seilen und können sich gegen den Angriff Ihres Verhandlungsgegners nicht mehr ausreichend zur Wehr setzen.

Hinzu kommt: Wer (viel) redet, der gibt auch (viele) Informationen preis und redet sich um Kopf und Kragen. Der geübte Zuhörer pickt sich die Rosinen aus Ihren Aussagen heraus. Und dann gibt es in jeder lang andauernden Verhandlung immer wieder die Situation, dass man, dass Sie sich in Widersprüche verstricken. Darum: Je weniger Sie sprechen, desto geringer ist die Gefahr, dass Ihnen dies passiert.

Es ist die Ihnen bekannte Fragmentation, die dazu führen soll, dass es genau umgekehrt ist und Ihr Verhandlungsgegner möglichst viel redet und von und über sich berichtet. Er ist es, der sich in Widersprüche verzetteln und Dinge preisgeben soll, die Ihnen von Nutzen sind.

Eine Alternative: Schweigen Sie einfach kurz – und dann stellen Sie Fragen, und zwar ganz einfache: »Stimmt das? Sehen Sie das auch so? Oder wie stehen Sie dazu? Was meinen Sie?« Beim Boxen heißen diese einfachen Fragen – im übertragenen Sinn – Entlastungsschläge. Ihr Gesprächspartner muss antworten und Sie gewinnen Zeit.

Auf den Punkt gebracht

Spielen Sie nie alle Trümpfe aus, behalten Sie immer noch etwas in der Hinterhand, zum Beispiel eine offene Frage, die den Verhandlungsgegner doch noch zum Reden animiert. Legt Sie Ihre Karten nie zu früh und nie vollständig auf den Tisch.

Verhandlungstrick 13: Verhandlungsinhalte ausschließen

Wenn der Verhandlungsgegner Verhandlungsinhalte nicht nur verändert (siehe Verhandlungstrick 2), sondern sie sogar ausschließt oder zurückstellt, unternimmt er den Versuch, das Gespräch in seinem Sinn inhaltlich zu beeinflussen. Entscheidend ist, dass Sie an dieser Stelle so zeitnah und sachlich wie möglich korrigierend eingreifen: »Sie vergessen, dass dies ein wichtiger Aspekt unseres Themas ist. Diesen Aspekt können wir nicht einfach links liegen lassen.« Verweisen Sie wiederum auf Ihre Zusammenfassung des Verhandlungsthemas auf der Pinnwand oder dem Flipchart.

Auf den Punkt gebracht

Ziehen Sie mehrmals während des Gesprächs und zum Verhandlungsende ein Resümee. Fassen Sie die Verhandlung zusammen, bringen Sie dabei die Ihnen wichtigen Aspekte ins Spiel – vor allem diejenigen, die der Verhandlungsgegner ausschließen will.

Verhandlungstrick 14: Unter Zeitdruck setzen

Der Verhandlungsgegner lässt Sie warten, unterbricht Sie, drängt auf rasche Infos, treibt das Gespräch aktionistisch voran: All diese kleinen Zeitsticheleien dienen dazu, Sie zeitlich unter Druck zu setzen, sodass Sie davon abgehalten werden, die für Ihr Unternehmen und Sie relevanten Punkte zu benennen und die Ihnen wichtigen Fragen zu stellen und Argumente in Ruhe vorzutragen.

Deswegen sollten Sie auf den pünktlichen Beginn der Verhandlung drängen und die Verzögerungstaktiken von Beginn an unterlaufen, indem Sie immer wieder rasch auf den Punkt kommen, mithin den Verhandlungsgegenstand thematisieren. Notfalls sollten Sie einen neuen Termin anberaumen, sich also keinesfalls dem zeitlichen Diktat des Verhandlungsgegners beugen.

Eine Alternative besteht darin, zu verdeutlichen, dass Sie alle Zeit der Welt haben. Geben Sie dem Verhandlungsgegner zu verstehen, dass Sie durchaus warten können und sein Aktionismus Ihnen nur ein müdes Lächeln auf die Lippen zaubert.

Verhandlungstrick 15: Ultimatum androhen

Das ist fatal: Der Verhandlungsgegner arbeitet mit einem Ultimatum: »Entweder Sie akzeptieren diese Bedingungen sofort/in den nächsten Minuten – oder die Verhandlung und die Zusammenarbeit sind beendet. Es warten genügend Konkurrenzfirmen auf unsere Auftragserteilung.« Er will so natürlich den Druck erhöhen, Angst vor dem Gesprächsabbruch erzeugen und Sie zu einer raschen – und damit vielleicht auch unbedachten – Entscheidung zwingen.

Wie sollen Sie reagieren? Versuchen Sie, die verschiedenen Möglichkeiten durchzuspielen. Eventuell können Sie das Thema wechseln oder eine Frage stellen, die den Verhandlungsgegner von dem Ultimatum abrücken lässt. Loben Sie ihn für sein »konsequentes und unnachgiebiges Vorgehen« – und fahren Sie ruhig und sachlich fort, ohne auf das Ultimatum einzugehen.

Die Alternative: Thematisieren Sie das Ultimatum, signalisieren Sie, auch unter der Gefahr des Verhandlungsabbruchs, dass dieses Spiel bei und mit Ihnen nicht funktioniert. Jedoch: Bauen Sie dem Verhandlungsgegner mithilfe der Fragumentation eine letzte Brücke, zum Beispiel:

»Was lassen Sie uns denn nun noch für Möglichkeiten offen? Sie setzen uns die Pistole auf die Brust. Das können wir nicht akzeptieren. Sollten wir nicht nach einer partnerschaftlichen Lösung suchen? Was hat Sie denn so verärgert, dass Sie uns nun dieses Ultimatum aufzwingen wollen?«

Betritt der Verhandlungsgegner auch diese goldene Brücke nicht, ist es wohl richtig, einen neuen Termin zu vereinbaren, verbunden mit dem Hinweis, dass sich bis dahin gewiss die Gemüter beruhigt haben werden.

Auf den Punkt gebracht

Generell gilt: Lassen Sie sich nicht drohen. Und Nachgeben ist (meistens) gleichzusetzen mit Kapitulation. Wenn der Verhandlungsgegner mit dem Ultimatum oder einer anderen Drohung jetzt Erfolg hat, wird er es immer wieder versuchen, sich auf diesem Weg durchzusetzen. Es hat ja einmal geklappt, warum nicht auch beim nächsten Mal! Darum: Machen Sie sich gerade und zeigen Sie Rückgrat. Je nach Position werden Sie an dieser Stelle die Unterstützung und den bedingungslosen Rückhalt Ihrer Führungskraft benötigen.

Verhandlungstrick 16: Mit Störungen Verhandlungsfluss behindern

Wenn der Verhandlungsgegner aktiv eine Störung herbeiführt, um Sie aus dem Konzept zu bringen, sollten Sie zunächst einmal mit Humor darauf eingehen – ein Beispiel: Der Verhandlungsgegner unterbricht die Verhandlung: »Entschuldigung, mir fällt soeben ein, dass ich einen ganz eiligen Anruf erledigen muss.« Wenn Sie sicher sind, dass diese Unterbrechung Methode hat und vom Verhandlungsgegner absichtlich eingesetzt wird, um Sie zu verunsichern, kontern Sie wie folgt:

»Ich muss auch etwas Wichtiges erledigen, nämlich eine Verhandlung mit Ihnen. Können Sie das Telefonat nicht später führen?«

Wir haben auch schon von Fällen gehört, in denen der Verhandlungsgegner dafür gesorgt hat, dass einer seiner Mitarbeiter in einer »ganz wichtigen Angelegenheit, die keinen Aufschub duldet«, in den Verhandlungsraum stürmt. Neben der klaren Ansprache, dass Sie dies nicht richtig finden, empfehlen wir, in solchen Momenten souverän zu agieren: Betonen Sie ruhig und gelassen, dass Sie in der Zeit, in der der Verhandlungsgegner jene Angelegenheit klärt, ebenfalls ein wichtiges Telefonat führen oder mithilfe Ihres Notebooks Informationen zu der Frage recherchieren werden, die soeben besprochen wurde. Die Intention dieser gelassenen Reaktion liegt auf der Hand: Sie signalisieren dem Verhandlungsgegner: »Ich lasse mich durch solche Kindereien nicht aus der Ruhe bringen, im Gegenteil, ich nutze die Zeit, die Sie mir eröffnen, sinnvoll!«

Verhandlungstrick 17: Einseitige Argumentation vorwerfen

In einer Verhandlung versuchen alle Beteiligten, ihre Interessen zu vertreten und zu wahren – und das ist völlig legitim. Oft jedoch nutzen unfaire Verhandlungsgegner diese Tatsache aus, indem sie Ihnen die Verteidigung der eigenen Interessen zum Vorwurf machen, natürlich wiederum mit dem Ziel, Sie zu verunsichern: »Ihre Argumentation ist aber sehr einseitig!« Selbst wenn Sie wo immer möglich auf die Fragumentation setzen, wird Ihnen dieser Vorwurf im Gespräch mit einem unfairen Verhandlungsgegner immer wieder begegnen.

Diesem Vorwurf nehmen Sie den Wind aus den Segeln, indem Sie in Ihren Fragen, Äußerungen und Argumenten immer wieder die Meinung der Gegenseite einstreuen, mithin belegen, dass Sie durchaus gewillt und fähig sind, die Position und die Interessen des Verhandlungsgegners aufzugreifen.

Nutzen Sie dazu die »Fünf-Satz-Techniken«: Sie integrieren so die Ansichten des Verhandlungsgegners in Ihre eigene Argumentation und heben im Idealfall auf die Selbstüberzeugung des Gesprächspartners ab, der nun Ihre Ansichten zumindest prüft. Und selbst wenn dies nicht gelingt: Auf jeden Fall kann Ihnen der Verhandlungsgegner nun nicht mehr eine einseitige Argumentation vorwerfen.

Bewährte Fünf-Satz-Techniken sind:

- *These und Gegenthese*: Sie benennen das Thema, stellen eine These oder einen Standpunkt und dann eine Gegenthese, also einen widersprechenden Standpunkt dar, eben eine Meinung, die wohl durch Ihren Verhandlungsgegner vertreten wird. Danach bieten Sie eine Zusammenfassung und formulieren eine Lösung.
- *Argumentationskette*: Einer einleitenden These (»Dieses Produkt ist das richtige für Sie, weil ...«) folgen die Argumente 1, 2 und 3, die – zumindest zum Teil – die Meinung des Verhandlungsgegners integrieren, aufeinander aufbauen, eine »Kette« bilden und – das ist der fünfte Satz – in einen Appell münden.
- *Debattentechnik*: Diese Technik kennen Sie aus dem achten Kapitel – zur Erinnerung: Bei der Debattentechnik stellen Sie eine Ansicht dar, die nicht die Ihre ist, sondern mit einiger Wahrscheinlichkeit die des Verhandlungsgegners, um sie in einem »Einerseits«-Satz zu begründen und zu bestätigen. Dann formulieren Sie die eigene Meinung als Gegenbehauptung, tragen dazu zwei »Andererseits«-Argumente (für Ihre eigene Meinung) vor und ziehen eine Schlussfolgerung. Ein einfaches Beispiel: *Meinung des Verhandlungsgegners*: »Sie sagen, die Einführung unserer Verwaltungssoftware in Ihrer Abteilung sei unsinnig.« *Bestätigung*: »Einerseits stimme ich Ihnen zu. Ihre Mitarbeiter werden viel Zeit brauchen, um sich darin einzuarbeiten.« *Andererseits-Argumente*: »Wenn Sie sie allerdings erst einmal beherrschen, ist die Zeitersparnis für Sie enorm.« Und: »Durch die Software gewinnen Sie Zeit, in der sich Ihre Mitarbeiter noch intensiver um die Kunden kümmern können.« *Schlussfolgerung*: »Vielleicht können Sie diese Argumente überzeugen und auch Ihre Bedenken beim Preis ausräumen.«

> **Auf den Punkt gebracht**
>
> *Vor allem die Debattentechnik ist geeignet, aktiv die Ansicht des Verhandlungsgegners in die Überzeugungsstrategie zu integrieren und so dessen Selbstüberzeugung zu fördern. Aber wie bereits erwähnt: Entscheidend ist, dass Sie so dem Vorwurf des einseitigen Vorgehens den Boden entziehen. Und wenn der Verhandlungsgegner diesen Vorwurf trotzdem erhebt, können Sie belegen, dass Sie durchaus dessen Argumente und Interessen berücksichtigt haben.*

Eine weitere Möglichkeit besteht darin, an einer geeigneten Stelle der Verhandlung bewusst eine Ansicht einzubringen, die nicht die Ihre ist. Sie ergreifen also Partei für etwas, ohne wirklich dieser Meinung zu sein, um schließlich zu betonen, wie wenig einverstanden Sie mit dieser Ansicht sind. Auch mit diesem Vorgehen zeigen Sie dem Verhandlungsgegner, dass Sie nicht einseitig argumentieren.

Aber Achtung: Gerade der Hinweis, eine Meinung einzubringen, die Sie in Wahrheit gar nicht teilen, zeigt, dass Sie beim Umgang mit den Verhandlungstricks Ihrer Verhandlungsgegner selbst zu Tricks greifen – und zuweilen auch greifen müssen. Inwieweit Sie selbst trickreich vorgehen sollten und die hier genannten Tricks selbst in Anwendung bringen, müssen Sie selbst entscheiden.

Verhandlungstrick 18: Auf frühere Vereinbarungen verweisen

Auch dies ist ein beliebter Trick: Ihr Verhandlungsgegner verweist auf frühere Vereinbarungen, die vielleicht sogar nicht mit Ihnen selbst, sondern mit Kollegen oder Ihrem Vorgänger getroffen worden sind.

Um die Richtigkeit solcher Behauptungen einschätzen zu können, sollten Sie in der Vorbereitung auf die Verhandlung prüfen, welche früheren Vereinbarungen es zwischen Ihrem Unternehmen und dem des Verhandlungsgegners gegeben hat. Sprechen Sie, falls möglich, mit den Kollegen und Ihrem Vorgänger, um aus erster Hand zu erfahren, wie diese Vereinbarungen zustande gekommen sind. So können Sie noch während der Verhandlung reagieren und notfalls die Behauptung des Verhandlungsgegners richtigstellen.

Zudem sollten Sie wie folgt reagieren:

»Wenn das stimmt, heißt das ja nicht, dass es jetzt immer noch so gemacht werden muss. Und auch wenn diese Vereinbarung mit meinem Kollegen/meinem Vorgänger getroffen worden ist: Jetzt haben wir das Jahr 20xy, und es haben sich viele Veränderungen ergeben, die ein Überdenken dieser Vereinbarung notwendig erscheinen lassen.«

Verhandlungstrick 19: Ständiges Unterbrechen

Zu den beliebten rhetorischen Verhandlungstricks gehört das Unterbrechen: Ihr Verhandlungsgegner bietet ungefragt Zusatzinformationen, knüpft an dem, was Sie soeben gesagt haben, einen Endlos-Monolog an und fällt Ihnen permanent ins Wort.

Hier sind Hinweise auf die Etikette sowie die Gebote der Höflichkeit und des zivilisierten Umgangs miteinander geeignete Mittel, um den Verhandlungsgegner von seinem Hang zur Unterbrechung abzuhalten. Gehen Sie zunächst höflich, aber bestimmt vor. Wenn der Verhandlungsgegner einfach nicht mit der Unterbrechungs-Unsitte aufhören will, können Sie die Schraube immer fester anziehen und immer deutlicher darauf hinweisen, dass er dies bleiben lassen soll.

Ein Formulierungs-Beispiel ist:

»Sie haben mich jetzt wiederholt unterbrochen, um eigentlich nichts Neues zu sagen. Und dann haben Sie fünf Minuten ununterbrochen geredet, ohne auch nur einmal zu prüfen, ob ich Ihnen folgen kann ...«

Wenn Sie nach der Unterbrechung durch den Verhandlungsgegner wieder das Wort ergreifen konnten, sollten Sie Ihren zuletzt geäußerten Gedankengang in aller Ruhe und in langsam-bedächtiger und betonender Diktion wiederholen, um ihm klarzumachen, dass Sie sich durch Unterbrechungen nicht aus dem Konzept bringen lassen.

Verhandlungstrick 20: Der unsichtbare Dritte

Zu den beliebten Verschleierungs- und Einschüchterungstaktiken gehört es, den berühmt-berüchtigten unsichtbaren Dritten vorzuschieben. Besonders gerne wird dieser »Kollege« Ihres Verhandlungsgegners in Verkaufsverhandlungen zur Hilfe gerufen und zitiert, um Sie durch ein Angebot, das natürlich für Ihren Verhandlungsgegner viel günstiger ist, unter Druck zu setzen.

Versuchen Sie in einem solchen Fall, gezielt nachzufragen und den Verhandlungsgegner zu animieren, mehr über diesen unsichtbaren Dritten – und sein Angebot – mitzuteilen. Da diese Person mit einiger Wahrscheinlichkeit gar nicht existiert, kann der Versuch des Verhandlungsgegners, auf Ihre Nachfrage hin dessen Aussage zu konkretisieren, dazu führen, dass er sich in Widersprüche verwickelt. Er verzettelt sich, kommt ins Stottern und wird dann von sich aus darauf dringen, den unsichtbaren Dritten für immer aus der Verhandlung zu verabschieden.

Das Prinzip Ihrer Reaktionsweise besteht mithin darin, dem Verhandlungsgegner die Beweislast aufzubürden. Er stellt eine unbewiesene Behauptung auf, in diesem Fall die eines unsichtbaren Dritten – und nun soll er bitte schön konkreter werden und die Beweisführung antreten.

Auf den Punkt gebracht

Erinnern Sie sich an den Provozierenden Problemlösungs-Verkauf aus dem achten Kapitel? Dabei arbeiten Sie mit Behauptungen – aber nur mit solchen, die Sie beweisen können. Nutzen Sie jetzt die Möglichkeiten aus, die Ihnen Ihr Verhandlungsgegner bietet, indem er Sie mit nicht belegbaren Aussagen eines unsichtbaren Dritten zu verunsichern versucht.

Verhandlungstrick 21: Mit Killerphrasen den anderen mundtot machen

Die Beweisführungs-Technik lässt sich auch zur Abwehr und Bloßstellung von Killerphrasen nutzen. Wir alle kennen ja floskelhafte Phrasen wie »Das haben wir immer schon so gemacht« oder »Das funktioniert ja sowieso nicht« und »Das müssen wir erst einmal in Ruhe von unseren Experten überprüfen lassen«.

Zwingen Sie Ihren Verhandlungsgegner wiederum dazu, möglichst konkret zu werden und »Butter bei die Fische zu tun«, also zu belegen, »dass man das schon immer so gemacht« hat oder warum »das nicht funktionieren« kann.

»Welche Experten wollen Sie das denn überprüfen lassen? Welche Ergebnisse erwarten Sie?« – durch diese konkreten Nachfragen sieht sich der Verhandlungsgegner gezwungen, weiter auszuholen, will er sich nicht eine Blöße geben. Das ist Ihre Chance!

Killerphrasen werden häufig mit einer Beleidigung oder einer Einschüchterung verknüpft. Ein klassisches Beispiel ist: »Sie haben davon ja überhaupt keine Ahnung.« Ganze Regale voller Rhetorikbücher geben Ratschläge, wie Sie auf alle möglichen persönlichen Killerphrasen mit den tollsten und erfindungsreichsten Antworten kontern können. Aber wie gesagt: Sie müssten, um immer passend zu reagieren, seitenweise potenzielle Antworten auswendig lernen – die Ihnen dann oft in dem

Moment, in denen Sie sie brauchen, nicht einfallen wollen. Es sind einfach zu viele.

Wir möchten Ihnen daher nur einen einzigen Formulierungsvorschlag an die Hand geben, mit dem Sie so gut wie alle persönlichen Killerphrasen-Angriffe abwehren können:

»Sie wollen anscheinend von unserem Verhandlungsthema ablenken und werden darum persönlich. Aber dieser Wechsel von der argumentativen auf die persönliche Ebene bringt weder Sie noch mich weiter. Lassen Sie uns doch lieber sachlich bleiben.«

Verhandlungstrick 22: Falsche und ungünstige Zusammenfassung

Wir haben Ihnen geraten, die Ergebnisse der Verhandlung und das Besprochene immer wieder zu resümieren, auf die Agenda zu verweisen und alles zu tun, damit der Gesprächspartner und Sie möglichst auf Augenhöhe und auf demselben Stand der Dinge sind. Natürlich ist es auch das gute Recht des Verhandlungsgegners, ein Fazit zu ziehen. Aber Achtung: Passen Sie genau auf, dass dieses Resümee des Verhandlungsgegners nicht zu Ihren Ungunsten ausfällt oder gar falsch ist. Dem begegnen Sie, indem Sie selbst, wo immer möglich, Zusammenfassungen verbalisieren und den Verhandlungsstand prägnant in Ihren eigenen Worten wiedergeben.

Auf den Punkt gebracht

Entdecken Sie im Fazit Ihres Verhandlungsgegners einen Fehler – ob diese falsche Zusammenfassung nun von ihm beabsichtigt ist oder auf einem Missverständnis beruht, ist zweitrangig –, müssen Sie sofort intervenieren und darauf dringen, den Sachverhalt richtigzustellen.

Verhandlungstrick 23: Den Schulterschluss suchen

Der Verhandlungsgegner verbündet sich mit Ihnen scheinbar gegen eine dritte Partei oder Person und sucht mit Ihnen den solidarischen Schulterschluss – das ist unserer Erfahrung nach gerade in harten Verhandlungen eine seltene Erscheinung, eine Fata Morgana. Es ist also Vorsicht geboten, wenn der Verhandlungsgegner Ihnen die Friedenspfeife anbietet und zum Beispiel vorschlägt: »Unsere Chefs lassen uns hier diese Verhandlung führen und halten sich selbst aus allem raus.«

Dieses grundsätzliche Angebot zum Schulterschluss können und sollten Sie durchaus anerkennen. Vielleicht ist es sogar richtig, den Verhandlungsgegner dafür zu loben, dass er diese Gemeinsamkeit hervorhebt und betont. Weisen Sie dann aber sofort und unmissverständlich auf die Unterschiede zwischen dem Verhandlungsgegner und Ihnen hin. Lassen Sie sich nicht ruhigstellen, »einschläfern« und zu Zugeständnissen bewegen, weil der Gesprächspartner auf einmal angeblich Kreide gefressen hat.

Verhandlungstrick 24: Den Ahnungslosen und »Ungefährlichen« spielen

Kennen Sie den Inspektor Columbo aus der Fernsehserie *Columbo*? Der kauzige Ordnungshüter wird von dem Schauspieler Peter Falk verkörpert. Seine Markenzeichen: Der Inspektor gibt nie auf, seine Beobachtungsgabe und Menschenkenntnis helfen ihm, den Fall zu lösen. Zielgerichtet sucht er immer wieder das Gespräch mit dem Verdächtigen, baut eine Beziehung zu ihm auf, erwirbt sein Vertrauen – um ihn dann urplötzlich mit seinen Beweisen zu konfrontieren. Dabei spielt er stets den Ahnungslosen, den ungefährlichen, unbeholfenen und fast schon trotteligen Ermittler. Seine Gegner nehmen ihn darum oft nicht so richtig ernst – bis sie verhaftet werden und hinter Gitter wandern. Erst wenn es zu spät ist, erkennen sie, wie gefährlich der Inspektor ist.

In die Verkaufsliteratur ist die »Columbo-Strategie« vor allem durch ›Joachim Skambraks‹ gleichnamiges Buch eingegangen. Auch in harten Verhandlungen begegnen wir diesem Columbo-Verhalten, durch das der Verhandlungsgegner Sie in täuschender Sicherheit wiegt. Erinnern Sie sich zum Beispiel an die Fragetechnik des Inspektors? Er gibt sich zunächst einmal anscheinend mit der Aussage des Gesprächspartners zufrieden, kehrt ihm den Rücken zu, ist fast schon »raus zur Tür« – nur, um sich dann doch noch einmal dem Gesprächspartner zuzuwenden und die alles entscheidende Frage zu stellen. Das hat dann fast schon Bluff-Qualität.

Auf den Punkt gebracht

Vermeiden Sie es, Ihren Verhandlungsgegner zu unterschätzen – auch wenn er Ihnen noch so ahnungslos erscheint.

Bevor wir zum letzten Verhandlungstrick kommen, legen Sie einen Zwischenstopp ein, um sich mit der Abbildung 11 zu beschäftigen.

Die häufigsten Verhandlungstricks, denen ich begegne	Meine bevorzugte Abwehrstrategie
Verhandlungstrick 1:	
Verhandlungstrick 2:	
Verhandlungstrick 3:	
Verhandlungstrick 4:	
Verhandlungstrick 5:	
Verhandlungstrick 6:	

Abbildung 11: Verhandlungstricks kontern

Verhandlungstrick 25: Provokation bis zum Abbruch

Der Verhandlungsgegner provoziert, droht und wird dermaßen persönlich, dass der Schlag unter die Gürtellinie geht. Im Boxsport würde der Ringrichter den Kampf abbrechen und Sie wegen des Tiefschlags des Gegners zum Sieger erklären. In der

Verhandlung gibt es keinen Schiedsrichter – also brechen Sie die Auseinandersetzung selbst ab. Es geht ja beileibe nicht darum, sich beleidigen zu lassen.

Natürlich: Vorher versuchen Sie, dem Verhandlungsgegner eine Brücke zu bauen, die zurück ins sachliche Fahrwasser führt. Dabei hilft eine Portion Humor: »Sie scheinen der Meinung zu sein, Angriff sei die beste Verteidigung. Ich bin aber auch ein guter Stürmer. Lassen Sie mich nochmals in die sachliche Offensive gehen ...«

Nutzen Sie die Pause nach der zehnten Boxrunde zur Selbstreflexion

- Bearbeiten Sie unbedingt die obige Checkliste. Erstellen Sie eine Liste mit den Verhandlungstricks, denen Sie oft begegnen, um Abwehrmaßnahmen zu ergreifen.
- Inwiefern können Sie die von uns empfohlenen Abwehrtechniken einsetzen? Welche Abänderungen und Anpassungen sind notwendig?
- Wie schaut es mit Ihrer grundsätzlichen Bereitschaft aus, selbst aktiv und offensiv Verhandlungstricks und »Kampfrhetorik« einzusetzen?
- Welche der 25 genannten Verhandlungstricks wollen Sie selbst benutzen? Wie wollen Sie dabei konkret vorgehen?

Fazit zur zehnten Boxrunde

- Rechnen Sie damit, dass sich Ihr Verhandlungspartner als Verhandlungsgegner entpuppen kann. Bereiten Sie sich darauf vor, sich mit unfairen Angriffen und Verhandlungstricks auseinandersetzen zu müssen.
- Die wichtigste Regel im professionellen Umgang mit unfairen Verhandlungstricks lautet: Bleiben Sie fair, solange sich Ihr Verhandlungspartner fair verhält. Sobald er zum Verhandlungsgegner mutiert, sollten Sie überlegen, ob Sie nicht ebenfalls zumindest zu der einen oder anderen der nicht »einwandfreien« Abwehrtechniken greifen müssen.

Wenn der Verhandlungsgegner zum Kopfstoß-Kontrahenten mutiert: vom Umgang mit besonders schwierigen Verhandlungssituationen

Ring frei: Was Sie in dieser elften Boxrunde erfahren

- Wir konzentrieren uns auf besonders heikle Verhandlungssituationen, auf die Sie lösungsorientierte Antworten finden müssen.
- Sie erfahren, wie Sie reagieren sollten, wenn die Verhandlungsgegner als Kopfstoß-Kontrahenten auftreten und mit geradezu böswilligen Bandagen fighten.
- Wir zeigen Ihnen, wie Sie mit Beleidigungen und persönlichen Angriffen umgehen sollten.
- Sie lesen, welche Optionen Ihnen offenstehen, wenn der Verhandlungsgegner überraschenderweise im Team auftritt.

Vergiftete Atmosphäre: Wenn der Schlag des Verhandlungsgegners unter die Gürtellinie geht

Lassen Sie uns zunächst am Verhandlungstrick 25 des zehnten Kapitels anknüpfen: Der Verhandlungsgegner ist nicht nur unfair – er arbeitet mit Kopfstößen und schlägt unter die Gürtellinie: Welche Möglichkeiten stehen Ihnen offen?

Zunächst einmal: Wer der Meinung ist, so schlimm gehe es nun doch nicht in den Verhandlungsstuben zu, der lese den Artikel »Krankes System« in der *Wirtschaftswoche* 04/2015, in dem Rebecca Eisert und Henryk Hielscher beschreiben, wie die großen Autokonzerne ihre kleinen und mittelgroßen Subunternehmen drangsalieren, insbesondere beim Preiskampf. Da ist die Rede von einem brutalen Vorgehen und verrohenden Umgangsformen. Anstand und Respekt sind in diesen Verhandlungen nicht nur Fremdwörter – diese Begriffe gibt es gar nicht. Wenn sich alles ums liebe Geld dreht und über viele Milliarden und hohe Marktanteile gekämpft wird, gehen die Zulieferer in die dienende Bittstellung und in die Defensive.

In der *Wirtschaftswoche* wird eine Studie der Fein Unternehmensberatung zitiert, nach der 49 Prozent der Zulieferer die Gespräche mit den Einkäufern der Autokonzerne als »drohend, erpresserisch«, »eisig-giftig« und »fordernd, einseitig, kühl« empfinden. Hinzu kommen 16 Prozent, die die Verhandlungssituation als »angespannt, unter Druck« beschreiben. Macht 67 Prozent – der Spitzenwert liegt mit 22 Prozent bei »drohend, erpresserisch«.

Der traurige Rest von 33 Prozent sagt aus, dass die Gespräche »zielorientiert« (7 Prozent), »sachlich, konstruktiv, normal« (13 Prozent) oder sogar »partnerschaftlich, kooperativ« (9 Prozent) abliefen.

Sicherlich ist die Situation in der heftig umkämpften Automobilbranche eine besondere. Das Verhalten der Konzerne kommt zuweilen einem Vertragsbruch nahe und erinnert an die Zeiten des guten alten Al Capone. Fakt aber bleibt, dass die Zulieferer mit den Kopfstoß-Situationen umgehen und sich der Angriffe »unter die Gürtellinie« erwehren müssen. Welche Möglichkeiten haben Sie, die über die im zehnten Kapitel genannten Abwehrtechniken hinausweisen?

Analysieren Sie Ihre Verhandlungsposition und Ihre Verhandlungsmacht

Um es von vornherein zu sagen: Wenn der Kontrahent mit Beleidigungen, Drohungen, mit Rausschmiss aus dem Verhandlungsraum und persönlichen Abwertungen arbeitet und Kopfstoß-Attacken auf Ihre Kompetenz, Entscheidungsfähigkeit und Ihr Selbstwertgefühl startet, also jeden Ansatz eines fairen und sachlichen Gesprächs auf Augenhöhe verweigert – dann gibt es kein Patentrezept, keine Lösungsstrategie oder Taktik, mit der Sie auf jeden Fall erfolgreich sein werden. Und der Hinweis, sich eine Position der Einzigartigkeit und Einmaligkeit zu erarbeiten, damit Sie und Ihr Unternehmen unersetzlich sind für den bösen Gegner, hilft auch nur bedingt weiter, und vor allem nur, wenn Sie eine langfristige Strategie verfolgen können. Ihr Problem aber ist, dass Sie den Kopfstoß-Attacken hier und heute ausgesetzt sind!

Auf den Punkt gebracht

Notwendig aus unserer Sicht sind vor allem die mentale Stärke und die mentale Härte, mit der Sie dem Kopfstoß-Kontrahenten Paroli bieten.

Es ist schwierig, ja fast unmöglich, an dieser Stelle nicht auf Kalenderspruchniveau herunterzurutschen – aber trotzdem: Geben Sie nicht auf. Glauben Sie weiterhin an sich. Nehmen Sie die Herausforderung an und sehen Sie sogar die schwierige Kopfstoß-Situation als Möglichkeit, sich zu profilieren und an der Größe der Herausforderung zu wachsen und es dem Verhandlungsgegner zu zeigen.

Ganz entscheidend ist es, dass Sie sich über Ihre Position und Ihre Verhandlungsmacht im Klaren sind. Und zwar aus zwei Gründen:

- Vielleicht sind Sie gar nicht in einer so miserablen Verhandlungsposition – und wissen es nur nicht. Sie bauen Selbstbewusstsein auf und stärken Ihr Selbstwertgefühl, weil Sie sich Ihrer wahren Verhandlungsposition bewusst werden.
- Sie erkennen, in welchen Bereichen es realistische Möglichkeiten gibt, Ihre Position zu stärken.

Auf den Punkt gebracht

Nutzen Sie die folgende Checkliste, um Ihre Verhandlungsposition zu verschriftlichen und zu visualisieren und sich Ihre Ausgangsposition in der Verhandlung mit dem Kopfstoß-Kontrahenten schwarz auf weiß vor Augen zu führen – das führt oft zu einem regelrechten Motivationsschub.

Die Abbildung 12 zeigt einige Kriterien für sachliche und persönliche Macht, die Sie gerne auf der Basis Ihrer eigenen Erfahrungen erweitern und ergänzen können.

Nehmen Sie eine Bewertung vor, und zwar auf einer Skala von 0 bis 10, wobei die »0« auf das Nichtvorhandensein des entsprechenden Kriteriums verweist, die »10« hingegen auf eine exzellente Ausprägung. Versuchen Sie, in der dritten Spalte eine Begründung für Ihre Bewertung vorzunehmen, um schließlich in der rechten Spalte die Konsequenzen zu benennen:

- Eventuell kommen Sie zu dem Schluss, dass Sie sehr viel selbstbewusster und selbstsicherer als vermutet in die Verhandlung einsteigen können. Sie erkennen, dass Ihre Position vorteilhafter ist als gedacht.
- Oder Sie wissen nun, dass Sie noch etwas tun müssen, um Ihre Verhandlungsposition zu stärken. Wichtig ist: Ihr Kopfstoß-Kontrahent wird mit hoher Wahrscheinlichkeit versuchen, Ihr Selbstbewusstsein zu zerstören, damit Sie wie

Vergiftete Atmosphäre

Sachliche Verhandlungsmacht	Wertung (0 – 10)	Begründung/ Wertung	Konsequenzen
Meine Kompetenzen, Spielraum, Entscheidungsfreiheit			
Anzahl meiner möglichen Alternativen für Lösung und Einigung			
Mir verfügbare Informationsmenge (Fakten, Hintergründe, Markt)			
Eigene Glaubwürdigkeit und die meines Unternehmens			
Gestaltung der Informationsmenge			
Durchschnittliche sachliche Verhandlungsmacht			
Persönliche Verhandlungsmacht	**Wertung (0 – 10)**	**Begründung/ Wertung**	**Konsequenzen**
Mein persönliches Fachwissen und mein Sachverstand			
Meine formelle Position/Funktion/Autorität und Zuständigkeit			
Kann ich wirksame Sanktionsmittel einsetzen und habe ich das Recht dazu?			
Meine gesellschaftliche Stellung/ mein Ansehen/Respekt			
Meine rhetorische/kommunikative Steuerungskompetenz			
Durchschnittliche persönliche Verhandlungsmacht			
Meine geschätzte GESAMT-Verhandlungsmacht			

Abbildung 12: Meine Verhandlungsmacht

jemand agieren, der von seinen eigenen Zielen nicht überzeugt ist. Ihre Selbstsicherheit und Ihr Selbstbewusstsein sind im Kampf mit dem Kopfstoß-Kontrahenten Ihre wichtigsten Waffen – und zugleich dasjenige, was Ihr Verhandlungsgegner am meisten an Ihnen fürchtet.

- Sie wissen jetzt konkret(er), wo sich Ihre Achillesferse befindet, wo Sie der Kopfstoß-Kontrahent also am leichtesten treffen und am schwersten verletzen kann.
- Vielleicht nutzen Ihnen einige der Tipps, die Sie in diesem Buch bereits kennengelernt haben, die Konfrontation gut zu überstehen.

Verhandlungsmacht vergrößern, Verhandlungsohnmacht verringern

Selbstverständlich können Sie die Checkliste in der Vorbereitungszeit jeder Verhandlung einsetzen und Ihre Verhandlungsmacht überprüfen, um Verhandlungsohnmacht auszuschließen.

Unserer Erfahrung nach gilt: Wenn Sie als Durchschnitts-Score einen Wert von deutlich über 5 erzielt haben, verfügen Sie über Verhandlungsmacht! Allerdings: Es kommt dabei stets auf den Einzelfall an, ob die persönliche oder die sachliche Verhandlungsmacht ausschlaggebend ist oder gleichermaßen zum Tragen kommt. Je nach Stärke im Bereich persönlicher oder sachlicher Verhandlungsmacht können Sie Ihr Verhandlungsvorgehen und Ihren Verhandlungsstil selbst gestalten und prägen. Bei sehr hohen Score-Werten können Sie möglicherweise auf eine Verhandlung verzichten und Ihre Interessen durch Vorgaben einseitig durchsetzen.

Aber natürlich: Sie befinden sich zurzeit in der harten Auseinandersetzung mit dem Kopfstoß-Kontrahenten, das dürfen Sie jetzt nicht vergessen. Und da kann selbst ein extrem hoher Wert in beiden Bereichen nicht ausreichen, den Verhandlungsgegner in die Knie zu zwingen. Auf jeden Fall aber stärkt die Beschäftigung mit der Checkliste Ihr Selbstwertgefühl. Das ist vergleichbar mit einem Boxer, der sich vor einem schier aussichtslosen Fight aus motivatorischen Gründen nochmals seine gewonnenen Kämpfe anschaut.

Wiederum gilt: Die konsequente Vorbereitung ist alles! Überlegen Sie einmal, welchen manipulativen Kopfstoß-Techniken Sie in der Vergangenheit schon einmal begegnet sind, und prüfen Sie, mit welchen Gegenattacken Sie antworten können. Bedenken Sie dabei: Es geht nicht um die »normalen« unfairen Angriffe, die wir im letzten Kapitel beschrieben haben, sondern um die krasseren Beleidigungen, Einschüchterungsversuche und Manipulationen. Nutzen Sie dazu die Abbildung 13.

Manipulationsversuch	Was will der Kopfstoß-Kontrahent erreichen?	Gegenmaßnahmen
Persönliche Beleidigung		
Persönliche Abwertung		
Führt Entweder-oder-Situation herbei		
Spaltungsversuch		
...		

Abbildung 13: Manipulationsversuche kontern

Weitere Techniken und Methoden: Druck mit Gegendruck bekämpfen

Wir hoffen, wir konnten Ihnen belegen, wie wichtig Ihr Selbstbewusstsein und Ihre Selbstsicherheit sind, um gegen den Kopfstoß-Kontrahenten zu bestehen. Aber selbstverständlich gibt es auch noch einige Techniken und Methoden, die in ganz besonderer Weise geeignet sind, in diesem Kampf nicht zu unterliegen. Eine Variante dabei ist der konsequente und fintenreiche Gegenangriff, bei dem Sie keinen großen Wert darauf legen, dass ein Auge trocken bleibt.

> **Auf den Punkt gebracht**
>
> *Dazu zählt zum Beispiel der bereits kurz angesprochene Versuch, in dem Unternehmen des Kopfstoß-Kontrahenten Schwachstellen aufzudecken, die Sie nun ungeschönt ansprechen, um dem Druck, den der Verhandlungsgegner aufbaut, mit Gegendruck zu begegnen.*

Fragen Sie sich, wo es auf Seiten des Kopfstoß-Kontrahenten eventuell Schwachpunkte gibt. Wobei diese Schwachstellen nicht immer nur den Bereich betreffen müssen, den der Verhandlungsgegner vertritt, also meistens den Einkauf. Forschen Sie auch in den anderen Unternehmensbereichen und -abteilungen nach möglichen Angriffsflächen – in der Produktion, dem Marketing oder der Forschungs- und Entwicklungsabteilung.

Persönliche Probleme des Kopfstoß-Kontrahenten ausnutzen

Nun wird es etwas heikel: Aber Sie befinden sich im Verhandlungskrieg! Also: Wissen Sie von persönlichen Problemen, mit denen Ihr Verhandlungsgegner in seiner Firma zu kämpfen hat? Zum Beispiel in der Auseinandersetzung mit seinen Mitarbeitern? Oder in der Konfrontation mit seinen Vorgesetzten oder der Geschäftsführung? Gibt es Machtkämpfe, in die er sich verstrickt hat und die Sie nun nutzen können, um sich gegen seine Brutalo-Attacken zur Wehr zu setzen?

Oft bauen insbesondere Einkäufer im Gespräch mit Ihnen Druck auf, weil sie selbst in ihrem Verantwortungsbereich gewaltig unter Druck stehen. Das dürfen Sie ausnutzen, sofern der Kopfstoß-Kontrahent Ihnen gegenüber unerbittlich agiert. Konkretes Beispiel: Bauen Sie bei dem Verhandlungsgegner einen persönlichen Schuldkomplex auf, indem Sie ihn darauf hinweisen, dass er seine Situation in seinem Unternehmen durch sein Verhalten bestimmt nicht aufpolieren wird.

Spielen Sie auf Zeit

Eine weitere Variante besteht darin, auf Zeit zu spielen oder Zeit zu gewinnen – Zeit, die Sie nutzen können, um einen Ausweg aus der schwierigen Verhandlungssituation zu suchen.

Dabei umfasst der Versuch, Zeit zu gewinnen, einen zweiten Aspekt: Angenommen, Ihr Kopfstoß-Kontrahent startet einen äußerst beleidigenden Angriff – Sie spielen auf Zeit und bitten um eine Pause und Unterbrechung, weil Sie zum Beispiel ein Gespräch mit Ihrem Chef oder einem Entscheider führen wollen und müssen. Es kommt selten vor, aber es kommt vor:

Auf den Punkt gebracht

Der Kopfstoß-Kontrahent nutzt die Pause als Denkpause und wird sich seines ungebührlichen Verhaltens bewusst – und rudert zurück. Damit haben Sie die Verhandlung noch nicht gewonnen, aber eventuell ist es möglich, nun doch in ruhigeres und sachlicheres Verhandlungsfahrwasser zurückzukehren.

Dreistigkeit siegt – manchmal

Nur wer über eine gewaltige Portion Selbstvertrauen verfügt, ist in der Lage, ein Ass wie das folgende aus dem Ärmel zu ziehen: Der Kopfstoß-Kontrahent baut – mit einem Hinweis auf die Entwicklungen seiner Einkaufspreise im Energiebereich – gewaltigen Druck auf und droht mit dem Abbruch der Verhandlung. Daraufhin kontern Sie wie folgt:

»Ich verstehe Sie voll und ganz! Ich bin sicher, Sie werden nach der Verhandlung sehen, dass mein Angebot zu 100 Prozent auf Ihre Wünsche und Vorstellungen abgestimmt ist und die derzeit rasant steigenden Rohstoffpreise unter den Tisch fallen lässt. Natürlich ist damit Ihr Argument hinfällig. Da sich Verhandlungen lange hinziehen können, bitte ich Sie deshalb zu beachten, dass mein Angebot aufgrund der jetzigen Marktsituation nur vier Wochen lang gilt. Danach müssten wir dann neu verhandeln.«

Der Nachteil Ihres Kopfstoß-Kontrahenten ist Ihr Vorteil: Möglicherweise stehen ihm, falls er seine Drohung wahr macht, gleich zwei neue Verhandlungen ins Haus, und vielleicht sogar ein schlechterer Preis. Wir wissen aus Erfahrung, dass nach solch einem tolldreisten Husarenstück bei so manchem Verkäufer am nächsten Tag eine Angebotszusage auf dem Tisch liegt oder die Verhandlung zumindest konstruktiv fortgeführt wird. Aber natürlich kann Ihr tolldreister Vorstoß auch zur Verhärtung der Fronten und zum Abbruch der Verhandlung führen.

Wenn der Verhandlungsgegner offensichtlich lügt

Im zehnten Kapitel haben wir Ihnen empfohlen, bei Lügen des Verhandlungsgegners diesen nicht bloßzustellen, sondern in Widersprüche zu verwickeln. Beim Kopfstoß-Kontrahenten hingegen scheint es uns durchaus opportun, das Kind beim Namen zu nennen. Achten Sie aber darauf, selbst die offensichtlichste Lüge des Verhandlungsgegners auch beweisen zu können. Bieten Sie an, den Sachverhalt nochmals zu überprüfen, damit das lügenhafte Vorgehen des Verhandlungsgegners schwarz auf weiß belegbar ist.

Natürlich führt das Verhalten des Kopfstoß-Kontrahenten stets zu einer festgefahrenen Verhandlungssituation. Sie können die Situation aufbrechen und vielleicht doch wieder in Fluss bringen, indem Sie vorschlagen, den strittigen Punkt erst einmal außen vor zu lassen oder eine Pause einzulegen. Gegebenenfalls ist es auch eine Option für Sie, sich beim nächsten Treffen vertreten zu lassen. Sicher – das sieht nach einem Eingeständnis des Scheiterns aus und nach einer Niederlage, ist aber in gewissen festgefahrenen Situationen zumindest eine überlegenswerte Alternative.

Manfred R. A. Rüdenauer schlägt für solche Situationen vor (1994, S. 330): »Abkühlen muss die Devise heißen: Das kann je nach Situation sachlich oder humorvoll geschehen: ›Darf ich

Ihnen einen Vorschlag machen?‹ Oder: *›Lassen Sie uns wieder über die Sache sprechen!‹* Oder: *›Ich verstehe zwar nicht, weshalb Sie mit dem Vorschlaghammer auf mich einschlagen, frage mich aber, ob es nützlich ist, das Gespräch auf diese Weise fortzuführen.‹* Und: *›Können wir jetzt wieder wie zivilisierte Menschen miteinander sprechen?‹«*

Erinnern Sie sich an die Autokonzerne, die ihre Zulieferer drangsalieren? Würde es an dieser Stelle helfen, in die Offensive zu gehen und zum Beispiel damit zu drohen, das Verhalten der Einkäufer öffentlich zu machen und die Presse einzuschalten? Das ist die Frage.

Auf jeden Fall scheint es eine weitere Option zu sein, den unverschämten Kopfstoß-Kontrahenten darauf hinzuweisen, dass Sie dafür sorgen werden, dass die Öffentlichkeit von seinem Verhalten erfährt. Aber Achtung:

Auf den Punkt gebracht

Wenn Sie dem intensiven Druck des Verhandlungsgegners mit extremem Gegendruck begegnen, besteht die Gefahr, dass die Verhandlungsparteien in eine unheilvolle Negativspirale hineingetrieben werden, aus der es keinen konstruktiven Ausweg gibt.

Wann ist der Griff in die Kiste mit den schmutzigen Tricks erlaubt?

Bei der Diskussion, wie Sie sich in der Konfrontation mit dem Kopfstoß-Kontrahenten verhalten sollen, werden Sie sich wahrscheinlich immer wieder fragen, wie weit Sie gehen wollen, inwiefern Sie Gleiches mit Gleichem kontern müssen und ob auch Sie manipulativ agieren sollten. Und vielleicht werden Sie sich dann auch die grundsätzliche Frage stellen: Was lohnt mehr, das Betrügen oder das Kooperieren? Wo verlaufen die Grenzen?

Das ist eine Frage, die wir natürlich nicht prinzipiell (für Sie) beantworten können. Eventuell hilft der Hinweis auf das sogenannte Gefangenendilemma weiter. Wer den Begriff etwa bei Wikipedia nachschlägt, wird erkennen, dass sich um das Gefangenendilemma eine regelrechte Wissenschaft entwickelt hat. Für unsere Überlegungen genügt es, sich die folgende Ausgangssituation zu vergegenwärtigen: Zwei Gefangene werden verdächtigt, einen Raub begangen zu haben. Die Polizei verhört die Gefangenen getrennt und macht jedem der verdächtigen Diebe das folgende Angebot:

- Wenn die Gefangenen sich entscheiden zu schweigen und nicht mit den Behörden zu kooperieren, werden beide wegen kleinerer Delikte zu je zwei Jahren Haft verurteilt.
- Gestehen jedoch beide die Tat, erwartet beide eine Gefängnisstrafe, wegen der Zusammenarbeit mit den Ermittlungsbehörden jedoch nicht die Höchststrafe, sondern lediglich von vier Jahren.
- Gesteht nur einer und der andere schweigt, bekommt der erste als Kronzeuge eine symbolische einjährige Bewährungsstrafe und der andere erhält die Höchststrafe von sechs Jahren.

Die Entscheidung müssen die beiden Spieler alleine und völlig unabhängig voneinander treffen. Für den Einzelnen ist die Sache klar: Er verrät den Kollegen und kann nach Hause gehen. Denn falls der andere gesteht, fährt er für sechs Jahre in den Bau; und singen beide, sind vier Jahre immer noch besser als sechs.

Nun aber das Dilemma: Würden beide Gefangene miteinander kooperieren und schweigen, erhielten beide eine geringe Haftstrafe. Spieltheoretiker haben sich mit dem Problem intensiv beschäftigt – mit dem Ergebnis, dass die vielleicht erfolgreichste Taktik die »Tit for Tat«-Taktik ist, die sich so übersetzen lässt: »Wie du mir, so ich dir!« Dabei kooperiert jeder und passt sein

Verhalten dem anderen an. Versucht die Gegenseite zu tricksen, macht man das genauso, bis der andere wieder fair spielt. Danach kooperiert man, ohne etwas nachzutragen. Die Grundregel lautet: »Sei stets nett, nie nachtragend, aber ahnde jedes Fehlverhalten!«

Zudem hat die Spieltheorie darauf hingewiesen, dass das Gefangenendilemma überwunden werden kann, wenn die Beteiligten im Interesse der Gruppe insgesamt auf kurzfristige individuelle Vorteile verzichten, um so in den Genuss der Kooperationsvorteile zu gelangen. Dies kann zum Beispiel durch die Gestaltung langfristiger Verträge erreicht werden.

Ohne in die (Un)Tiefen der Spieltheorie und des Gefangenendilemmas einzutauchen, möchten wir für unseren Gedankengang festalten:

Auf den Punkt gebracht

Die »Tit for Tat«-Taktik stellt für viele Verhandlungssituationen mit Kopfstoß-Kontrahenten eine tragfähige Basis dar: Verhält sich der Verhandlungsgegner unfair, müssen auch Sie sich nicht scheuen, in die Trickkiste mit den schmutzigen Verhandlungstricks zu greifen.

Auch den richtigen Abbruch konstruktiv bewältigen

Sie wissen ja: Im Leben sieht man sich immer zweimal – oder zumindest immer mal wieder. Und das gilt natürlich auch für Verhandlungssituationen. Vielleicht sehen sich Ihr Kopfstoß-Kontrahent und Sie unter einer ganz anderen Konstellation noch einmal wieder. Darum sollten Sie selbst bei der größtmöglichen Wut über Ihren Kopfstoß-Kontrahenten nicht Ihre gute Kinderstube vergessen und die Contenance bewahren. Beenden Sie den Fight mit einem »Danke« und drücken Sie Ihr Bedauern aus, dass der Gesprächspartner und Sie sich nicht einigen konnten.

Auf den Punkt gebracht

Versuchen Sie trotz aller Gemeinheiten, die Sie in den letzten Minuten zu hören bekommen haben, das Gemeinsame herauszustellen und abschließend zu resümieren, um eine positive Stimmung während der höflich-freundlichen und vielleicht ein wenig reservierten Verabschiedung herbeizuführen.

Ein kleiner Exkurs in den Boxsport: Sieg und Niederlage haben verschiedene Gesichter

Im Boxsport gibt es mehrere Möglichkeiten, wie ein Kampf beendet werden kann, Sieg und Niederlage haben verschiedene Gesichter. Da haben wir natürlich zunächst einmal den klassischen Knock-out: Ein Boxer trägt den Sieg davon, wenn er den Gegner zu Boden schlägt und dieser nicht innerhalb von acht Sekunden wieder kampfbereit auf der Ringmatte steht. Von einem Punktsieg hingegen sprechen wir, wenn die Boxrichter nach Maßgabe der gelandeten Treffer entscheiden, wer gewonnen hat. Hinzu kommt der technische K.o. mit Aufgabe: Ein Boxer siegt, wenn sein Gegner den Kampf während einer Runde oder in einer Rundenpause aufgibt.

Der technische K.o. hat weitere Spielarten: Entweder entscheidet der Ringrichter auf Sieg, weil einer der Kämpfer kampf- oder verteidigungsunfähig ist – der Richter bricht den Fight ab. Oder der Ringarzt schreitet ein: Nach dessen Einschätzung ist ein Boxer wegen einer im regulären Kampfverlauf erlittenen Verletzung nicht mehr in der Lage, weiter zu boxen. Bleibt schließlich noch die Disqualifikation eines Kämpfers wegen einer Regelverletzung.

Für das Verhandlungsthema bedeutet das: Der Verhandlungsabbruch muss nicht immer darin bestehen, dass das Gespräch für immer und ewig gescheitert ist. Es gibt wiederum verschiedene Optionen, etwa die, dass sich eine vermeintliche Verhandlungsniederlage doch noch als Sieg entpuppt, weil der Verhandlungsgegner im Nachhinein nachgibt – freilich ist auch der umgekehrte Fall denkbar und Sie stellen fest, dass Sie nach Punkten verloren haben.

Oder die Kontrahenten analysieren, dass beide gleichermaßen Verhandlungserfolge erzielt oder nachgegeben haben. Oder es kommt zu einem weiteren Treffen unter veränderten Bedingungen.

Die Verhandlungsgegner treten im Team auf

Eine schwierige Verhandlungssituation steht Ihnen auch dann bevor, wenn die Gegenpartei mit zwei oder sogar mehreren Verhandlungsteilnehmern in den Boxring steigt, also im Verhandlungsteam auftritt – und Sie zu allem Überfluss davon nichts wussten. Der Verdacht liegt nahe, dass die Gegenpartei mit Kalkül agiert und Sie allein durch die schiere Überlegenheit der personellen Verhandlungsmasse verunsichern will.

Darum lautet die erste Grundregel: Rechnen Sie immer damit, dass die Gegenpartei unverhofft »im Rudel« auftritt und Sie sich plötzlich mit verschiedenen Persönlichkeitstypen konfrontiert sehen, die in der Auseinandersetzung mit Ihnen verschiedene Aufgaben übernehmen: Während der eine Verhandlungsgegner Sie mit sachlichen Argumenten bombardiert, soll Sie der andere auf der Beziehungsebene angehen. Sofern die Verhandlung in Ihren Räumlichkeiten stattfindet, sollten Sie überlegen, ob Sie wie folgt reagieren:

»Das ist ja interessant, dass Sie im Team auftreten. Warten Sie, ich bitte die Frau Müller hinzu, damit wir mit ausgeglichenen Waffen die Klingen kreuzen können. Ich habe Frau Müller nicht sofort hinzugerufen, weil ich nicht unfair sein wollte und Sie nicht durch ein Verhandlungsteam überraschen wollte.«

Mit dem versteckten Hinweis, dass Sie das Vorgehen der Gegenpartei nicht in Ordnung finden, verschaffen Sie sich einen kleinen psychologischen Vorteil. Und natürlich haben Sie als vorausschauender Verhandler die Situation antizipiert und

Frau Müller darauf vorbereitet, sich in die Verhandlung einzuklinken, sodass es für Sie nun kein Problem darstellt, ebenfalls ein Verhandlungsteam zu bilden.

Good Guy und Bad Guy

Das kennen Sie aus Kriminalfilmen: Der eine Polizist spielt den guten Buben, der den Kriminellen oder Verdächtigen vor den scheinbaren Angriffen des bösen Cops schützt, damit der Verdächtige sich dem vermeintlich wohlwollenden Guten eher anvertraut. Das heißt: Der eine gibt sich hart, unnachgiebig und aggressiv, der andere dagegen verständnisvoll, beschwichtigend und entgegenkommend. Auch in Verhandlungen ist diese »Aufgabenverteilung« zuweilen zu beobachten. Neben dem Versuch, Sie durch das Spiel »guter Junge – böser Junge« zu verunsichern, tritt die schlichte Hoffnung, so die Redezeit auszuweiten: Wer zu zweit auftritt, darf vermeintlich auch wie selbstverständlich die doppelte Redezeit beanspruchen.

Der Sinn des ganzen Spiels: Der »böse Junge« versucht, Sie in eine Ecke zu drängen, und der »gute Junge« bietet Ihnen einen Ausweg an – natürlich gegen den Widerstand des »bösen Jungen«. Dieser Ausweg ist aber in der Regel genau das Verhandlungsergebnis, das die Gegenseite erzielen wollte.

Unser Tipp: Reagieren Sie am besten gar nicht auf das Spiel, sondern bleiben Sie bei Ihrem Konzept. Signalisieren Sie, dass Sie diesen Trick kennen und nicht darauf hereinfallen werden. Ignorieren Sie die Forderung des »bösen« Verhandlungsgegners und bitten Sie sich Bedenkzeit aus. Am besten aber: Zitieren Sie zum Beispiel einen Film, in dem das Spiel »Good Guy und Bad Guy« gespielt wird, etwa:

»*Ach ja, das kennen wir ja von Mel Gibson und Danny Glover aus* Lethal Weapon, *sehr schön. Ich denke, Sie sind der böse Gibson und Sie geben den lieben Glover.*«

Auch Sie verhandeln im Team

Natürlich ist es denkbar, dass auch Sie selbst im Team auftreten, etwa weil es der komplexe Verhandlungsgegenstand erfordert, mit einem weiteren oder mehreren Experten in die Verhandlung zu marschieren.

Unserer Erfahrung nach ist es nicht immer, aber häufig so, dass die Problemlösungskompetenz steigt, sobald im Team verhandelt wird und die Anzahl der Teammitglieder zunimmt. Das zwei- oder mehrköpfige Team stellt die besseren Fragen und verknüpft die vom Verhandlungspartner erhaltenen Informationen eher zu einer Vorstellung über die Interessen des anderen Verhandlungsteams.

Aber wie alles im Leben hat auch dieser Vorteil seine Schattenseiten: Ein Nachteil besteht darin, dass mit der Größe des Verhandlungsteams die Gefahr wächst, sich in Konflikten untereinander zu verzetteln.

Prinzipiell gilt: Je mehr Verhandlungspartner mit dabei sind, und zwar auf beiden Seiten, desto komplexer und oft auch komplizierter stellt sich die Verhandlungssituation dar. Eine umso intensivere Vorbereitungszeit ist notwendig, weil Sie nun nicht nur über eine Person möglichst viel herausfinden müssen, sondern über mehrere. Beantworten Sie insbesondere die folgenden Fragen:

- Wie können wir von dem Gegeneinander und/oder Miteinander der Mitglieder des anderen Teams profitieren?
- Welche besonderen Konsequenzen hat diese Konstellation für uns?
- Welche Vorteile entstehen uns, welche Nachteile?
- Welche besonderen Möglichkeiten ergeben sich aufgrund der Konstellation für die Erreichung unserer Verhandlungsziele?

Auf den Punkt gebracht

Die grundlegenden Tipps und Hinweise, die wir Ihnen in diesem Buch vorgestellt haben, gelten im Prinzip auch für das Verhandeln im Team – nur dass Sie jetzt ein Mehr an Flexibilität und eine große Bandbreite an Reaktionsoptionen an den Tag legen müssen, weil Sie mit mehreren Charakteren und Verhandlungsstilen verschiedener Personen zu tun haben und mögliche gruppendynamische Effekte berücksichtigen müssen.

Entscheidend ist, dass Sie sich über die Rollenverteilungen und Funktionen in Ihrem Team im Klaren sind und die Aufgabenverteilung im gegnerischen Team möglichst rasch und exakt einschätzen können. Von besonderer Bedeutung dabei ist, den Verhandlungsleiter des anderen Teams zu identifizieren und dessen Befugnisse und Entscheidungsmacht punktgenau zu analysieren. Zudem ist es klug, wenn es auch in Ihrem Team einen eindeutigen Verhandlungsführer gibt.

Ist die Rollenverteilung in Ihrem Verhandlungsteam genau geregelt und funktioniert die Absprache untereinander, wird es den Verhandlungsgegnern schwerfallen, einen Keil zwischen Ihre Teammitglieder zu treiben. Umgekehrt gilt: Wenn Sie im anderen Team Abstimmungsprobleme und Differenzen etwa auf der zwischenmenschlichen Ebene bemerken, verfügen Sie über Ansatzmöglichkeiten, die Gegenpartei zu verunsichern.

Stellen Sie ein schlagkräftiges »Boxer-Team« zusammen

Zum Abschluss der elften Boxrunde möchten wir Ihnen empfehlen, bei der Zusammenstellung Ihres Verhandlungsteams daran zu denken, dass »Verkaufen wie Boxen« ist. In diesem Zusammenhang heißt das: Sorgen Sie dafür, dass in Ihrem Team möglichst viele verschiedene Boxer und Boxstile versammelt sind.

Wahrscheinlich würde kaum ein Verhandlungsteam funktionieren, in dem lediglich Rechtsausleger oder nur Haudrauf-

Boxer wie Mike Tyson in seinen wildesten Zeiten agieren würden. Und stellen Sie sich vor, in Ihrem Team gäbe es nur Typen wie Henry Maske, die als Defensiv-Boxer den offensiven Angriff eher scheuen.

Auf den Punkt gebracht

Positiv formuliert: Es ist gerade die Unterschiedlichkeit in den Fähigkeiten, in der Persönlichkeit, den Einstellungen und Verhaltensweisen der Menschen, die es erlaubt, ein Verhandlungsteam mit Mitgliedern zusammenzustellen, die optimal zusammenarbeiten.

Ein kleiner Exkurs – auch in den Boxsport: Übertragen Sie Erfahrungen aus dem Boxring auf das Verhandlungs- und Verkaufsgespräch

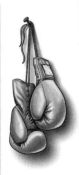

Viele Verhandler stürmen im Verhandlungsgespräch blind nach vorne und wollen den Verhandlungspartner mit ihren Argumenten überrollen. Wie wäre es, wenn Sie Ihre Mitarbeiter – und sich selbst – einmal an einem Boxtraining teilnehmen lassen?

Im Boxring erfahren Ihre Mitarbeiter auf eine sehr nachhaltige Weise die Konsequenzen des ungestümen Nachvornepreschens, nämlich herbe Rück- und Niederschläge. Allerdings handelt es sich dann um Rückschläge, die sie nicht so rasch vergessen – wahrscheinlich nie wieder.

Der Nutzen: Wenn sie dann im Gespräch eine vergleichbare Situation erleben, erinnern sie sich daran, dass es zuweilen von Vorteil ist, einen kühlen Kopf zu bewahren oder sich auf die Intuition zu verlassen. Selbstverständlich gilt dies auch für den umgekehrten Fall: Die Mitarbeiter erinnern sich im richtigen Moment an positive und förderliche Erlebnisse im Boxring: Dort ist es ihnen nämlich gelungen, einen herben Schlag wegzustecken, kurz in die Defensive zu gehen und weiterzukämpfen. Und im Verhandlungsgespräch lassen sie sich dann durch das Kunden-Nein oder den gewichtigen Kundeneinwand nicht entmutigen, son-

> dern überlegen, wie sie den Kunden doch noch überzeugen könnten.
>
> Das heißt: Ihre Mitarbeiter übertragen die wahrhaft eindrucksvollen, nachhaltigen und vor allem emotional prägenden Erfahrungen aus dem Boxring in das Verhandlungs- und Verkaufsgespräch. Das Boxtraining dient dazu, die im Ring gewonnenen Erkenntnisse und Verhaltensweisen tief emotional zu verankern, um sie im Gespräch mit Kunden und Verhandlungspartnern zu aktualisieren.

Nutzen Sie die Unterschiedlichkeit der Menschen

Nur machtbewusste Alphamännchen, nur pedantische Controller, nur risikoscheue Bewahrertypen – das geht nicht gut. Unterschiedlichkeit wirkt belebend. Jedoch: Gerade diese Unterschiedlichkeit ist es auch, die zu Widerständen, Auseinandersetzungen und Konflikten im Verhandlungsteam führt. Die Leistungsfähigkeit des Teams leidet darunter, wenn die Boxstile – Entschuldigung, die Verhaltensstile – einiger Teammitglieder zu Spannungen im Team führen.

Trotzdem sind wir der durch Erfahrung gestützten Meinung, dass es belebend wirkt, wenn Sie im Verhandlungsteam unterschiedliche Charaktere versammeln. Es hängt dann von Ihrer Führungskompetenz ab, aus den verschiedenen Boxern ein schlagkräftiges Team zu bilden, das allen Angriffen der Gegenpartei trotzen kann.

Auf den Punkt gebracht

Es ist also zielführend, bei der Teamzusammenstellung nicht nur die Kompetenzen der Teammitglieder, sondern auch die Persönlichkeitsprofile zu berücksichtigen und darauf Wert zu legen, dass sich die Teammitglieder ergänzen.

Hinzu kommt: Wenn Sie die Persönlichkeitsprofile der Teammitglieder genau kennen, erleichtert Ihnen dies die Führungsarbeit und die Konfliktbewältigung. Denn Sie wissen: »Wenn ich als dominanter Teamleiter mit dem selbstbestimmten, auf Status und Prestige bedachten Teammitglied diskutiere oder ein konfliktgeladenes Mitarbeitergespräch führe, muss ich anders vorgehen als bei dem gelassenen und toleranten ›Jasager‹, der zur Anpassung neigt.«

Und bei Streitigkeiten zwischen Teammitgliedern nutzen Sie das Wissen um deren Persönlichkeitsprofile, um Akzeptanz und Toleranz füreinander zu wecken.

Nutzen Sie die Pause nach der elften Boxrunde zur Selbstreflexion

- Sind Sie sich Ihrer Verhandlungsmacht bewusst? Überprüfen Sie insbesondere vor schwierigen Verhandlungen mit bösartigen und brutalen Kopfstoß-Kontrahenten, wie es um Ihre Verhandlungsmacht bestellt ist?
- Sind Sie bereit und willens, bei Kopfstoß-Kontrahenten auch einmal in die schmutzige Trickkiste zu greifen?
- Wie haben Sie reagiert, als Ihr Verhandlungsgegner einmal ohne Absprache und ohne Information an Sie im Team aufgetreten ist? Wie bereiten Sie sich in Zukunft darauf vor?
- Welche Maßnahmen treffen Sie, um ein schlagkräftiges Verhandlungsteam zusammenzustellen?

Fazit zur elften Boxrunde

- Bauen Sie mentale Stärke und mentale Härte auf, um Kopfstoß-Kontrahenten Paroli bieten zu können. Verdeutlichen Sie sich Ihre Verhandlungsmacht.
- Kopfstoß-Kontrahenten lieben es, das Selbstbewusstsein der Gegenpartei zu zerstören. Wappnen Sie sich dagegen. Ihre Selbstsicherheit und Ihr Selbstbewusstsein sind im Kampf mit dem Kopfstoß-Kontrahenten Ihre wichtigsten Waffen.
- Brutalen Druck des Verhandlungsgegners dürfen und sollten Sie mit Gegendruck begegnen.
- Bereiten Sie sich darauf vor, dass die Gegenpartei unverhofft im Team auftritt.
- Sorgen Sie dafür, dass Ihr Verhandlungsteam aus möglichst unterschiedlichen Mitgliedern besteht.

Verhandeln und Verkaufen ist wie Boxen – optimieren Sie Ihre Leistungsfähigkeit und Ihre Erfolgsaussichten mit der 125-Prozent-Regel

Ring frei: Was Sie in dieser zwölften Boxrunde erfahren

- Wenn es Ihnen gelingt, an vielen kleinen Stellschrauben zu drehen und bei jeder – oder auch nur einigen – dieser Stellschrauben Ihre Leistungsfähigkeit und Ihre Erfolgswahrscheinlichkeit zu optimieren, dann werden Sie in Ihren Verhandlungen siegen.
- Sie lernen 25 Möglichkeiten kennen, Ihren Verhandlungserfolg zu steigern.

In der letzten Runde zählt alles

Wir befinden uns in der zwölften, mithin in der letzten Boxrunde. Wer weiß: Vielleicht führen Sie klar nach Punkten und der

Verhandlungserfolg ist Ihnen so gut wie sicher – wenn dem Gegner nicht doch noch in letzter Sekunde ein Lucky Punch gelingt, also ein glücklicher Treffer, der zu Ihrem Knock-out führt. Oder Sie liegen aussichtslos zurück und müssen nun alles riskieren.

Wir, die Autoren, wissen nicht, in welchem Zustand Sie sich in Ihrer Verhandlung befinden, welche Chancen Sie noch haben, den Sieg zu erringen und Ihre Verhandlungsziele zu erreichen. Was wir aber wissen: Verhandeln und Verkaufen ist wie Boxen – und darum sollten Sie die 25 Erfolgsfaktoren, die Sie gleich kennenlernen, so kombinieren, dass Ihr Verhandlungserfolg sichergestellt ist.

Nutzen Sie die 125-Prozent-Regel

Profi-Verhandler wissen: Wenn sie sich nur ein klein wenig besser auf den Verhandlungspartner und das Verhandlungsgespräch vorbereiten als üblich und der Durchschnitt, dann werden sie auch ein klein wenig besser, sagen wir: um 1 Prozent. Und dann steigt auch die Erfolgswahrscheinlichkeit ein bisschen. Ihre Leistungsfähigkeit liegt nicht bei 100 Prozent – 100 Prozent geben Profi-Verhandler immer –, sondern bei 101 Prozent. Und wenn sie dann konsequent den Grundsatz »Keine Leistung, kein Entgegenkommen ohne Gegenleistung« verwirklichen, dann liegen Erfolgswahrscheinlichkeit und Leistungsfähigkeit bei 102 Prozent. Und so geht es weiter, Prozent für Prozent: Der Verhandler spielt in einem Rollenspiel alle Eventualitäten durch und erarbeitet sich für jede nur denkbare Situation Reaktionsoptionen – macht 103 Prozent. Der Verhandler weiß ein motiviertes und starkes Team hinter sich – 104 Prozent. Und dann: Er baut mehr Selbstsicherheit auf – und steigert sich auf 105 Prozent. Und so weiter. Jeder Prozentpunkt zählt.

Auf den Punkt gebracht

Haben Sie nicht Lust und Interesse, dieses Prinzip auf Ihre Verhandlungspraxis zu übertragen? Ihre Leistungsfähigkeit beträgt nicht »nur« 100 Prozent, sondern 125 Prozent, wenn Sie alle der folgenden 25 Erfolgsfaktoren berücksichtigen.

Bedenken Sie dabei: Und wenn Sie nur zwei oder elf oder 17 oder 23 Faktoren beherzigen: Sie erhöhen Ihre Leistungsfähigkeit auf jeden Fall auf 102, 111, 117 oder 123 Prozent. Wie gesagt: Jeder Prozentpunkt zählt!

Das 125-Prozent-Regelbuch erfolgreicher Verhandler

Unser Ratschlag: Arbeiten Sie bei der Lektüre der 125 Prozent-Regel mit einem Notizbuch, schreiben Sie direkt auf, wie Sie die einzelnen Erfolgsfaktoren auf Ihre individuelle Situation beziehen werden.

101 Prozent: Verdeutlichen Sie sich Ihre handlungsanleitenden Werte

Die meisten Menschen denken nur allzu selten darüber nach, welche tieferen Antriebe sie steuern, lenken und motivieren. Eine Eigenschaft professioneller Verhandler besteht darin, innezuhalten und in Ruhe über den Tellerrand des operativen Geschäfts hinauszuschauen und den Blickwinkel zu vergrößern und zu schärfen: »Warum mache ich das überhaupt, was ich mache? Warum will ich die Verhandlung unbedingt gewinnen?«

Oft stellen sie dann fest, dass es ihnen nur in zweiter oder dritter Linie um den Verhandlungserfolg selbst geht. Sie handeln vielmehr »im Auftrag« eines größeren Ganzen, ob dies nun ein Gefühl der Sicherheit ist, ob dies die Familie ist, »für die man all das auf sich nimmt«, oder ob dies der Weltfrieden ist. Erinnern

Sie sich an Rola El-Halabi? Jene Boxerin, die von ihrem Stiefvater mit vier Schüssen verletzt wurde und schon zwei Jahre später ihr Comeback feierte? Rola El-Halabi trug nicht einfach nur einen Boxkampf aus – sie kämpfte im Dienst eines größeren Ganzen, sie boxte nicht allein um den Sieg im Ring, sie kämpfte um ihre Rückkehr ins Leben und um ein Leben ohne Angst.

Auf den Punkt gebracht

Fragen Sie sich doch einmal, welche Werte für Sie und Ihr Leben, auch Ihr Berufsleben, derart wichtig sind, dass Sie Ihr Denken und Handeln mit diesen Werten in einen engen Bezug setzen wollen. Ihre persönlichen Werte zeigen Ihnen, was Sie antreibt. Darum: Erstellen Sie eine Werte-Liste mit den Werten, die für Sie von lebenssteuernder Bedeutung sind.

102 Prozent: Kreieren Sie eine Vision

Wahrscheinlich kennen Sie die Geschichte von dem Maurer, der Mut, Kraft und Energie daraus schöpft, dass er nicht einfach nur mürrisch eine Mauer baut, sondern mit Stolz an der Erschaffung einer Kathedrale mitwirkt. Lassen Sie uns diese Geschichte ein wenig umformulieren:

Einst kämpften zwei großartige Boxer um die Weltmeisterschaft. Bei der Pressekonferenz vor dem großen Fight wurden sie von einer Journalistin gefragt, warum sie freiwillig so große und viele Schmerzen einstecken würden. »Ich will der Beste sein, ich will unbedingt den Weltmeisterthron besteigen und den Weltmeistergürtel besitzen«, sagte der eine. »Ich kämpfe für meine todkranke Tochter, um ihr ein Lächeln auf das Gesicht zu zaubern«, sagte der andere.

In dem Buch *Selbstcoaching* von Stefanie Demann haben wir die folgende Geschichte gelesen (2013, S. 159-160): »Ein Bandarbeiter ist seinen gesamten Arbeitstag über damit beschäftigt, Dosen mit Orangensaft in Kisten zu packen und diese Kisten übereinander zu stapeln. Eine monotone, nie endende Aufgabe.

Doch dieser Arbeiter sieht in seinem Tun nicht die Tristesse der ständigen Wiederholungen. Nein, er weiß, dass ›sein‹ Orangensaft morgen in die Tasche eines Schulkinds gepackt und von ihm in der Pause getrunken wird, ja, er stellt sich sogar vor, wie diese oder jene Kiste auf die Yacht einer königlichen Hoheit gebracht und der Saft dort mit Champagner gemischt wird. Für diesen Arbeiter endet der Sinn seiner Arbeit nicht mit der gestapelten Kiste. Er schaut über sein eigenes Tun hinaus.«

Auf den Punkt gebracht

Jener Kathedralen-Maurer, jener boxende Vater, dieser Bandarbeiter: Sie alle sind beseelt davon, etwas zu schaffen oder zu erreichen, das über sie hinausweist oder ihren Horizont überschreitet. Sie sind Visionäre im besten Sinn.

Wir haben es im dritten Kapitel bereits erwähnt: Eine Vision beschreibt das Warum und Weshalb unserer Existenz, sie begründet den Sinn und Zweck unseres Daseins. Eine Vision weitet den Blick, eröffnet neue Sichtweisen und ist handlungsanleitend. Beachten Sie jedoch: Eine Vision erschöpft sich nicht in Zahlen, Daten und Fakten, in Gewinn- und Erfolgsstatistiken. Es ist die motivierende und inspirierende Energie einer Vision, die Sie voranbringt. Darum prüfen Sie: Welche Vision verfolgen Sie in und mit Ihrem Leben?

103 Prozent: Besiegen Sie Ihre Angst vor Niederlagen

Boxer dürfen keine Angst vor Schmerzen haben. Und erst recht nicht vor der Niederlage. Wer gerne in den Verhandlungsring steigt, hat bereits des Öfteren den Beweis erbracht, dass er sich vertraut und an sich glaubt. Die Bewährungsprobe kommt, wenn etwas nicht rundläuft und Verhandlungen immer wieder scheitern. Wichtig ist, sich dieses angebliche Scheitern nicht auf die eigenen Fahnen zu schreiben und sich selbst nicht die Schuld daran zu geben.

Es gibt genügend Menschen, die Erfolge allem und jedem zuschreiben – nur nicht sich selbst. Bei Misserfolgen jedoch fällt ihnen zuallererst der eigene Name ein. Dies sollten und müssen Sie vermeiden. Auch Niederlagen sind Entwicklungsschritte auf dem Weg zum Verhandlungsziel. Vergegenwärtigen Sie sich in solchen Situationen die eigenen Erfolge und fragen Sie sich: »Was habe ich persönlich mithilfe meiner Leistung und Kompetenz zu meinen Erfolgen und Siegen beigetragen?«

Lassen Sie es keinesfalls zu, dass ein Rückschritt Sie vollends aus der Bahn wirft: »Der größte Erfolgsverhinderer ist die Angst vor Niederlagen« – so hat es der Entertainer Stefan Raab gesagt, als er einen speziellen Brausekopf erfand, zum Patent anmeldete und dazu ein Unternehmen gründete.

104 Prozent: Agieren Sie immer auf der Grundlage einer durchdachten Strategie

Strategische Planung ohne Vision ist weitgehend wertlos – aber eine Vision ohne umsetzungsorientierte Strategie ebenso. Vision und Strategie gehören zusammen wie die zwei Seiten einer Medaille, nur als eineiige Zwillinge sind sie überlebensfähig.

Gehen Sie nie ohne eine ausgefeilte Strategie in eine Verhandlung – seien Sie aber auch so flexibel, bei Bedarf umzudenken und einen anderen strategischen Weg einzuschlagen.

Grundsätzlich sollten Sie sich entscheiden, ob Sie eher defensiv oder offensiv vorgehen, ob Sie also abwarten wollen, wie der Gegner agiert, und ihn sich vom Leibe halten, um dann überfallartig zu kontern. Oder ob Sie die Initiative ergreifen und den Ton und die Richtung im Boxring und im Verhandlungsclinch vorgeben.

Entscheidend ist überdies Ihr Interesse am Sachergebnis und an der Qualität der Beziehung zu Ihrem Verhandlungspartner. Und gewiss spielen weitere Aspekte eine Rolle, die Sie berücksichtigen wollen und müssen – wichtig ist, dass Sie aus dem Gewirr all dieser Überlegungen zum Schluss eine Verhandlungsstrategie ableiten, die Sie in der Verhandlung konsequent umsetzen, solange es keine handfesten Gründe für einen Strategiewechsel gibt.

105 Prozent: Legen Sie sich möglichst zahlreiche und unterschiedliche Verhandlungstaktiken zurecht

Lassen Sie uns den Unterschied zwischen Strategie und Taktik wie folgt beschreiben: Während Ihre strategischen Überlegungen den »großen Plan« und Ihre grundsätzlichen Schritte auf dem Weg zum Ziel und zum Verhandlungserfolg umfassen, sind mit der Taktik Ihre kurzfristigen Vorgehensweisen gemeint, mit denen Sie auf die situativen Gegebenheiten reagieren, etwa auf den Verhandlungspartner, den Verhandlungsgegenstand und vor allem den konkreten Verhandlungsverlauf. Klassisches Beispiel sind die in Kapitel 10 beschriebenen Reaktionsweisen auf die Tricks des Verhandlungsgegners, auf die Sie taktisch mit kurzfristigen Gegenmaßnahmen antworten.

Das heißt aber auch: Überlegen Sie sich im Vorfeld der Verhandlung möglichst viele taktische Varianten, damit Sie flexibel für alle situativen Eventualitäten gewappnet sind.

Ein kleiner Exkurs in den Boxsport: Die richtige Taktik wählen

Ein weiteres Mal sei Andy Lane zitiert – er betont, dass sich Boxer »passende ›Gelegenheiten‹ schaffen, sich überlegen (müssen), welche Schläge sie landen können, und dieses Vorhaben dann effizient umsetzen. Dieses taktische Denken erfordert ein emotionales Profil, das durch ein Gefühl der Ruhe bestimmt wird. Die Boxer müssen folglich einen Drahtseilakt vollführen und ein starkes emotionales Profil haben, mit dem sie an die maximale Leistung herankommen, und über eine gewisse Ruhe verfügen, die ihnen bei ihren taktischen Überlegungen hilft. Dies ist ein komplizierter emotionaler Zustand und stellt fast einen Wider-

> spruch in sich dar, da für die körperlichen Kraftanstrengungen eine Erregung erforderlich ist, die im Kontrast steht zu der Ruhe, die der Boxer für seine sorgfältige Planung braucht. Das macht jedoch deutlich, wie schwierig der Balanceakt für einen Boxer ist und warum ein Gefühl der Wut die emotionale Balance zum Kippen bringen kann.«

106 Prozent: Kombinieren Sie strategische und taktische Überlegungen

Andy Lane argumentiert außerdem, dass ein Boxer in der Lage sein sollte, »von der einen Konzentration auf die andere umzuschalten«. Der Hintergrund: Ein Boxer müsse sich zum einen im Kampf auf das konzentrieren, was der Gegner macht – der Boxer lebe dabei im »Hier und Jetzt«. Neben diesem engen Konzentrationsbereich müsse sich der Boxer überdies auf die Verwirklichung seines Gesamtplans fokussieren.

Auf den Punkt gebracht

Wichtig ist demnach, dass Sie während der Verhandlung immer die strategischen und auch die taktischen Überlegungen im Kopf behalten, also parallel im taktischen »Hier und Jetzt« und im breiten Konzentrationsbereich der Gesamtplanung Ihrer Verhandlungsstrategie agieren.

107 Prozent: Verhandeln Sie auch mit unsympathischen Verhandlungspartnern konstruktiv

Wir alle sind nur Menschen – und oft fällt uns die Verhandlung so schwer, weil wir den anderen einfach nicht riechen, ihn nicht leiden können. Als Verhandlungsprofi sollten Sie mit solchen Situationen professionell umgehen, selbst wenn es zuweilen schwerfällt.

Der Allerweltstipp, Beziehungs- und Sachebene strikt zu trennen, greift zu kurz. Ihr negatives Bauchgefühl wird immer in das Sachgespräch überlappen und es beeinflussen, das lässt sich kaum verhindern.

Was also tun? Begreifen Sie die Situation als Herausforderung: »Jetzt beweise ich, wie gut ich schwierige Verhandlungssituationen bewältigen kann.« Der erste Schritt in diese Richtung besteht darin, die Problematik zu erkennen und zu akzeptieren, dass zwischenmenschliche Beziehungen auf Sympathie und Antipathie gründen.

Auf den Punkt gebracht

Sie müssen den Verhandlungspartner nicht unbedingt mögen. Sicherlich erleichtert Sympathie den Zugang zum Gesprächspartner – eine »Liebesbeziehung« jedoch ist nicht notwendig.

Je negativer Ihre Einstellung gegenüber dem Verhandlungspartner ausfällt, desto mehr negative Reaktionen lösen Sie zwangsläufig aus. Denn Sie werden nun nach »Beweisen« für Ihre Ansicht suchen, was für ein unsympathischer Typ dieser Mensch doch ist! Es kommt mithin zur sich selbsterfüllenden Prophezeiung. Diese Negativspirale kehren Sie ins Gegenteil um, indem Sie dem unsympathischen Verhandlungspartner mit folgender Einstellung gegenübertreten: »Welche sympathischen Seiten erkenne ich an ihm?«

Diese Eigenschaften rücken Sie jetzt in den Mittelpunkt Ihrer Bewertung. Mehr noch: Beim nächsten Kontakt achten Sie bewusst darauf, positive Eigenschaften am unsympathischen Verhandlungspartner zu erkennen und auf der Beziehungsebene ein angenehmes Gesprächsklima aufzubauen. Beim sympathischen Verhandlungspartner stellt sich dieses Klima von selbst ein – beim unsympathischen müssen Sie dafür arbeiten.

108 Prozent: Kommen Sie mit Willenskraft in die Umsetzung

Verhandlungsstrategie, Verhandlungstaktiken, Verhandlungsziele – aus diesem Konglomerat leiten Sie einen Gesprächsplan und Verhandlungsleitfaden ab, der natürlich immer ein ungefährer bleiben muss. Wir wollen hier auf keinen Fall den Eindruck erwecken, der Verlauf einer Verhandlung sei zu 100 Prozent planbar: Sie müssen vielmehr immer in der Lage sein, sich flexibel dem konkreten Verlauf des Gesprächs anzupassen.

Zunächst aber steht die willensstarke und hartnäckige Umsetzung Ihres Verhandlungsleitfadens im Vordergrund. Versuchen Sie, zu Beginn der Verhandlung, »Ihr Ding« konsequent durchzuziehen.

Prof. Dr. Waldemar Pelz, Professor für Betriebswirtschaftslehre und Management an der Technischen Hochschule Mittelhessen, hat die »Umsetzungskompetenz« als elementare Eigenschaft und Fähigkeit besonders erfolgreicher Menschen ausgemacht. Unter www.willenskraft.net beschreibt er mehrere Kompetenzen, die einen willensstarken und damit umsetzungskompetenten Menschen auszeichnen. Was heißt das für Ihre Verhandlungsführung?

»Umsetzungsstarke Menschen«, so Pelz, »mobilisieren ihre Energie durch eine konsequente Fokussierung auf klare Ziele, die sie aus ihren authentischen Werten herleiten«. Aber Sie wissen ja bereits: Ihre handlungsanleitenden Werte und Ihre Vision helfen Ihnen, Ihre Umsetzungskompetenz zu stabilisieren und auszubauen.

Nach Waldemar Pelz ist zudem die Fähigkeit wichtig, sich »in eine positive Stimmung (zu) versetzen« und »konstruktiv mit negativen Gefühlen umzugehen«. Willensstarke Menschen können sich »gut in die Gedanken- und Gefühlswelt anderer hineinversetzen und deren Verhalten antizipieren« – diese Fähigkeiten haben Sie in den ersten Kapiteln dieses Buches im Trainingslager erlernt und trainiert.

Zudem sei Willenskraft eng mit der Selbstwirksamkeitsüberzeugung verbunden, also dem Glauben, aktiv zu Veränderungen beitragen zu können. »Umsetzungsstarke Menschen sind sich ihrer Fähigkeiten bewusst und vertrauen auf diese« – auch dies war und ist Gegenstand Ihres Trainingslagers.

Überdies benennt Waldemar Pelz die pro-aktive und vorausschauende Planung und Problemlösung sowie »ein hohes Maß an Selbstdisziplin« als wesentliche Faktoren der Willenskraft und Überzeugungskompetenz.

Auf den Punkt gebracht

Trainieren Sie Ihre Willenskraft, und damit Ihre Überzeugungskompetenz. Wichtige Trainingselemente sind Ihre Zielfokussierung, die Konzentration aufs Wesentliche und Ihr konstruktiver Umgang mit Gefühlen und Emotionen sowie Ihr Stärkenmanagement – mithin Aspekte, die Sie während der Lektüre dieses Buches kennengelernt haben.

109 Prozent: Halten Sie sich so lange wie möglich so viele Optionen wie möglich offen

Sie haben mittlerweile die Fragumentation als das Instrument kennengelernt, immer wieder den Ball in das Feld des Verhandlungspartners zurückzuspielen. Die Vorgehensweise, möglichst mit Fragen zu operieren, versetzt Sie in die Lage, sich nicht festlegen zu müssen und sich an konkreten Entscheidungen vorbei zu lavieren.

Aus unserer Sicht besteht die Platinregel in schwierigen Verhandlungen darin, sich so lange wie möglich alle Alternativen offenzuhalten, um sich nicht frühzeitig möglicher Optionen zu berauben und um über Verhandlungsmasse zu verfügen.

Auf den Punkt gebracht

In die Boxersprache übersetzt heißt das: Besetzen Sie so oft und so lange wie möglich die Mitte des Boxrings – hier stehen Ihnen alle Optionen in alle Richtungen offen.

Der Verhandlungspartner darf sich nicht sicher sein, welche Wege Sie noch einschlagen könnten. Er muss daher komplexe Entscheidungsvarianten ins Kalkül ziehen und kann kaum einschätzen, in welche konkrete Richtung sich die Verhandlung letztendlich bewegen wird. Und das kann und soll Ihnen nur recht sein.

Neben der Fragumentation dienen die Vorgehensweisen, Forderungen zu formulieren, die Ihnen gar nicht so wichtig sind, und möglichst zahlreiche strittige Themenfelder anzuschneiden, dazu, den Verhandlungskorridor immer mehr zu verbreitern. Hinzu kommt: Je mehr offene Punkte auf der Agenda stehen, desto mehr Diskussionsfronten tun sich auf, die Sie nutzen können, um eine variable Verhandlungsmasse zu schaffen.

Weil die Technik der Ausdehnung der Verhandlungsoptionen so wichtig für Ihren Verhandlungserfolg ist, sollten Sie vor jeder schwierig-komplexen Verhandlung die Checkliste von Abbildung 14 nutzen.

Verhandlungskorridor verbreitern durch	erledigt
Agenda breit aufstellen, ggf. auch mehr als inhaltlich notwendig aufblähen	
Fragumentation in möglichst allen/vielen Verhandlungsphasen – entsprechende Fragen überlegen	
Konkrete Festlegungen vermeiden	
Immer wieder neue Themenfelder ins Spiel bringen – Themenfelder vorher überlegen	
In laufender Verhandlung Möglichkeiten nutzen, neue Diskussionsfronten aufzubauen: Welche könnten dies sein, sodass man sich darauf vorbereiten kann?	

Abbildung 14: Checkliste »Verhandlungsoptionen schaffen«

110 Prozent: Arbeiten Sie mit den richtigen Sparringspartnern zusammen und schlüpfen Sie in die Haut Ihres Verhandlungspartners

Beim Boxen treten meistens junge, aufstrebende Boxer als Sparringspartner auf, die etwas lernen möchten, oder ältere Ringprofis, die nicht mehr ganz nach oben kommen können. Des Weiteren nutzen Boxer oft die Arbeit am Sandsack oder das Schattenboxen, um sich auf ihre Kämpfe vorzubereiten. Beim Schattenboxen üben sie Kampfbewegungen mit einem imaginären Gegner ein. Das Schattenboxen eignet sich gut zur Entwicklung und Schulung taktischer Fähigkeiten.

Auf den Punkt gebracht

Sie sollten prüfen, ob es für Sie sinnvoll ist, ein Rollenspiel zu nutzen, um Ihre Verhandlungskompetenzen auszubauen. Ein Rollenspiel hilft nicht nur dabei, Verhandlungsverläufe unter möglichst realistischen Bedingungen vorwegzunehmen und zu trainieren. Es dient auch dazu, den für Verhandlungen so wichtigen Perspektivenwechsel zu üben und Ihre Verhandlungsflexibilität zu erhöhen.

Mit dem Perspektivenwechsel sind zwei Punkte angesprochen: Zum einen ist damit gemeint, dass Sie eine Meta-Perspektive einnehmen und die Verhandlung gleichsam aus der Distanz und der Helikopterperspektive betrachten. Denn oft versperrt uns die Konzentration aufs Detail den Blick aufs Ganze und auf die nicht immer naheliegende beste Verhandlungslösung. Dort oben in luftiger Höhe jedoch löst sich zuweilen die Verstrickung in die Einzelheiten der gegenwärtigen Verhandlungssituation und die Fokussierung auf eine bestimmte Betrachtungsweise auf. So ist eine bessere, sachlichere und objektivere Analyse der Situation möglich.

Überdies ist mit dem Perspektivenwechsel das Sich-Einfühlen in eine andere Person gemeint – und damit natürlich das Sich-Einlassen auf die Position Ihres Verhandlungspartners. Konkret: Betrachten Sie den Verhandlungsgegenstand einmal aus der Perspektive Ihres Gegenübers. Die Ergebnisse dieses perspektivischen Wechsels sollten dann in Ihre eigene Betrachtungsweise einfließen.

Das Spiel mit den Perspektiven führt dazu, dass Sie mehrere Meinungen und Ansichten durchspielen. Sie setzen die Ego-Brille ab und im übertragenen Sinne nacheinander mehrere andere Brillen auf – auch die des Verhandlungspartners.

Das Rollenspiel dient dazu, dies einzuüben. Bitten Sie eine Person Ihres Vertrauens, Ihre Verhandlungsposition einzunehmen. Sie selbst schlüpfen in die Schuhe des Verhandlungspartners und spielen mit dieser Person den möglichen Verhandlungsverlauf durch. Das kann selbstverständlich nur annäherungsweise gelingen. Trotzdem lohnt es sich, eine Zeit lang die Perspektive Ihres Verhandlungspartners einzunehmen.

111 Prozent: Kommen Sie Ihren Energiedieben auf die Spur und entdecken Sie Ihre persönliche Kraftquelle

Wohl jeder Mensch verfügt über seine private und individuelle Energie-Tankstelle, die er gerne aufsucht, um den leeren Akku aufzuladen. Haben Sie sich schon einmal gefragt, welche Tankstelle das bei Ihnen ist oder sein könnte?

Die andere Seite der Medaille sind die Energiediebe, die Ihnen Kraft entziehen – Kraft, die Sie benötigen und die Ihnen dann fehlt, wenn es darum geht, schwierige Situationen in Leben und Beruf zu bewältigen.

Unser Tipp ist: Prüfen Sie in Ruhe, mit welchen Energie-Elstern Sie zu tun haben und welche Kraftquellen Sie unterstützen, Probleme zu meistern. Oft haben beide Seiten – die Energiediebe und die Akku-Tankstellen – mit Menschen zu tun, mit denen wir täglich zu tun haben, die uns also demotivieren, herunterziehen und einen negativen Einfluss auf uns haben, oder die uns inspirieren und zu Höchstleistungen anspornen. Überlegen

Sie, ob Sie sich nicht besser von den demotivierenden Menschen trennen oder zumindest den Kontakt mit ihnen auf das Notwendigste reduzieren sollten.

Andererseits: Knüpfen Sie ein enges und intensives Netzwerk mit den Menschen, die einen konstruktiv-produktiven Beitrag zu Ihrer Weiterentwicklung leisten. Das muss gar nicht mit eitel Sonnenschein und einer »Friede, Freude, Eierkuchen«-Stimmung zu tun haben – im Gegenteil: Es gibt Menschen, die uns durch Widerspruch und Konfliktbereitschaft helfen, voranzuschreiten. Es kommt darauf an, zu welchem Typus Sie gehören, ob Sie also zum Beispiel ein eher harmoniesüchtiger oder ein streitlustiger Charakter sind, der die Auseinandersetzung braucht, um seine Potenziale zu entfalten.

Auf den Punkt gebracht

Schaffen Sie sich Refugien der Erholung, der Muße, Ruhe und Entspannung, die Sie regelmäßig nutzen, um den Motivations-Akku aufzuladen. So bauen Sie Kraft für die Bewältigung der Phasen auf, in denen die Anspannung und die Belastungen enorm hoch sind – etwa in Zeiten komplexer und schwieriger Verhandlungen.

112 Prozent: Nehmen Sie Ihr Kämpferherz in beide Hände

Aussichtslosigkeit bei Boxkämpfen – das gibt es eigentlich nicht. Außer wenn ein Kämpfer die Situation vollkommen unrealistisch einschätzt und sich auf einen Fight mit einem Gegner einlässt, der ihm haushoch überlegen ist. Aber selbst dann besteht immer noch der Hauch einer Sieges-Chance ...

Der Hauch einer Sieges-Chance: Nehmen Sie sich diese Einstellung zu Herzen – und Ihr Boxerherz in beide Hände. Sie kennen ja bereits den Brecht-Ausspruch: »Wer kämpft, kann verlieren. Wer nicht kämpft, hat schon verloren.« Hinzu kommt: »Kämpfe mit Leidenschaft, siege mit Stolz, verliere mit Respekt, aber gib niemals auf!«

Wir möchten auch jetzt nicht dem positiven Denken das alleinige Wort reden – aber ohne eine gesunde Portion Selbstvertrauen und Selbstgewissheit, »es« schaffen zu können, brauchen Sie wohl gar nicht erst in den Verhandlungsring zu steigen.

113 Prozent: Brechen Sie mit den Regeln und stellen Sie Ihre eigenen Regeln auf

Der Verhandlungserfolg tritt ein, wenn Sie bestimmte Gesetzmäßigkeiten und Regeln beachten. Oft jedoch stellt er sich (nur) ein, wenn Sie ein gewisses Maß an Nonkonformismus an den Tag legen und sich nicht anpassen, also den anderen, zuweilen auch unbequemeren Weg verfolgen. Napoleon I verstieß wohl gegen die klassischen Regeln der Kriegsführung. Beethoven warf die herrschenden Kompositionsregeln für Symphonien über Bord. Und es gibt viele Beispiele für Fortschritte in Wissenschaft, Medizin, Sport, Kunst und Design, die nur möglich waren, weil jemand es gewagt hat, die bisherigen erfolgreichen Regeln zu hinterfragen, ja in Frage zu stellen und sich Dingen aus einer anderen Richtung zu nähern. Übrigens: Wenn ein Reiter rücklings auf seinem Pferd sitzt, warum nehmen wir dann automatisch an, er und nicht das Pferd sei verkehrt platziert?

Gute Ideen entstehen, wenn Sie das System verlassen – so lautet der »erste Lehrsatz der Kreativität«. Nach dem Biochemiker Albert von Szent-Györgyi Nagyrápolt beruht kreatives Denken darauf, »etwas Beliebiges wie jeder andere zu sehen, sich aber etwas ganz anderes dabei zu denken«.

Leider gibt es kein Patentrezept, wann genau es richtig ist, die ausgetretenen Pfade zu verlassen – erst recht nicht bezüglich der Verhandlungskunst. Das gilt auch für unseren nächsten Tipp.

Auf den Punkt gebracht

Handeln Sie wie Alexander der Große, der beim Versuch, den Gordischen Knoten zu lösen, einen anderen Weg ging als seine Mitbewerber und diesen einfach mit seinem Schwert durchschlug – stellen Sie also, falls notwendig und angemessen, Ihre eigenen Regeln für Ihre Verhandlungen auf.

114 Prozent: Vertrauen Sie Ihrer Routine und Erfahrung – und Kreativität

Die französische Starpianistin Hélène Grimaud hat in einem *SPIEGEL*-Interview betont (2014, S. 105), wie wichtig automatisierte Bewegungsabläufe für ihr kreatives Spiel seien: »Asiatische Kampfsportler sagen das so ähnlich, und genauso ist es für uns Musiker auch. Durch Automatisierung erreichst du Freiheit. Freiheit ist nötig, damit Gefühle sich ausdrücken können. (...) Durch Routine erhöhst du deine Chancen darauf, dass dir ein besonderer Abend gelingt. Wenn du geübt hast, können sie dich um vier Uhr wecken, oder du kannst krank oder verspätet sein, und du lieferst immer noch ein gutes Konzert. Du darfst nur niemals glauben, dass du dank all der Übung fehlerlos geworden bist. Du darfst nicht zu dominant und selbstgewiss sein.«

Bei aller Kreativität in Ihren Verhandlungen gibt es Situationen, in denen Sie sich auf Ihre Routinen und Erfahrungen verlassen sollten, etwa immer dann, wenn es darum geht, erst einmal Sicherheit aufzubauen, so bei der Begrüßung oder beim Gesprächseinstieg.

Auf den Punkt gebracht

Der Erfolg im Verhandlungsraum ist oft – ebenso wie der Erfolg im Boxring – das Ergebnis der richtigen Mischung zwischen Intuition und rationalem Denken, zwischen kreativen Aktionen »aus dem Bauch heraus« und schematisierten Routineabläufen.

Inspiration und Routine

Im Gegensatz zur landläufigen Überzeugung »denkt« ein Boxer in so gut wie jeder Sekunde seines Kampfes. Nur: Er denkt nicht linear, eindimensional und in eingleisigen Bahnen. Vielmehr »denkt« er komplex, mehrdimensional, multisensorisch. Er nutzt sein implizites, mithin unbewusst vorhandenes Wissen, um den Gegner zu besiegen. Verhandler hingegen sind oft Kopfmenschen, die sich lieber auf die Ratio und Routinen verlassen als auf implizites und unbewusstes Wissen – in der Hoffnung, dieses stehe dann zur Verfügung, wenn sie es brauchen. Wenn solche Kopfmenschen in unseren Boxtrainings für Verhandler, Verkäufer und Führungskräfte im Boxring erleben, wie vorteilhaft es sein kann, sich auch einmal auf die Inspiration und die Intuition zu verlassen, übertragen sie dies auf ihre Gespräche mit Kunden, Mitarbeitern, Geschäftspartnern und Verhandlungspartnern.

Das Hohelied der Routine

Um es auf den Punkt zu bringen: Beides ist notwendig – Kreativität und Routine. Auch der Boxer kommt ohne ritualisierte Routinevorgänge nicht aus. Und darum soll hier das Hohelied der Routine gesungen werden: Routinen – als eine durch Übung und Erfahrung gewonnene Fertigkeit, die sich zur Gewohnheit verfestigt hat – erleichtern Lernprozesse und führen zu eingeschliffenen Denkweisen und Handlungen, bei denen wenig Energie verbraucht wird. Denken Sie nur an das Autofahren: Ohne größeres Nachdenken führen wir die notwendigen Hand- und Fußgriffe aus. Über je mehr Denk- und Handlungsroutinen wir verfügen, desto mehr Energie kann in die Bewältigung neuer und komplexer Prozesse investiert werden: Dem Autofahrer, der sein Fahrzeug beherrscht, steht in brenzligen und ungewöhnlichen Situationen kreatives Potenzial zur Verfügung, um sie zu meistern. Und das gilt auch für die Bewältigung von Verhandlungssituationen.

Vergessen Sie aber nie: Macht sich Routine dann auch in Veränderungs- und Problemlösungsprozessen breit, kann sich leider die negative Kraft der Routine entfalten. Sie ist dann der Totengräber kreativer Prozesse, denn das routinehafte Denken in Schubladen ist der natürliche Feind jeder Flexibilität und jedes kreativen Denkens.

115 Prozent: Stimmen Sie bei Irrtümern bedingt zu

Wir haben Ihnen ja dargestellt, dass das Verhandlungsheil nicht in der Verfolgung der harmoniesüchtigen Win-win-Strategie besteht, bei der Sie dem Verhandlungspartner entgegenkommen. Aber wie immer im Leben gibt es Ausnahmen, etwa dann, wenn sich der Verhandlungspartner offensichtlich im Irrtum befindet, dies aber partout nicht einsehen kann. Und zwar nicht, weil er Sie provozieren oder ärgern will – nein: Er ist vielmehr der felsenfesten Überzeugung, er habe recht. Sie sollten ihm jetzt aber nicht schadenfroh den Beweis seines Irrtums unter die Nase reiben: Er irrt ja nach bestem Wissen und Gewissen. Der Weg sollte ein anderer sein.

Überlegen wir einmal: Die Wahrnehmungsbrille des Verhandlungspartners sagt: »Es kann nicht sein, was nicht sein darf!« Und dagegen lässt sich kaum argumentieren. Ganz gleich, was Sie vortragen, um zu belegen, dass er einem Irrtum unterliegt: Sie stoßen ihn so nur noch tiefer in den psychologischen Nebel hinein.

Wir empfehlen Ihnen in solch einem Fall, dass Sie nicht auf Ihrem Recht bestehen. Bei einem offensichtlichen Irrtum des Verhandlungspartners ist es zwar menschlich verständlich, wenn Sie nicht so schnell zurückweichen. Nur: So entfernen Sie sich immer weiter von einer Problemlösung. Allerdings: Ebenfalls kontraproduktiv ist es, dem Verhandlungspartner zu 100 Prozent zuzustimmen.

Auf den Punkt gebracht

Eine erfolgversprechende Alternative ist: Zeigen Sie Verständnis, bringen Sie Interesse für den Standpunkt des Verhandlungspartners auf – aber stimmen Sie ihm nur bedingt zu: »Das ist ein interessanter Standpunkt, den Sie vertreten.« Solch eine »Abfangformulierung« gibt dem Verhandlungspartner das Gefühl, Sie könnten seine Position zumindest in Erwägung ziehen.

Danach arbeiten Sie mit Fragetechnik – Ziel ist es, dass der Verhandlungspartner von selbst einsieht, einem Irrtum zu unterliegen, ohne dies offen zugeben zu müssen. Denn ansonsten würde er sein Gesicht verlieren. Fragen wie »Was sind denn die Hintergründe, die Sie veranlassen, das zu sagen?« und »Auf welchen Informationen basiert Ihre Ansicht?« veranlassen den Verhandlungspartner, seine Meinung zu hinterfragen und zunächst einmal vor sich selbst einzugestehen, dass er sich wohl geirrt habe.

Mit der Frage »Wie sollen wir uns denn jetzt einigen?« erlauben Sie dem Verhandlungspartner, die Initiative zu ergreifen und ohne Gesichtsverlust den goldenen Mittelweg einzuschlagen. Nehmen wir an, der Verhandlungspartner hat sich bei einer Vertragsfrage geirrt:

»Gut, vielleicht haben wir beide ein wenig recht, ich habe den Vertrag nicht gründlich genug gelesen, Verträge sind ja zuweilen nicht so einfach zu verstehen, Sie sollten den Paragrafen 7 wohl ändern lassen.«

Der Verhandlungspartner kann seinen Irrtum mit der schwierigen Vertragsform rechtfertigen und indirekt entschuldigen, ja sogar noch einen Tipp zur Vertragsverbesserung geben – aber er sieht seinen Irrtum ein, ohne sein Gesicht zu verlieren. Und das soll Ihnen nur recht sein.

116 Prozent: Gehen Sie konstruktiv mit Ihren Ängsten um

Sie wissen bereits, dass Sie 1 Prozent Leistungsfähigkeit und Erfolgswahrscheinlichkeit gewinnen, wenn Sie Ihre Angst vor Niederlagen überwinden. »Angst essen Seele auf« und errichtet eine Mauer im Kopf, die keine anderen Gedanken und Gefühle mehr zulässt. Wer jedoch bewusst reflektiert, dass er unter Ängsten leidet, hat den ersten Schritt getan, um an die Ursachenforschung zu gehen und aus der verhängnisvollen Negativ-Spirale, die durch Ängste in Gang gesetzt wird, auszubrechen.

Und dann ist der Weg frei für die Einsicht, dass Angstgefühle durchaus positive Aspekte umfassen. So setzen sie als Alarmsignale Energien frei, um Gefahrensituationen zu bewältigen. Die Angst vor dem konfliktreichen Verhandlungsgespräch führt zu einer (noch) intensiveren Verhandlungsvorbereitung, die Angst vor dem schlechten Ausgang der Verhandlung zu einer erhöhten Aufmerksamkeit.

Auf den Punkt gebracht

Wächst die Angst jedoch ins Unermessliche, kann sie physisch und seelisch belastend sein. Legen Sie ein »Angst-Tagebuch« an, in dem Sie sich mit Ihren Ängsten aktiv beschäftigen.

Im kreativen Schreibprozess reflektieren und verarbeiten Sie belastende Erlebnisse und Erfahrungen, schaffen Distanz zu sich selbst, finden Zugang zu verdrängten Problemen und gewinnen Überblick. Manchmal ist das Ergebnis, dass die Angst vollkommen unbegründet ist.

Auf jeden Fall können Sie die Angst so aus dem Zustand eines diffusen Gefühls in ein konkretes Bild überführen, sie mithin visualisieren. Und mit diesem Bild »spielen« Sie dann: Während die Angst bis dahin als Regisseur eines wahren Horrorfilms zum Beispiel den Verlust der beruflichen Existenz aufgrund eines schlechten Verhandlungsergebnisses in düsteren Bildern ausgemalt hat, ist es nun möglich, einen ganz anderen

Film im imaginären Kopfkino zu kreieren: Sie verwandeln das Riesengebirge »Existenzangst durch Verhandlungsversagen« beispielsweise in einen kleinen Hügel, den Sie mühelos erklettern, und verdeutlichen sich: Die Angst ist ja beherrschbar!

Eine Alternative besteht darin, sich vorzustellen, was denn im Falle eines Verhandlungsversagens passieren würde. Häufig ergibt die Analyse: Die Folgen sind halb so schlimm wie die, die Sie sich in Ihrem fiktiven Katastrophenfilm ausgemalt haben. Und so können Sie Ihre Kräfte jetzt darauf konzentrieren, zu verhindern, dass jene Versagenssituation tatsächlich eintritt.

117 Prozent: Sorgen Sie für eine ausgesprochene Balance zwischen Ihren Lebensbereichen

Immer mehr Menschen auch außerhalb Asiens entdecken die Kunst des »Schattenboxens« für sich. Das Taijiquan, auch Tai-Chi Chuan (abgekürzt Tai-Chi) oder chinesisches Schattenboxen genannt, ist eine in China entwickelte Kampfkunst. In jüngerer Zeit jedoch wird es primär im Rahmen der Bewegungslehre und Gymnastik betrachtet, das der Gesundheit, der Persönlichkeitsentwicklung und der Meditation dient. Es besteht aus einer festgesetzten Bewegungsabfolge, welche auch die innere und äußere Balance fördert. Durch zeitlupenartige Bewegungen soll das Qi – die Energie – im Körper zum Fließen gebracht werden, um Harmonie zwischen Körper und Geist herzustellen.

Auf den Punkt gebracht

Prüfen Sie, wie Sie zu einer inneren Ruhe, Gelassenheit und Harmonie gelangen können. Menschen, die in sich gefestigt sind, gelingt es unserer Erfahrung nach häufig(er), in harten und komplexen Verhandlungssituationen zu bestehen, weil sie auf innere Kraftreserven zurückgreifen können und über ein höheres Maß an Selbstkontrolle verfügen.

Es gibt weitere Möglichkeiten, äußere und innere Harmonie aufzubauen, etwa das bewusste Ausbalancieren der verschiedenen Lebensbereiche, in denen wir uns bewegen: Jeder von uns spielt in seinem Leben verschiedene Rollen: Morgens Familienvater – oder Familienmutter –, der dafür sorgt, die Kinder rechtzeitig in die Schule zu bringen. Dann ab in den Job, ins Büro, in den Laden oder an einen anderen Arbeitsplatz. Dort sind wir mal Vorgesetzter, kurz danach wohlwollender Kollege und schließlich Verhandler. Termine, Besprechungen, Meetings, Hektik, Stress, Freude und Ärger. Abends Freunde treffen, die Freizeitseele baumeln lassen, das Fitnessstudio aufsuchen.

Da dafür aber nur ein beschränktes Zeitbudget zur Verfügung steht, kommt es häufig zu einem Hin- und Hergerissensein zwischen beruflichen Zielen, Anforderungen und Aufgabenerfüllung einerseits, Spaß und Familiensinn andererseits. Deshalb wollen immer mehr Menschen die Lebensbereiche miteinander in einen Ausgleich bringen. Mit der Frage, wie dies gelingen kann, beschäftigt sich die Kunst, sich selbst zu führen und das Leben eigenverantwortlich zu gestalten. Lothar J. Seiwert unterscheidet vier Lebensbereiche:

- den Bereich Fitness: Hierzu zählen Gesundheit und Ernährung sowie Erholung,
- den Privatbereich: Freizeit, Hobbys, Freunde und Familie,
- den beruflichen Bereich: Arbeit und Karriere und
- Sinnhaftigkeit.

Diese Bereiche sollten Sie möglichst in eine Balance bringen – auch um Kraft und Energie für Ihre schwierigen Verhandlungen zu gewinnen. Die Lösung liegt in der Ausbalancierung der Persönlichkeit, die es Ihnen erlaubt, trotz aller Belastungen immer Sie selbst zu bleiben und aus Ihrer Mitte heraus zu handeln.

118 Prozent: Setzen Sie sich die Selbstüberzeugung des Verhandlungspartners zum Ziel

Warum handelt der Verhandlungspartner so und nicht anders? Warum reagiert er aggressiv, zurückhaltend, wütend, ärgerlich, scheinheilig? Henry Ford hat einmal gesagt: »Wenn es ein Geheimnis für den Erfolg gibt, so ist es das: den Standpunkt des anderen verstehen und die Dinge mit seinen Augen betrachten.« Wenn Sie fähig sind, die subjektive Wirklichkeit des Verhandlungspartners nachzuvollziehen und zu verstehen, sollten Sie versuchen, seine Selbstüberzeugung zu erreichen. Manfred R. A. Rüdenauer (1994, S. 35) drückt dies so aus: »Wir überzeugen nicht dadurch, dass wir auf der Grundlage unserer eigenen Wirklichkeit auf den Verhandlungspartner einwirken, sondern dadurch, dass wir ihm *in seiner Wirklichkeit Gründe vermitteln, sich selbst zu überzeugen*.«

Entscheidend ist mithin der bereits angesprochene Perspektivenwechsel, das In-die-Haut-des-Verhandlungspartners-Schlüpfen, um die Verhandlungslage aus der Sicht des anderen wahrzunehmen.

Auf den Punkt gebracht

Wahrscheinlich wird es unheimlich schwierig sein, Ihre Verhandlungsziele zu denen des Verhandlungspartners zu entwickeln: Trotzdem sollte es Ihre Intention sein und bleiben, diese Zustimmung zu Ihren Verhandlungszielen zu erreichen.

119 Prozent: »Wie Sie in den Wald hineinrufen, so schallt es heraus«

Meistens ernten wir genau die Emotionen, die wir säen. Wenn Sie Ihren Mitmenschen ständig mürrisch und misstrauisch begegnen, wird dieses Gefühl bei den anderen ebenfalls angesprochen. Bei Ihrem Gegenüber werden ähnliche Gefühle aktiviert wie bei Ihnen. Selbst wenn die Gefühlsebene, auf der sich Ihr

Gegenüber bewegt, dieselbe ist wie bei Ihnen, kann es zu unterschiedlichen Wahrnehmungen kommen, weil unsere Gefühle von unseren persönlichen Erfahrungen abhängig sind. Die inneren Bilder, die sich auf der emotionalen Ebene befinden, werden durch die persönlichen Erfahrungen bestimmt. Sind diese Erfahrungen sehr ähnlich, kommt es zu einem Gefühl des gegenseitigen Sich-Verstehens.

Beachten Sie Ihre emotionale Gestimmtheit

Wenn Sie partnerschaftlich verhandeln, wird Ihr Verhandlungspartner ebenso agieren – zumindest steigt die Wahrscheinlichkeit, dass dem so ist. Andererseits können Sie auf einen Verhandlungsgegner treffen, dessen oberstes Ziel es ist, Sie zu besiegen oder vielleicht sogar zu demütigen. Sie können noch so partnerschaftlich vorgehen – der Verhandlungsgegner zieht nicht mit.

Umgekehrt haben wir in den Kapiteln über den Provokanten Problemlösungs-Verkauf erfahren, dass es eventuell Ihr Ziel ist, den Gesprächspartner zu provozieren. Vielleicht wollen Sie ihn einschüchtern – oder aber eine ebenfalls provokante Reaktion hervorrufen.

Sie sehen: Es gibt einmal mehr zahlreiche Möglichkeiten. Worum es uns vor allem geht: Wenn Sie eine bestimmte Reaktion hervorrufen möchten, sollten Sie bedenken: »Wie Sie in den Wald hineinrufen, so schallt es heraus.«

Wenn Sie diesen Zusammenhang erkennen und akzeptieren, sollten Sie versuchen, den Verhandlungspartner zu beeinflussen, indem Sie ihn auf genau der emotionalen Ebene ansprechen, die Sie zum Schwingen bringen wollen.

Überprüfen Sie Ihre Erwartungshaltung

Wenn Sie Einfluss auf die Gesprächsatmosphäre in einer problematischen Verhandlung nehmen wollen, ist es angemessen, zunächst einmal die eigene Stimmungslage zu analysieren und zu prüfen, ob Sie in der Stimmung und emotionalen Verfassung sind, ein solches Gespräch zu führen. Wenn Sie dem Verhandlungspartner verärgert und aggressiv begegnen, ist die Gefahr groß, dass Ihr Gegenüber ebenfalls in eine aggressive Stimmung verfällt. Das Gespräch könnte im schlimmsten Fall eskalieren.

Wenn Sie beklagen, dass Ihre Verhandlungsgespräche recht häufig mit einem Desaster enden, sollten Sie sich fragen, inwiefern Ihre Erwartungshaltung und emotionale Gestimmtheit dazu beitragen.

Wenn Sie hingegen in einer problemlösungsorientierten Stimmung in das Gespräch hineingehen und die entsprechenden kommunikativen Techniken einsetzen, sorgen Sie für eine entspannte Gesprächsatmosphäre und eine emotionale Schwingung, auf die sich der Verhandlungspartner wohl gerne einlassen wird. So ist es möglich, das Gespräch in einer von Sachlichkeit und gegenseitiger Anteilnahme geprägten Atmosphäre stattfinden zu lassen, in der alle Beteiligten wahrhaftig bemüht sind, zu einer Problemlösung zu gelangen, die alle zufriedenstellt.

Auf den Punkt gebracht

Je kompetenter Sie mit Ihrer emotionalen Einstellung und Gestimmtheit umgehen können, umso eher sind Sie in der Lage, die erwünschten Reaktionen beim anderen zu erreichen. Wollen Sie verhindern, dass ein Gespräch allzu emotional geführt wird, müssen Sie es vermeiden, eigene Emotionen im Gespräch zu aktualisieren. Vielmehr sollten Sie sehr bewusst mit einem Höchstmaß an Sachlichkeit in das Gespräch gehen und sich bewusst kühl und distanziert geben.

120 Prozent: Haben Sie immer einen Plan B in der Tasche

Jetzt sind Sie schon fast bei 120 Prozent – sofern es Ihnen gelungen ist, alle der bisher genannten Tipps umzusetzen. Aber wie gesagt: Gehen Sie Schritt für Schritt vor – und selbst wenn

Ihnen lediglich die Steigerung um ein Prozent gelingt, haben Sie Ihre Leistungsfähigkeit verbessert und sind Ihrem Verhandlungserfolg ein vielleicht entscheidendes Stück nähergekommen.

Achten Sie vor allem darauf, immer über eine Alternative und einen Plan B zu verfügen. Trotz intensiver Vorbereitung: Sie wissen nie, in welche Richtung sich die Verhandlung bewegen wird. Immerhin kennen Sie Ihre Minimalziele, die Sie keinesfalls unterschreiten sollten, und Ihren Verhandlungsspielraum bzw. Ihren Verhandlungskorridor. Selbstverständlich lässt sich der Verhandlungsverlauf nie in allen Verästelungen vorausplanen und vorausberechnen. Sie sollten bei der Verhandlungsvorbereitung aber ein Höchstmaß an Flexibilität einbauen – dazu einige Beispiele:

- Entwickeln Sie einen Plan B, vielleicht sogar einen Plan C und D. Diese Pläne sollten zumindest Ihre Ziele in mehreren optionalen Ausprägungen festlegen und in Grobschritten Ihre verschiedenen Siegesstrategien festlegen. Das dürfen Sie allerdings nicht übertreiben, ansonsten nimmt die Vorbereitung erschlagende und blockierende Ausmaße an. Aber Sie sollten bei Ihren wichtigsten Verhandlungspunkten schon in Alternativen denken.
- Nutzen Sie Ihre mentale Stärke – die Sie im Trainingslager auf- und ausgebaut haben –, um situativ flexibel reagieren zu können, mithin wie ein Boxer, der bei allen strategischen Überlegungen in Bruchteilen von Sekunden aus dem Bauch heraus auf die konkrete Situation richtig reagieren muss.
- Legen Sie sich so selten wie möglich fest, halten Sie sich so viele Optionen wie möglich offen – noch einmal: Besetzen Sie die Ringmitte!
- Verschieben Sie strittige und problematische Punkte und stellen Sie solche Aspekte zurück, um sie zu einem späteren Verhandlungszeitpunkt zu besprechen.

121 Prozent: Entwickeln Sie sich zum Regisseur der Verhandlung

Sie steigern Ihre Leistungsfähigkeit und Erfolgsaussichten um einen weiteren Prozentpunkt, wenn Sie immer wieder den Versuch unternehmen, sich zum Regisseur der Verhandlung aufzuschwingen, die Spielregeln zu bestimmen und eine Steuerungs- und Lenkungsfunktion auszuüben. Wie das geschieht, dafür gibt es natürlich kein Patentrezept. So kann Ihnen selbst der scheinbar »unterwürfige Weg«, dem Verhandlungspartner recht zu geben, einen Vorteil verschaffen.

Auf den Punkt gebracht

Entscheidend ist, dass Sie jede Chance erkennen und nutzen, um sich auf den Regiesessel zu setzen, vielleicht sogar, ohne dass dies vom Verhandlungspartner bemerkt wird. Lassen Sie ihn ruhig in dem Glauben, er bestimme, wo es langgeht, während Sie im Hintergrund des Verhandlungsgesprächs in Ruhe die Strippen der Gesprächsentwicklung ziehen – am besten durch kluges Zuhören und Fragumentation.

Weitere Möglichkeiten der Steuerung sind:

- Definieren Sie immer wieder die Verhandlungssituation – wie Sie es ja auch über die Agenda oder die Festschreibung der Tagesordnungspunkte versuchen.
- Fassen Sie die Verhandlungsdinge (in Ihrem Sinn) zusammen, versichern Sie sich durch wiederholtes Nachfragen, ob der Verhandlungspartner dies auch so oder so ähnlich sieht.
- Nehmen Sie diese Definitionsversuche lieber einmal zu viel als zu wenig vor, gehen Sie damit Ihrem Verhandlungspartner und sich selbst auf die Nerven – es lohnt sich, weil es dem Regisseur der Verhandlung meistens gelingt, das Theaterstück »Verhandlung« zumindest zu einem Großteil in seinem Sinn zu inszenieren und die Wirklichkeitsgestaltung beider Verhandlungspartner zu steuern.

122 Prozent: Trainieren Sie die Verhaltensmuster, die Sie befähigen, schwierige Situationen zu meistern

2009 fragte Katja Thimm in einer *SPIEGEL*-Titelstory, woher sie nur kommt, diese unbändige Kraft der Widerständigen, die Menschen selbst bei schlechten Startbedingungen ins Leben das Selbstvertrauen und die Selbstsicherheit gibt, Probleme zu lösen und Herausforderungen zu begegnen. Eine der Antworten lautet »Resilienz«, die psychische und überaus strapazierfähige Widerstandsfähigkeit, die Menschen hilft, trotz aller Widerstände an sich zu glauben.

Die Frage ist nur, wie sich Resilienz und jene Widerstandskräfte aufbauen und trainieren lassen, damit der Wille gedeiht, das eigene Leben in die Hand zu nehmen, mutig und entschlossen Entscheidungen zu treffen und Ziele zu setzen, die das eigene Leben lebenswert erscheinen lassen. Thimm versucht eine Antwort und zitiert (2009, S. 75) dabei die Psychologieprofessorin Insa Fooken: »Grob gesprochen drehe es sich immer wieder um dieselben zehn Punkte: ›Vernetze dich! Halte Krisen nicht für unüberwindbar! Akzeptiere Veränderungen als elementaren Teil des Lebens! Wende dich eigenen Zielen zu; sei entscheidungsfreudig, eröffne dir Möglichkeiten, eigene Fähigkeiten zu entdecken. Entwickle ein positives Selbstbild, betrachte die Dinge aus einem realistischen Blickwinkel, bewahre eine hoffnungsvolle Haltung. Sorge für dich und sei achtsam.‹«

So leicht geschrieben, so schwer umgesetzt und getan – entsprechend führt Thimm weiter aus: »Doch welche Trainingseinheiten in welcher Kombination letztlich den größten Schutz entfalten, lässt sich noch nicht beschreiben.«

123 Prozent: Achten Sie auf Ihre Sprache und Körpersprache

Mit der Beschreibung dieses Erfolgsfaktors werden ganze Verhandlungsbücher gefüllt. Darum wollen wir uns auf den Hinweis beschränken, dass Sie sprachlich sensibel vorgehen sollten.

Was das im Einzelfall bedeutet, ist immer von Ihren Verhandlungszielen abhängig. Wenn Sie den Verhandlungspartner provozieren wollen, formulieren Sie anders, als wenn Sie es auf jeden Fall vermeiden möchten, den Widerspruch des Gesprächspartners herauszufordern.

Sprachliches Einfühlungsvermögen und Fingerspitzengefühl sind jedoch in beiden Beispielen gefordert. Denn mit Sprache konstituieren Sie Wirklichkeit, mit Sprache schaffen Sie Realität. So ist es ein Unterschied, ob Sie sagen:

»*Jetzt hören Sie aber mal zu und passen auf, denn so können wir das nicht machen!*«, oder: »*Ich habe noch eine Alternative und vielleicht einen besseren Vorschlag, nämlich ...*«

Und mit der Aussage: »Dieses Produkt gibt es nur in drei Varianten«, lösen Sie beim Verhandlungspartner gänzlich andere Gefühle und Erwartungen aus als mit: »Sie können unter drei Produktvarianten wählen!«

Allgemein gesprochen, ist es in so gut wie jeder Verhandlung zielführend, wenn Sie:

- stets bedenken, was Ihre Äußerungen in der Vorstellungswelt des Verhandlungspartners auslösen und bewirken können.
- auf die Wirkung Ihrer Körpersprache achten. Als Verhandlungsprofi wissen Sie, dass Sie, meistens unbewusst, mehr über Körperhaltung, Gestik, Gesichtsausdruck, Sprechtempo und -modulation wirken als über Ihre verbalen Äußerungen.
- kongruent kommunizieren, es mithin keinen Widerspruch gibt zwischen dem, was Sie sagen, und dem, was Sie über die Körpersprache mitteilen. Im Idealfall also stimmen laut- und körpersprachliche Signale überein – dann wirken Sie authentisch und glaubwürdig. Je harmonischer Botschaft und körpersprachlicher Ausdruck zusammenpassen, desto eher werden Sie Ihre Verhandlungspartner überzeugen, ihr Vertrauen gewinnen und Ihre Ziele erreichen können.

- wissen, wie bestimmte körpersprachliche Signale in aller Regel von Ihrem Verhandlungspartner interpretiert werden. Beschäftigen Sie sich also mit dem Lexikon der körpersprachlichen Signale, um einerseits das Verhandlungsgespräch mithilfe Ihrer Körpersprache zu lenken und um andererseits die körpersprachlichen Signale Ihres Verhandlungspartners richtig zu entschlüsseln und zu interpretieren.
- sprachliche Blockadesätze vermeiden, etwa unzulässige Verallgemeinerungen: »Das haben wir doch immer schon so gemacht!«, Rechthaberei: »Sie können mir ruhig glauben, schließlich bin ich der Fachmann!«, Bagatellisierung: »Das wird schon so funktionieren, machen Sie sich keine Sorgen!«, moralische Anklage: »Da hätten Sie mich eher um Rat fragen sollen!« oder Ironisierung: »Sie sind nicht der erste Kunde, mit dem ich verhandle.«

Nochmals zur Körpersprache: Wenn das verbale Verhalten des Verhandlungspartners mit dem nonverbalen übereinstimmt, sollten Sie davon ausgehen, dass er auch denkt, was er sagt. Bei Abweichungen kann in der Regel das nonverbale Verhalten als aussagekräftiger bewertet werden.

Auf den Punkt gebracht

Die Auslegung eines körpersprachlichen Signals ist stets abhängig vom Kontext und der konkreten Situation. Außerdem dürfen Sie nie ein einzelnes Signal allein zur Interpretation des Verhaltens des Verhandlungspartners heranziehen. Sie sollten es vielmehr stets im Zusammenhang mit dem gesprochenen Wort und weiteren nonverbalen Äußerungen interpretieren.

124 Prozent: Erweisen Sie dem Verhandlungspartner immer Ihren Respekt

Sie wollen die schwierige Verhandlung gewinnen – mit allen (vertretbaren) Mitteln, aber immer unter Wahrung der Würde des Verhandlungspartners, dem Sie Ihren Respekt entgegenbringen.

Sicherlich gibt es Ausnahmen, aber es ist erstaunlich, dass sich selbst diejenigen Boxkontrahenten, die sich im Vorfeld des Fights aufs Heftigste beschimpfen, dann im Boxring selbst mit Wertschätzung und Respekt begegnen.

Sie wissen ja: Es geht uns um den Aufbau einer »Ich will und darf die Verhandlung gewinnen«-Einstellung – nicht darum, dass Sie den Verhandlungspartner »niederschlagen« und besiegen.

Auf den Punkt gebracht

Nicht der Sieg über die Person ist entscheidend, sondern der Sieg in der Verhandlung. Sie wollen das Verhandlungsgeschehen beherrschen, nicht den Menschen.

Natürlich lässt sich zuweilen das eine vom anderen nicht sauber trennen. Aber aus unserer Sicht ist es schon möglich, die Verhandlung gewinnen zu wollen, ohne dabei jedoch den Sieg über den Verhandlungspartner davontragen zu müssen, diesem also trotz der »Ich will und darf die Verhandlung gewinnen«-Einstellung mit Respekt und Wertschätzung zu begegnen. Aber selbstverständlich nur, solange auch der Verhandlungspartner dazu bereit und in der Lage ist.

Aber Sie wissen ja aus eigener Erfahrung: Der Verhandlungspartner ist nicht immer edel, hilfreich und gut, sondern arbeitet auch mit dirty tricks. Haben Sie dann keine Hemmungen, sich entsprechend zur Wehr zu setzen.

125 Prozent: Vertrauen Sie immer auf einen Überraschungsangriff

Im Februar 2015 meldeten die Zeitungsagenturen: Muhammad Alis Boxhandschuhe sind für 850 000 Euro versteigert worden. Als Muhammad Ali im Mai 1965 gegen Sonny Liston kämpfte und seinen Weltmeistertitel verteidigte, geriet der Fight zur Legende: Ali schickte seinen Kontrahenten bereits in der ersten

Runde auf die Boxringmatte. Obwohl Ali den Herausforderer mit »Steh auf, du Penner!« anschrie und zum Weiterkämpfen »motivieren« wollte, blieb Liston liegen und galt als k. o. Alis Schlag, den die meisten Zuschauer aufgrund seiner enormen Schnelligkeit nicht sehen und wahrnehmen konnten, ging in die Boxgeschichte als »Phantomschlag« ein.

Es wurde sogar gemutmaßt, dass nicht alles mit rechten Dingen zugegangen und der Kampf abgesprochen gewesen sei – Alis Handschuhe wurden darum seinerzeit konfisziert. Ein Sport-Fan, der die Handschuhe dann später kaufte, bot sie 2015 zur Versteigerung an.

Übertragen auf Ihre Verhandlungsführung heißt das: Geben Sie nie auf! Kämpfen und verhandeln Sie immer weiter. Glauben Sie daran, Ihre Verhandlungsziele erreichen zu können. Sie können und werden gewinnen. Denn Verhandeln und Verkaufen ist wie Boxen!

Nutzen Sie die Erkenntnisse aus der zwölften Boxrunde zur Selbstreflexion

- Haben Sie – wie empfohlen – bei der Lektüre in einem Notizbuch Ihre Gedanken und Ideen notiert?
- Welche der Elemente der 125-Prozent-Regel haben Sie in Ihrer Verhandlungspraxis schon einmal eingesetzt? Mit welchem Erfolg?
- Prüfen Sie, inwiefern Sie die 25 Hinweise anwenden können. Welche Anpassungen auf Ihre Verhandlungspraxis sind sinnvoll und notwendig? Wie wollen Sie konkret vorgehen? Nutzen Sie dazu die Checkliste in Abbildung 15.

Aspekte der 125-Prozent-Regel, die ich nutzen will	Anpassungen und Umsetzung
1 Prozent-Steigerung mit:	
1 Prozent-Steigerung mit:	
1 Prozent-Steigerung mit:	
1 Prozent-Steigerung mit:	
1 Prozent-Steigerung mit:	
1 Prozent-Steigerung mit:	

Abbildung 15: Checkliste »125-Prozent-Regel anwenden«

Fazit zur zwölften und letzten Boxrunde

- 100 Prozent Leistung erbringen – das kann jeder. Entscheidend für den Verhandlungserfolg ist die letzte Meile, ist Ihre Bereitschaft, auch in der letzten Box- bzw. Verhandlungsrunde alle Register Ihres Könnens zu ziehen und Prozent für Prozent Ihre Leistungsfähigkeit zu erhöhen – und damit Ihre Erfolgsaussichten.
- Ein wichtiger, wenn nicht der wichtigste Hinweis: Agieren Sie während der Verhandlung immer im taktischen »Hier und Jetzt« *und* im breiten Konzentrationsbereich der Gesamtplanung Ihrer Verhandlungsstrategie.

Nach dem letzten Gong – ab in den Boxring

Sie haben uns nun zwölf Runden lang dabei begleitet, wie Sie sich zu einem harten Verhandler entwickeln, der davon überzeugt ist, eine Verhandlung von der blockierenden Harmoniesoße des »Wir haben uns alle lieb und tun uns nicht weh« und der hemmenden Win-win-Philosophie zu befreien. Sie wissen jetzt, dass es richtig und angemessen ist, sich durchzuboxen und die schwierige Verhandlung gewinnen zu wollen und gewinnen zu dürfen, insbesondere wenn Sie es mit einem unfairen Verhandlungspartner zu tun haben.

Und vielleicht haben Sie jetzt Interesse und Lust, einmal wirklich in den Boxring zu steigen und in einem BoxDichDurch-Training zu prüfen, welche Kompetenzen Sie noch aufbauen und welche Fähigkeiten Sie verbessern sollten, um sich in Ihren Verhandlungen durchzusetzen.

Auf den Punkt gebracht

Dabei geht es nicht allein um Techniken oder Kondition, sondern um die Entdeckung des eigenen »Ich«. Der Umgang mit den eigenen Befindlichkeiten und das Aufzeigen der eigenen Grenzen werden sportlich verpackt und spielerisch vermittelt.

Im Fokus des Trainings steht darum zunächst, Wissen und Werkzeuge zum Thema zu vermitteln. Diese Werkzeuge erarbeiten Sie sich etwa durch Partnerübungen und Gruppenarbeiten oder werden Ihnen von uns vermittelt. Im anschließenden boxerischen Trainingsteil werden die Werkzeuge mit und durch körperliche Trainingseinheiten in Ihrem Verhaltensrepertoire verankert.

Beim Schattenboxen, durch leichtes Händeschlagen (ohne Partner) oder durch das Boxen am Sandsack verlassen Sie Ihre Komfortzone und lernen die Herausforderung, Ihre Grenzen zu überschreiten, einmal aus einer ganz anderen Perspektive kennen – nämlich am eigenen Leib. Sie verschieben die Grenzen Ihrer Leistungsfähigkeit und besiegen Ihren »inneren Schweinehund«. Dabei begleitet Sie ein erfahrener Boxtrainer.

Die körperlichen Übungen stehen dabei selbstverständlich stets in einem engen thematischen Zusammenhang zu den Seminarinhalten. Wichtig ist uns, dass Sie Ihre persönlichen Stärken und Potenziale kennenlernen und ausbauen – erst im Boxring, dann in der Verhandlung, im Verkaufsgespräch und im Führungsprozess.

Unsere Erfahrungen mit dem Trainingsmix aus Seminarphasen und Boxtraining belegen, dass die Teilnehmer in den Boxeinheiten Fähigkeiten trainieren, die auch für ihren beruflichen Alltag nützlich und direkt anwendbar sind, zum Beispiel Konzentrationsfähigkeit, Zielfokussierung, Risikobereitschaft, Stärkenfokussierung, Einteilung der Kräfte und Glaubwürdigkeit. Vor allem aber bauen die Teilnehmer in den Boxeinheiten die Einstellung auf, dass es durchaus richtig und zielführend sein kann, einen schwierigen Kampf gewinnen zu wollen und gewinnen zu dürfen, sich also von der Win-win-Haltung zu verabschieden. Es gibt halt im Leben – und im Beruf – Situationen, in denen es primär darauf ankommt, die eigene Position durchzusetzen.

Der Kampf mit dem Sparringspartner stellt eine Drucksituation dar, die den wahren Charakter eines Menschen unverfälscht sichtbar werden lässt. Dieses – im Boxring gewonnene – Wissen hilft Ihnen dann auch während der Verhandlung weiter, weil Sie Ihre potenziellen Reaktionsmöglichkeiten in komplex-schwierigen Situationen besser einschätzen und schließlich auch entsprechend trainieren können.

Auf jeden Fall freuen wir uns, wenn wir Sie demnächst im Boxring begrüßen dürfen.

Literaturverzeichnis

Beck, Horst: »Verhandlungsführung: Mit Strategie zum ›Kundenflüsterer‹«. In: *Versicherungsmagazin* 08/2009, S. 62-63

Birkenbihl, Vera F.: *Erfolgstraining. Schaffen Sie sich Ihre Wirklichkeit selbst!* mvg Verlag, München 1987 (Erstauflage)

Blech, Jörg: »Spuren im Schnee (zum Placebo-Effekt)«. In: *DER SPIEGEL* 26/2007, S. 135-144

Bredemeier, Karsten: *SchlagFertigkeit. Spontan, souverän und wortgewandt kontern.* Goldmann, München 2014

Bredemeier, Karsten: *Nie wieder sprachlos! Ihr persönliches Lern- und Übungsbuch für kommunikative Intelligenz.* Orell Füssli, Zürich, 4. Auflage 2000

Cicero, Antonia; Kuderna, Julia: *Die Kunst der »Kampfrhetorik«. Powertalking in Aktion.* Junfermann Verlag, Paderborn 1999

Demann, Stefanie: *Selbstcoaching. Die 86 besten Tools.* GABAL, Offenbach 2013

»Der Krieger: Interview mit José Ignacio López«. In: *brand eins* 10/2006 (www.brandeins.de/archiv/2006/erfolg/der-krieger.html)

Dworschak, Manfred: »Zaubertrank der Zuversicht«. In: *DER SPIEGEL* 01/2012, S. 117-125

Eisert, Rebecca; Hielscher, Henryk: »Krankes System«. In: *Wirtschaftswoche* 04/2015, S. 50-54

El-Halabi, Rola: *Stehaufmädchen. Wie ich mich nach dem Attentat meines Stiefvaters zur Boxweltmeisterschaft zurückkämpfe.* mvg Verlag, München 2013

Förster, Jens: *Kleine Einführung in das Schubladendenken. Über Nutzen und Nachteil des Vorurteils.* DVA, München 2007

Grimaud, Hélène: »Du musst dich ergeben«. Interview. In: *DER SPIEGEL* 52/2014, S. 104-107

Häusel, Hans-Georg: *Brain View. Warum Kunden kaufen.* Haufe-Lexware, Freiburg, München, 3. Auflage 2012

Häusel, Hans-Georg: *Think Limbic! Die Macht des Unbewussten verstehen und nutzen für Motivation, Marketing, Management.* Haufe-Lexware, Freiburg, München, 5. Auflage 2014

Hermann, Hans-Dieter: »Spuren im Schnee«. *SPIEGEL*-Gespräch mit Jörg Kramer. In: *DER SPIEGEL* 13/2008, S. 132-135

Hoffman, Kai: *Boxen und Managen. Eine Praxisanleitung für Führungskräfte und alle, die gradlinig sein wollen.* Econ, Düsseldorf 2005

Jensen, Björn: *Bittere Niederlage machte Klitschko zum Champion.* Quelle: http://www.welt.de/sport/boxen/article126593505/Bittere-Niederlage-machte-Klitschko-zum-Champion.html

Lane, Andy: *Sportpsychologie. Warum ein Boxkampf im Kopf gewonnen wird.* 2011. Quelle: http://www.trainingsworld.com/training/mentaltraining-sti109950/warum-ein-boxkampf-im-kopf-gewonnen-wird-1276892.html

Nöllke, Matthias: *Schlagfertigkeit. Das Trainingsbuch.* Haufe, Freiburg 2002

Pelz, Waldemar: *Willenskraft (Volition) – die Umsetzungskompetenz: Wie man Berge versetzt.* www.willenskraft.net

Peschke, Sara: *Comeback von Boxerin El-Halabi: Vier Kugeln für ein neues Leben.* Quelle: http://www.spiegel.de/sport/sonst/comeback-von-boxerin-rola-el-halabi-a-876802.html

Rüdenauer, Manfred R. A.: *ECON-Handbuch der Verhandlungspraxis.* ECON Verlag, Düsseldorf u. a. 1994

Scharfenorth, Harald: *Erfolgsstrategie – Aggressionspotenziale als Energielieferanten nutzen.* www.business-wissen.de, am 7.11.2008, www.businesswissen.de/artikel/erfolgsstrategie-aggressionspotenziale-als-energielieferanten-nutzen/

Schranner, Matthias: *Teure Fehler. Die 7 größten Irrtümer in schwierigen Verhandlungen.* ECON/Ullstein, Berlin, 5. Auflage 2011

Skambraks, Joachim: *Die Columbo-Strategie.* Frankfurter Allgemeine Buchreihe, Frankfurt am Main 2001

Seiwert, Lothar J.: *Life-Leadership. Sinnvolles Selbstmanagement für ein Leben in Balance.* Campus Verlag, Frankfurt am Main 2001

Stempfle, Doris: *Alle doof, außer mich. Über die Lust (Last), andere Menschen besser zu verstehen.* Breuer & Wardin, Bergisch Gladbach 2009

Stempfle, Doris: »Die Kraft der Einbildung: Führen mit dem Placebo-Effekt«. In: *FinanzWelt* 05/2007, S. 90-91

Stempfle, Doris: »Provokation des Monats: Führen mit Placebo«. In: *Personal* 07-08/2008, S. 71

Stempfle, Doris; Stempfle, Lothar: »Alles eine Frage der Einstellung: Wie Sie interessante Kunden von der Konkurrenz gewinnen!« In: Ronzal, Wolfgang (Hrsg.): *Profis im Finanzvertrieb.* Gabler, Wiesbaden 2006

Stempfle, Lothar: »Emotionen im Verkauf. Warum Kunden kaufen«. In: *Finanz Business* 01-02/2008, S. 74-75

Stempfle, Lothar: »Hände weg vom Small Talk«. In: *Versicherungsmagazin* 11/2008, S. 74-75

Stempfle, Lothar: »Neukundenakquisition: Wie Sie Kunden von der Konkurrenz gewinnen«. In: *Versicherungsmagazin* 02/2009, S. 60-61

Stempfle, Lothar: »Schluss mit der Nutzenlüge«. In: *Performance* 12/2009, S. 82-84

Stempfle, Lothar: »Kommunikationskompetenz für Finanzberater: Fragen – zuhören – schweigen«. In: *Sparkassen Markt* 04/2010, S. 26-27

Stempfle, Lothar: »Frechheit siegt – das Drama der Kundenverärgerung«. In: *TeleTalk* 06/2010, S. 40

Stempfle, Lothar: »Schluss mit der ewigen Fragerei«. In: *Versicherungsmagazin* 07/2010, S. 62-63

Stempfle, Lothar: »Konfrontation statt Kuschelkurs«. In: *managerSeminare* 148, Juli 2010, S. 60-65

Stempfle, Lothar: »Den Preis provokativ verteidigen«. In: *Bankmagazin* 04/2011, S. 22-23

Stempfle, Lothar: »Cato-Strategie für den Vertrieb«. In: *Wissen + Karriere* 06/2011, S. 40-41

Stempfle, Lothar: »Angebotsorientierter Problemlösungsverkauf«. In: *Network Karriere* 01/2013, S. 30

Stempfle, Lothar: »Preispräsentation: Weich verpacken – hart verteidigen«. In: *Performance* 11/2013, S. 66-68

Stempfle, Lothar: »Kundenirrtum: Gefragt ist taktisches Gespür«. In: *Versicherungsmagazin* 03/2014, S. 64-65

Stempfle, Lothar: »›Win-win-Strategien taugen nichts‹«. In: *managerSeminare* 199, Oktober 2014, S. 16-17

Stempfle, Lothar; Zartmann, Ricarda: »Verkaufen ist wie Boxen«. In: *Business & IT* 09/2013, S. 56-59

Stempfle, Lothar; Zartmann, Ricarda: *Aktiv verkaufen am Telefon. Interessenten gewinnen, Kunden überzeugen, Abschlüsse erzielen.* Springer Gabler, Wiesbaden, 2. Auflage 2014

Stempfle, Lothar; Zartmann, Ricarda: »Mit harten Bandagen erfolgreich verhandeln und verkaufen: Weg vom Kuschel-Kurs der Win-win-Strategie«. In: *Performance* 06/2014, S. 60-63

Thimm, Katja: »Die Kraft der Widerständigen«. In: *DER SPIEGEL* 15/2009, S. 64-75

Tietz, Janko; Tuma, Thomas: »Wir ziehen das jetzt durch«. Interview mit Erich Kellerhals und Leopold Stiefel. In: *DER SPIEGEL* 15/2011, S. 74-76

Die Autoren

Lothar Stempfle ist Diplom-Betriebswirt und leitet seit 1993 die »Stempfle Unternehmensentwicklung durch Training«. Er ist selbstständiger Trainer und Personalentwickler sowie Experte für Verkauf und ganzheitliche Vertriebssteuerung. Seine Schwerpunkte sind hochwertige Verkaufstrainings, Verhandlungstraining und die Durchführung von Personalentwicklungsmaßnahmen in Vertriebsorganisationen. Sein Motto: »Nur die Gesamtentwicklung einer Organisation führt zu nachhaltig wirkenden und messbaren Ergebnissen!«

Als »Spätberufener« steigt er seit 2013 auch in den Boxring – und überträgt seitdem die dort gewonnenen Erfahrungen in seine Trainings zu den Themen Verhandlung, Führung und Vertrieb.

Führungskräfte und Mitarbeiter arbeiten gemeinsam daran, dass Trainingsinhalte in der Praxis umgesetzt werden und Trainings zu Verhaltensveränderungen führen. Wichtig ist ihm, dass die Veränderungsprozesse von den Führungskräften und den Mitarbeitern permanent selbst reflektiert werden – am besten schriftlich. Eigenverantwortung ist unerlässlich für die persönliche Weiterentwicklung.

1997 erhielt die »Stempfle Unternehmensentwicklung durch Training« den Internationalen Deutschen Trainingspreis (BDVT) in Gold, 2004 und 2007 in Silber.

Kontakt: Stempfle Unternehmensentwicklung durch Training, Herdweg 13, 74235 Erlenbach, Tel.: 07132/34150-0, E-Mail: lstempfle_stempfle-training.de, Internet: www.boxdichdurch.de und www.stempfle-training.de

Ricarda Zartmann ist BoxDich-Durch-Trainerin & Managementcoach – ihr Leitspruch: »Nur wenn die Vertriebs- bzw. Persönlichkeitsentwicklung unter einem ganzheitlichen Aspekt gesehen wird, sind messbare und nachhaltige Ergebnisse möglich.« Zu ihren Schwerpunkten gehören Verhandlungstrainings, Vertriebs- und Kommunikationstrainings, Coaching und Training on the Job sowie Reklamationsbearbeitung und Kundenzufriedenheit.

Die passionierte Boxerin weiß aufgrund ihrer Boxerfahrungen und aus ihrer Berufspraxis: Jeder Mensch hat seine individuellen Bedürfnisse, Wünsche und Erwartungen, aber auch seine persönlichen Grenzen. Darum sind ihre Trainings und Coachings strikt teilnehmerorientiert ausgerichtet. Sie legt größten Wert auf die Nachhaltigkeit und das Erleben von Weiterbildungsmaßnahmen.

Bei der BoxDichDurch-Methode wechseln sich die Theoriephasen im Seminarraum mit der Umsetzungsphase im boxerischen Teil der Weiterbildungsmaßnahme ab. Dort verankern die Teilnehmer das Gelernte, indem sie die Verbindung zum Boxen durch gedankliche Verknüpfung und körperliche Ausführung herstellen. Verstärkt werden die Erfahrungen aus dem Seminar durch die von ihr begleitete Umsetzungsphase am Arbeitsplatz.

Kontakt: Stempfle Unternehmensentwicklung durch Training, Herdweg 13, 74235 Erlenbach, Tel.: 07132/34150-0, E-Mail: rzartmann_stempfle-training.de, Internet: www.boxdichdurch.de und www.stempfle-training.de

Stichwortverzeichnis

A Abbruch der Preisverhandlung 194
Abschwächungsprinzip bei Preisverhandlung 191
Ängste (konstruktiver Umgang) 281
Äußerungen in Fragen umwandeln 150
Affirmationen 77
Agenda 141
Agendatext 142
Aggressivität 47
Ahnungslosen spielen (Verhandlungstrick) 235
Alternativtechnik 166
Angebotsnutzen 198
Anti-Stress-Vorbereitung 107
Antwortwiderstände 146, 150
Argumentation, einseitige 228
Argumentationskette 229
Argumentationsphase 146, 158
Aufblähen zum Goliath 223
Ausgangsbedingungen reflektieren 138
Auswirkungsaussagen 176

B Balance zwischen Lebensbereichen 282
Bauchgefühl 121 f.
Begrüßung und Gesprächseröffnung 139
Behauptungen belegen 161, 175
Beleidigungen 218
Bequemlichkeitszone 43, 46
Beziehungsaufbau als Sackgasse 33
Beziehungsmanagement 25, 29
Beziehungsorientiertes Verhandeln und Verkaufen 18
Beziehungsqualität 163 f.
BoxDichDurch-Training 16, 20, 60, 295
Boxstil 33, 110, 209
Brückenbau 154

C Cato-Strategie 200
Chancendenken 104
Columbo-Strategie 236

D Debattentechnik 229
Debattentechnik bei Preisverhandlung 191
Defizit-Denken 86
Dilemma der Ehrlichkeit 137
Dilemma des Vertrauens 137
Dreistigkeit 247
Drohungen 102
Druck erzeugen mit Vorwürfen 221
Druck mit Gegendruck bekämpfen 245
Drucksituationen 104
Dummys 72, 74, 157

E Ehre, packen an der 217
Einkäufer 27
Einkauf 25
Einkaufs, Macht des 31
Einstellung 17, 20, 80, 94
Einstellung (Gewinnermentalität) 39, 45
Einwände 158
Einwände, stumme 158
Einwandbehandlungsmethoden 160
Einzigartigkeit 46
Emotio und Ratio 122
Emotionen 156, 178, 284
Energie-Tankstelle 274
Energiediebe 274
Engpassproblem 174
Entscheider, Verhandeln mit 180
Entscheidungsbefugnisse 67
Entscheidungsprozesse 119
Entscheidungsträger 67
Erfahrungsschatz 59
Erfolg beginnt im Kopf 75
Erfolgsaussichten erhöhen 261
Erfolgskonferenz 94
Ergebnisorientierung und Machtbewusstsein 82
Eröffnungsphase 143
Erwartungshaltung 285
Ethik und Moral 68, 183
Ethik und Moral (Verhandlungstrick) 220
Exkurs in den Boxsport 15, 33, 53, 81, 92, 111, 117, 141, 152, 179, 202, 209, 252, 257, 267
Expansionsziele 205

F Fakten bezweifeln 213
Fehler als Lernchance 52
Festlegungen vermeiden 145
Fettnäpfchen 127
Flexibilität 121
Forderungen erheben 72
Forderungskatalog 73
Fragetechnik 146
Fragumentation 135, 147f., 150, 156, 159f., 188, 224, 271
Fünf-Satz-Techniken 228

G Gedankenmuster 79
Geschlossene Frage, Nutzen 132
Gesprächsabbruch 184
Gesprächsabschluss 162
Glaubenssätze und Überzeugungen hinterfragen 116
Good Guy und Bad Guy 254
180-Grad-Wende 161

H Härte gegen sich selbst 108, 110
Harmonie-Dilemma 10
Harmoniesoße in Verhandlungen 39
Harvard-Konzept 41
Humor 194

I Informationen für das harte Verkaufsgespräch 68
Informationen sammeln 59, 62, 66

Informationsquellen 69
Inspiration 278
Intuition 119, 121f.
Irrtümer 279

K Kämpferherz 275
Kampfrhetorik 210
Killerphrasen 233
Körpersprache 289
Kommunikative Grundregeln 130
Kompromiss 42
Konflikte 152
Konflikte mit Entscheidern 181
Konflikte verschärfen 181
Konfliktverstärkungskompetenz 182
Konfrontation 151
Konjunktiv 131
Konkurrenzverdrängung 197, 199
Kontrolle verlieren 51
Konzeptverkauf 91
Konzessionsliste 73
Kopfstoß-Kontrahent 246
Kopfstoß-Kontrahent (Verhandlungsgegner) 239
Kreativität 277
Kunde als König 54
Kundenprovokationen 175
Kuschelkurs der Win-win-Strategie 12, 39, 43, 55

L Leiden lernen 54
Leistungsfähigkeit erhöhen 261
Lern- und Wachstumszone 45, 50
Lügen, Verhalten bei 248

M Macht und Ohnmacht 124
Machtfrage 124
Machtverhältnisse 125
Manipulationsversuche kontern 245
Mentale Barrieren 11
Metakommunikation 155
Misserfolge als Resultate 94
Möglichkeitsspur 190
Mut-Aktivisten 203

N Nachbereitung 167
Negative Erwartungen 105
Negativereignisse 96
Nehmerqualitäten 108
Netzwerkpartner im Kundenunternehmen 62
Niederlagen, keine Angst vor 265
Nutten-Prinzip 64
Nutzenargumente 166

O Optimismus 48

P Partnernutzen 166
Persönliche Angriffe 216
Persönlichkeitsprofile der Teammitglieder 259
Perspektivenwechsel 105, 202, 273
Pessimismus 48
Phrasen 126
Placebo und Nocebo 79
Placebo-Effekt 77
Plan B 286
Positiverlebnisse 96
PPV-Verkäufer 173, 176, 191, 197, 204
Preis 71
Preis verriegeln 194
Preis, Fixierung auf 29
Preisgrenze 71
Preisverhandlung 186
Preisverhandlungsstrategien 191

Stichwortverzeichnis

Preiswürdigkeit 185
Prestige- und Gesichtsverlust 166
Profilierungswettbewerb 128
Provokante Preis-Verteidigung 171, 185
Provokation 173, 200, 236
Provozierender Problemlösungs-Verkauf (PPV) 47, 171
125-Prozent-Regel (Verhandlungserfolg) 261

Q Querdenker, kreative 204
Quid pro quo 187

R Rabatt 74
Rationale Analyse 122
Regisseur der Verhandlung 288
Reklamationsvorwurf 222
Relativierungen 219
Respekt erweisen 291
Rollenverteilung im Verhandlungsteam 256
Routine und Erfahrung 277 f.

S Sachergebnis 163 f.
Schmerzen 108
Schokoladenprinzip 189
Schulterschluss suchen (Verhandlungstrick) 235
Schwächen des Konkurrenten 89, 91
Schwächen des Verhandlungspartners 86
Schweigen 133
Schweigen bei Preisverhandlung 192
Selbstbewusstsein 285
Selbstbild 206
Selbstreflexion 169

Selbstsicherheit und Überzeugungskraft 139
Selbstüberzeugung 46
Selbstüberzeugung des Verhandlungspartners 284
Selbstwirksamkeitserwartung 48 f.
Selbstwirksamkeitserwartung erhöhen 50
Selbstwirksamkeitsüberzeugung 271
Sieger-Attitüde 136
Small Talk 126
Sozialisation 19
Sparringspartner 273
Sprache 54, 289
Stärken stärken 93
Stärken und Mehrwert 87
Stärken und Schwächen abgleichen 86
Stärken und Schwächen des Verhandlungspartners 89
Stärkenmanagement 86, 95
Stärkenmanagement, drei Schritte 86
Stimme 139
Strategieorientierung 266
Stress 99
Stress bejahen 100
Stressbewältigung 103
Stressbewältigungstechniken 103
Stressmanagement 99
Stressoren 101
Stressresistenz 106 f.
Stresstyp 101
Substitutionsgesellschaft 130
Sympathieaufbau 200

T Tagesordnungspunkte 141
Team 253
Teamzusammenstellung 258
Teilentscheidungen 164
These und Gegenthese 229
Tit for Tat-Taktik 250
Trainingslager für Verhandlungskompetenz 57, 85, 99, 112

U Überpacen (Verhandlungstrick) 224
Überraschungsangriff 292
Überzeugungen, blockierende 37
Überzeugungskraft 185
Ultimatum androhen 226
Umkehrtechnik 161
Umsetzung 270
Unfaire Attacken 207
Unfaire Verhandlungsgegner 212
Unfaires Verhalten 10
Unfairness 213
Unfairness, Techniken bei 245
Unsichtbarer Dritte (Verhandlungstrick) 232
Unterbrechen 231
Unterschiedlichkeit der Verhandler 258

V Verallgemeinerungen 219
Verbindlichkeit 162
Vereinbarungen, verweisen auf frühere 230
Verhaltens- und Einstellungsveränderungen 50
Verhaltensmuster trainieren 289

Verhandeln im Team 253, 255
Verhandeln und verkaufen ist wie Boxen 12
Verhandeln, hartes 25
Verhandlung gewinnen dürfen 18
Verhandlungen, Scheitern von 9, 115
Verhandlungsabbruch 236, 251
Verhandlungsfehler 115, 118
Verhandlungsfluss behindern 227
Verhandlungsführer 67
Verhandlungsgegner 207, 239
Verhandlungsgenies 59
Verhandlungsgespräch eskalieren 35
Verhandlungsinhalte ausschließen 225
Verhandlungsklima 126
Verhandlungskorridor 70, 73
Verhandlungsmacht 243 f.
Verhandlungsmacht analysieren 241
Verhandlungsohnmacht 244
Verhandlungsoptionen schaffen 271
Verhandlungsort 140
Verhandlungspartner als Verhandlungsgegner 82
Verhandlungspartner dominieren 127
Verhandlungspartner genau kennen 59
Verhandlungspartner und Verhandlungsgegner 208
Verhandlungspartner, gleichberechtigte 129
Verhandlungspartner, Manipulation 127
Verhandlungspartner, unsympathische 268
Verhandlungsphasen 135, 168
Verhandlungsposition analysieren 241
Verhandlungssituation verändern 214
Verhandlungssituation, Merkmale der harten 136
Verhandlungssituationen, schwierige 239
Verhandlungsspielraum 70, 153
Verhandlungsstrategie 266, 268
Verhandlungstaktik 267 f.
Verhandlungsteam 253, 255 f.
Verhandlungstricks 213, 249
Verhandlungstypen 120, 123, 129
Verhandlungsüberzeugungen 118
Verhandlungsverlauf schlecht reden 218
Verhandlungsvorbereitung 58 f., 61, 69
Verhandlungsziele 68 f., 145
Verhandlungsziele positiv formulieren 71
Verkaufsverhandlung 130
Verriegelungstechnik bei Preisverhandlung 194
Versachlichung 154, 160
Verstand und Vernunft in Verhandlungen 119
Vertrauen in die eigenen Fähigkeiten 50
Verunsicherungsstrategien (beim PPV) 177
Verwirrtechnik 219
Vision 76, 265
Vision kreieren 264
Vision und Strategie 77

W Wahrnehmungsbrille, rosarote (positives Denken) 48
Wertebasis 155
Werteorientierung 263
Widersprüche nutzen 193
Willenskraft 270
Willenskraft und Energie 76
Win-win-Harmoniestrategie 44
Win-win-Verhandlung 18
Win-win-Vorgehen 40
Wohlfühlmodus, harmoniesüchtiger 37

Z Zeitdruck erzeugen 225
Zugeständnisse 73, 157, 220
Zusammenfassung, falsche 234
Zuständigkeit bestreiten 215
Zweinigung 153